Ignacio Larrañaga

MOSTRAMI IL TUO VOLTO

VERSO L'INTIMITÀ CON DIO

SAN PAOLO

Titolo originale dell'opera:
Muéstrame tu rostro. Hacia la intimidad con Dios

Traduzione dalla quinta edizione spagnola
di *Maria Pia Belsky*

Dodicesima edizione 2000

Piazza Soncino, 5 - 20092 Cinisello Balsamo (Milano)
http://www.stpauls.it/libri
Distribuzione: Diffusione San Paolo s.r.l.
Corso Regina Margherita, 2 - 10153 Torino

« Se non parli
riempirò il mio cuore del tuo silenzio
e lo custodirò in me.
E con calma aspetterò,
come la notte nella sua veglia stellata,
il capo pazientemente abbandonato.

Verrà senza dubbio il mattino
e l'ombra svanirà.

E la tua voce si diffonderà
per tutto il cielo
in rivoli d'oro.
E le tue parole voleranno
cantando
da ognuno dei miei nidi.
E le tue melodie sboccerannno come fiori
tra i miei sparsi cespugli ».

(R. TAGORE)

PREFAZIONE

« Il cristiano di domani sarà un mistico, cioè uno che ha sperimentato qualche cosa, oppure non sarà nulla » (K. RAHNER).

« Oggi il mondo ha più che mai bisogno di un ritorno alla contemplazione... Il vero profeta della Chiesa futura sarà colui che verrà dal "deserto" come Mosè, Elia, il Battista, Paolo e soprattutto Gesù, carichi di misticismo e di quello splendore particolare che hanno solo gli uomini abituati a parlare a tu per tu con Dio » (A. HORTELANO).

Molti cristiani temono che il processo di secolarizzazione finirà per minare le basi della fede, e che, di conseguenza, la vita di intimità con Dio verrà impedita da un progressivo indebolimento sino a estinguersi del tutto.

La mia impressione personale è esattamente opposta. La secolarizzazione può equipararsi alla notte oscura dei sensi. *È la purificazione più radicale dell'*immagine *di Dio. Come conseguenza, il credente dell'èra secolarizzata potrà vivere infine la fede pura e nuda, senza falsi sostegni.*

*L'*immagine *di Dio è stata spesso rivestita di vari paludamenti: i nostri timori e incertezze, i nostri interessi e sistemi, le nostre ambizioni, impotenze, ignoranze e limitazioni; per molti, Dio è la* soluzione *magica dell'impossibile, la spiegazione di tutto ciò* *che ignoriamo, il* rifugio *per gli sconfitti e gli impotenti.*

Su tutte queste grucce si appoggiava la fede e la "religiosità" di molti cristiani.

La demitizzazione va demolendo queste sovrastrutture *e la fede, spogliata da questi orpelli, comincia a lasciar apparire il vero volto del Dio della Bibbia: un Dio che pretende, disturba, sfida. Non risponde ma interpella. Non risolve ma contrasta. Non facilita, ostacola. Non spiega, provoca. Non genera bambini ma adulti.*

Il Dio della Bibbia è un Dio liberatore che ci strappa dall'insicurezza, dall'ignoranza, dall'ingiustizia, non evitandocele, bensì costringendoci ad affrontarle e a superarle.

Dio non è il "seno materno" che libera (alienando) gli uomini dai pericoli e dalle difficoltà della vita. Non appena li creò nel paradiso, Dio tagliò rapidamente il cordone ombelicale, li lasciò soli nella lotta aperta per la libertà e l'indipendenza, e disse loro: « Siate fecondi e moltiplicatevi, riempite la terra; soggiogatela... » (Gen 1,28). Il vero Dio non è dunque uno che aliena, ma colui che fa adulti, maturi e liberi gli uomini e i popoli.

Il processo secolarizzante, insistiamo, è quindi una vera notte oscura dei sensi. D'ora innanzi, la fede e la vita con Dio saranno un'avventura irta di pericoli.

L'avventura della fede consisterà nel tagliare i ponti, ignorare le regole del senso comune e tutti i calcoli delle probabilità — come Abramo; — trascurare i ragionamenti, le spiegazioni, le dimostrazioni, lasciare gli appigli della ragione e, legate le mani e i piedi, spiccare il gran salto nel vuoto della notte oscura, abbandonandosi nel "totalmente Altro". Solo Dio, *nella fede pura e oscura.*

Il contemplativo del futuro dovrà addentrarsi nelle inesplorabili regioni del mistero di Dio senza guida, senza sostegni, senza luce. Sperimenterà che Dio è l'altra sponda e ne misurerà la distanza e la prossimità; arriverà a sentire la vertigine di Dio, che è una mescolanza di fascino, spavento, annientamento e stupore.

Dovrà correre il rischio di tuffarsi in quell'oceano senza fondo dove si celano pericolose insidie, alle quali non potrà sfuggire senza guardarle prima in faccia e accettarle nelle loro brucianti pretese.

Gli uomini che ritorneranno da quest'avventura saranno persone cesellate dalla purezza, dalla forza e dal fuoco. Purificati dalla presenza trasformante di Dio, manifesteranno vivida e luminosa l'immagine del Figlio. Saranno testimoni e trasparenza di Dio.

☆

Ai nostri giorni accadono fatti che suscitano in noi inquietanti interrogativi. Che cosa significa, per esempio, il consumo allarmante di narcotici, di LSD, droghe di ogni genere? Un fenomeno così complesso significa certamente evasione, alienazione, edonismo. Però, a dire degli psicologi, si tratta anche di una forte, sebbene oscura, aspirazione verso qualche cosa di trascendente, di superiore, una ricerca istintiva di sensazioni intense che si possono ottenere solamente negli alti stadi della contemplazione.

Harvey Cox, parlando degli hippies, li definiva "neomistici". Secondo l'analisi socio-psicologica di questo teologo protestante, essi desideravano offrire uno sfogo alla profonda e ancestrale aspirazione dell'uomo a sperimentare in modo immediato il sacro e il trascendente.

Un altro gruppo che viveva con veemenza l'esperienza religiosa fu il movimento chiamato "Jesus-People". I suoi numerosi adepti, non più hippies, non avendo trovato nei narcotici ciò che cercavano, hanno fatto emergere dalla loro frustrazione, per una misteriosa reazione, la fiamma di un'ardente adesione a Gesù Cristo. La loro preghiera era un incontro personale con Gesù, la loro vita era un'appassionata esaltazione di Gesù, il loro edonismo si era cambiato in ascesi liberatoria.

In occidente si vanno diffondendo in modo impressionante movimenti di ispirazione orientale. Sono persone di ogni condizione che, a mezzo di metodi psico-somatici (yoga, zen), tentano di vivere forti esperienze religiose. Costoro si esercitano alla concentrazione delle facoltà interiori per arrivare a meditare in assoluto raccoglimento.

Secondo la mia opinione, si tratta di un fenomeno di sostituzione: poiché i cristiani non si preoccupano di promuovere discorsi sulla contemplazione, le nostre città si stanno riempiendo di "guru" importati dall'India o dal Pakistan, intorno ai quali si concentrano migliaia di giovani, per raggiungere, con la ginnastica e particolari meccanismi mentali, il "contatto" con il Dio trascendente. Vi è persino chi si dedica all'elaborazione di una dottrina sincretica, cercando di comporre metodi orientali e teologia cristiana [1].

La "Società internazionale di meditazione" dell'indù Maharishi Mahesh conta già moltissimi adepti che si esercitano nella meditazione trascendentale guidati da qualche "guru". Migliaia di giovani, per lo più universitari, si rivolgono ai loro "ashams" indù, o si chiudono nei monasteri buddisti-zen per iniziarsi e progredire nelle forti esperienze extrasensoriali e nel contatto immediato col divino.

Tutto ciò sta a dimostrare che la tecnologia, la società dei consumi e il materialismo non riescono a inaridire le radici profonde dell'uomo, da dove scaturisce questa eterna e inestinguibile sete di Dio.

☆

Che cosa sta accadendo nella stessa Chiesa cattolica? Non c'è vescovo o responsabile di istituto religioso o di associazione cattolica, che, quando si rivolge ai suoi membri, non invochi la restaurazione dello spirito di orazione e dell'orazione stessa. D'altra parte, non è un segreto per nessuno che, tra uomini e donne, la vita di fede e di orazione sia discesa in questi ultimi anni a dei livelli piuttosto bassi.

Tuttavia, dalle profondità di questi abissi è sorto il movimento per la rivalutazione della vita con Dio,

[1] Non v'è dubbio che l'accostamento sia problematico e in qualche punto rischioso. Tuttavia studi accettabili sono stati fatti da autori di indubbia competenza. Segnaliamo: J.-M. Déchanet, *Yoga per i cristiani,* 6 ed., Ed. Paoline, 1980^6; A. N. Cambiaso, *Yoga, salute, personalità,* Ed. Paoline, 1980; H. E. Lassalle, *Meditazione zen e preghiera cristiana,* Ed. Paoline, 1979 [*N.d.E.*].

con una forza poche volte eguagliata nella storia della Chiesa. Da ogni parte si percepiscono segni incoraggianti. I moti del "rinnovamento nello Spirito" si sono estesi dalla California alla Patagonia all'Europa con l'impeto tempestoso del mattino di Pentecoste.

Si sperimentano mille forme, stili e metodi per avanzare nell'esperienza di Dio: le case di preghiera, le oasi, i deserti, gli eremi... In Algeria, nell'accecante deserto, si stende l'oasi di Beni-Abbès dove migliaia di solitari contemplatori, giunti da tutte le parti del mondo, rivivono l'esperienza di Charles de Foucauld.

Le "tebaidi" ricominciano nuovamente a popolarsi, non di eremiti, bensì di uomini che lottano nel mondo e per il mondo, e che vanno ad attingervi forza sostenendo senza batter ciglio lo sguardo di Dio.

Che cosa significa che migliaia di giovani di tutto il mondo si ritrovino periodicamente a Taizé per pregare? Tra loro ci sono zingari e dirigenti di sindacati, specialisti in alta tecnologia e minatori. Tutti cercano di sperimentare il mistero di Dio. Li attira il "fascino" di Dio.

Questa impressionante varietà di metodi, intenti, progetti e "dimore" per promuovere l'esperienza di Dio nella Chiesa, indica che lo Spirito sta suscitando, forse oggi più che mai, un'aspirazione incontenibile verso stadi elevati di contemplazione, e che si sta iniziando una nuova grande marcia dei credenti verso le regioni più profonde della comunicazione con Dio.

Tutto ci fa presentire che viviamo alla vigilia di una grande èra contemplativa.

In questo contesto e per questo contesto, e intravedendo il futuro, questo libro è stato scritto. Si vuole offrire un aiuto a quelli che intendono iniziarsi o ritornare al contatto con Dio, *e a quelli che anelano a penetrare sempre di più nel mistero insondabile del Dio vivente.*

L'Autore

CAPITOLO I

RIFLESSIONI SU ALCUNE "COSTANTI" DELL'ORAZIONE

« Ecco, sto alla porta e busso.
Se qualcuno ascolta la mia voce
e mi apre la porta, io verrò da lui,
cenerò con lui ed egli con me ».
(Ap 3,20)

Quando diciamo ORAZIONE, intendiamo un personale contatto col Dio che ci ama, un procedere nella intersoggettività intima e profonda *in* e *con* il Signore che si offre a noi come compagno di vita.

PIÙ SI PREGA, PIÙ SI DESIDERA PREGARE

Ogni energia vivente è espansiva. L'uomo, a livello semplicemente umano, aspira a lontananze irraggiungibili; una mèta raggiunta lo lascia come un arco teso, sempre insoddisfatto. Che cos'è la nostalgia? Una ricerca interminabile di una pienezza che mai sarà.

Al centro della creazione, l'uomo appare come un essere strano, qualcosa come un "caso di emergenza": possiede facoltà strutturate per questa o quella funzione; ma compiuta la funzione, conseguito l'obiettivo, sente che qualche cosa ancora gli manca. Pensiamo, per esempio, al desiderio sessuale o alla sete di ricchezza: soddisfatti gli stimoli, l'uomo come tale rimane "affamato" e si lancia in cerca di nuove ricchezze e nuove sensazioni.

A livello spirituale, l'uomo è, secondo il pensiero di S. Agostino, una saetta scagliata verso un universo (Dio), cioè un centro di gravità che esercita su di lui un'attrazione irresistibile: tanto più si avvicina a quell'universo, tanto più acquista velocità. Più si ama Dio, più lo si vuole amare. Più si comunica con lui, più si desidera comunicare. La tensione è proporzionale alla sua vicinanza.

Senza che ce ne rendiamo conto, sotto le nostre insoddisfazioni esiste una corrente che si dirige verso l'Uno, l'Unico capace di convogliare tutte le forze dell'uomo e di quietare le sue aspirazioni.

« *O Dio, tu sei il mio Dio, all'aurora ti cerco,*
di te ha sete l'anima mia,
a te anela la mia carne,
come terra deserta,
arida, senz'acqua » (Sal 62).

☆

Esiste la legge dell'*allenamento,* legge valida per gli sport atletici e valida anche per gli "sport" dello spirito: quanto più allenamento si fa, più e migliori risultati si possono ottenere. Se all'improvviso mi chiedessero di fare una camminata di 30 chilometri, non potrei farla. Però se ogni giorno mi alleno, in capo a qualche settimana non avrei alcuna difficoltà a percorrere anche con diletto una simile distanza. Come si spiega ciò? C'erano in me capacità atletiche addormentate, forse atrofizzate per mancanza di esercizio; messe in azione, si svegliano e si dispiegano.

Allo stesso modo, conserviamo nell'anima capacità spirituali addormentate per mancanza di *allenamento.* Dio ha posto in noi un germe che è un dono-potenza, capace di una mirabile fioritura: è l'aspirazione profonda e filiale verso Dio Padre. Se poniamo *in movimento* tale aspirazione, essa si farà più intensa a mano a mano che "conoscerà" il suo oggetto e si avvicinerà al suo centro: acquisterà maggior *peso,* quindi maggior velocità.

Ciò è provato dall'esperienza quotidiana. Chiunque abbia cercato l'intimo contatto col Signore per un certo tempo, una volta ritornato alla vita normale si sente di volta in volta e con sempre maggior forza trascinato a incontrare Dio; le preghiere e i sacramenti sono una festa perché li sente "pieni" di Dio. Più grande è il *peso* dell'oggetto-Dio, con maggior attrazione ci si sente attratti verso di lui, fintantoché il mondo e la vita si andranno "popolando" della presenza del Signore.

Troviamo conferma di ciò nella Bibbia. L'autore dei salmi ha sete di Dio come una terra arida, come una cerva che anela ai corsi d'acqua (Sal 41). Si alza nel cuore della notte, come un amante, per "stare" con l'Amato (Sal 118). Gesù "ruba" le ore al riposo e al sonno, se ne va sui colli per "passare" la notte con il Padre.

Sorvegliato dalle SS, meditando sulla sua prossima morte, Dietrich Bonhoeffer scriveva dal carcere a un amico: « Il giorno che mi seppelliranno, vorrei che mi cantassero: *Una cosa domando al Signore, di abitare nella sua casa tutti i giorni della mia vita* ».

Si realizza la legge: a maggior vicinanza corrisponde maggiore velocità, come nella legge fisica dell'attrazione delle masse. L'attrazione aumenta con l'aumentare del volume delle masse e della loro prossimità.

☆

Poche cose come la descrizione di Nikos Kazantzakis, nel suo *Il Povero di Assisi,* ci fanno intendere la realtà di questa legge:

« E mentre io riflettevo, Francesco d'Assisi apparve all'ingresso della grotta. Risplendeva come un carbone ardente. La preghiera aveva divorato ancor più la sua carne e ciò che di essa rimaneva brillava come fiamma. Una strana felicità illuminava il suo volto. Mi tese la mano.
— Bene, fratello Leone — mi disse. — Sei disposto ad ascoltare ciò che sto per dirti?
I suoi occhi brillavano come se avesse la febbre e in essi io potevo distinguere angeli e visioni che riempivano il suo sguardo. Ebbi paura. Forse aveva smarrito la ragione?
Indovinando il mio timore, Francesco mi si avvicinò:
— Finora si sono usati molti nomi per definire Dio. Questa notte io ne ho scoperto altri. Dio è abisso inesauribile, insaziabile, implacabile, infaticabile, insoddisfatto... Colui che mai ha detto all'anima: *Ora basta!*
Mi si avvicinò ancor più e come se fosse trasportato in altri mondi aggiunse con voce emozionata:

— *Mai abbastanza!* Non basta mai, fratello Leone. Ecco ciò che Dio mi ha gridato durante questi tre giorni e queste tre notti, là nell'interno della grotta: *Mai abbastanza!* L'uomo misero, fatto di fango, reagisce e protesta: Non ne posso più! E Dio risponde: *Ora puoi.* L'uomo geme: Scoppio! *Scoppia,* risponde Dio.

La voce di Francesco si fece roca. Sentii compassione per lui. Temetti che facesse qualche sproposito. Irritato, replicai:

— E che cosa vuole Dio ora da te? Non baciasti il lebbroso che tanta ripugnanza ti causava?

— Non è abbastanza!

— Non abbandonasti tua madre, monna Pica, la donna più squisita del mondo?

— Non è abbastanza!

— Non ti rendesti ridicolo restituendo i vestiti a tuo padre e restando nudo davanti alla gente?

— Non è abbastanza!

— Ma... non sei l'uomo più povero del mondo?

— Non è abbastanza! Non dimenticare, fratello Leone: Dio è *"mai abbastanza"* ».

A voler essere sinceri e se consideriamo senza batter ciglio la nostra personale storia con Dio, ci accorgiamo di aver sperimentato, anche noi, che Dio è un precipizio che attrae e tanto più attira quanto più ci si avvicina.

« Tu, Trinità eterna, se' uno mare profondo, che quanto più c'entro tanto più truovo, e quanto più truovo più cerco di te. Tu se' insaziabile, ché,

saziandosi l'anima nell'abisso tuo, non si sazia, perché sempre rimane nella fame di te, Trinità eterna, desiderando di vederti col lume nel tuo lume.
(.....)
« *O abisso, o Deità eterna, o mare profondo! E che più potevi dare a me che dare te medesimo? Tu se' fuoco che sempre ardi e non consumi; tu se' fuoco che consumi nel calore tuo ogni amore proprio dell'anima; Tu se' lume sopra ogni lume...*
(.....)
« *Tu, vestimento che ricuopri ogni nudità, pasci gli affanni nella dolcezza tua. Dolce se' senza alcuno amaro.*
(.....)
« *Veste, veste me di te, Verità eterna, sì che io corra questa vita mortale con vera obbedienza e col lume della santissima fede, del quale lume pare che di nuovo inebbri l'anima mia* » [1].

MENO SI PREGA, MENO SI DESIDERA PREGARE

Esiste in fisiologia una malattia chiamata *inedia* (o anche *inanizione*). È un'infermità particolarmente pericolosa perché non ha sintomi spettacolari, la morte arriva silenziosamente, senza dolori. Consiste in questo: meno si mangia, meno si ha voglia di mangiare; meno si ha voglia di mangiare, meno ci si

[1] S. Caterina da Siena, *Il Libro (dei dialoghi): c. 167,* Ed. Paoline, 1969, pp. 606-608.

nutre e sopravviene l'inedia acuta. Così si apre e si chiude un circolo, il circolo della morte.

Nella vita interiore si ripete il medesimo ciclo. Si comincia con l'abbandonare l'orazione per ragioni valide, o apparentemente valide. L'uomo, invece di dirigersi dall'Uno verso il molteplice, in quanto *portatore di Dio,* si lascia dal molteplice avviluppare, rinchiudere e trattenere, colmando così il proprio intimo di freddo e di dispersione.

In tal modo subentra nell'animo come una lenta notte e la difficoltà di risalire all'Uno e Unico. Più è grande la dispersione interiore, più motivi si trovano per abbandonare il contatto con Dio. Più ci si avvicina alla molteplicità dispersiva (persone, avvenimenti, forti sensazioni) meno si sente il desiderio di Dio; la fame di Dio diminuisce con l'aumentare della difficoltà di "stare" piacevolmente con lui. Eccoci entrati nella spirale.

Questa spirale procede su un vero declivio: mentre ci sciogliamo dal "totalmente Altro", veniamo *presi* dagli "altri". Cioè: mentre il mondo e gli uomini ci reclamano e sembrano colmare il senso della vita, Dio diventa una parola sempre più vuota di significato, sino a che finirà per diventare qualche cosa di vecchio e inutile che si tiene nella mano, si guarda, si rigira per concludere: « A che serve? ». « *Ora* non serve più! ». Il circolo si chiude; è lo stadio acuto dell'inedia; eccoci sul rettilineo finale della morte, della *morte di Dio* nella nostra vita.

☆

Esiste anche la malattia dell'*atrofia:* consiste in una riduzione dei tessuti organici con conseguente cessazione della mobilità. Con essa la morte giunge ancora più silenziosamente.

La vita è esplosione, espansione, adattamento, in una parola *movimento.* Questo movimento non è meccanico, ma è dinamismo interno. Se codesta tensione dinamica viene soffocata o allentata, automaticamente si cessa di vivere. Non occorre un agente esterno e letale per provocare un disastro. L'essere vivente cessa di essere *vivo* dal momento in cui cessa di essere *movimento.*

Nella vita interiore accade altrettanto. La grazia è essenzialmente *vita* e dà all'anima la facoltà di reagire dinamicamente, di muoversi verso Dio, di conoscerlo direttamente come egli si conosce, amarlo come egli si ama. In una parola, questa grazia-vita stabilisce tra Dio e l'anima una corrente dinamica, una corrispondenza reciproca di conoscenza e amore.

Questa grazia è un dono-potenza, espansione e fermento. Somiglia al lievito evangelico che una donna prende e mette in tre misure di farina, perché tutta la massa lieviti. Una volta profusa nella natura umana, questa grazia per essere viva conquista nuove zone nel nostro spirito, penetra progressivamente le facoltà, domina le tendenze egoistiche e le sottomette al beneplacito divino fino a che l'essere intero appartiene completamente all'Unico e Assoluto. Ecco la breve storia del dono-potenza posto nel fondo dell'anima.

Ma se tale grazia cessa di *muoversi* cessa anche di vivere. Se questa vita non diventa marcia ascendente e diffusa, ben presto si spegnerà malata di atrofia. Esiste la *scleròsi* anche nella vita dello spirito. Se i "tessuti" delle facoltà interiori non sono sottoposti a esercizio, rapidamente sopravverrà indurimento e poi rigidezza. Se si prega poco, si prova difficoltà nel pregare come se le facoltà interiori si fossero indurite. Constatando tale difficoltà, si tende ad abbandonare l'orazione per la legge del minor sforzo. E il grande dono-potenza semplicemente si "inibisce", la sua vitalità prende la strada dell'inazione, dell'immobilità e della morte.

Ho l'impressione che tra i cristiani ci siano molti che hanno avuto una *forte chiamata* per una vita profonda con Dio, e che questa *chiamata* stia languendo per una storia che si ripete troppo sovente: hanno cessato di pregare, hanno abbandonato gli atti di pietà, hanno sottovalutato i sacramenti, hanno rimandato l'orazione personale, hanno detto che Dio si deve cercare nell'uomo; così, per cercare Dio, hanno abbandonato Dio... Ho conosciuto persone per le quali, anche ora, provo tristezza: in altri tempi ebbero per il Signore un'attrazione fuori del comune la quale, se ben coltivata, avrebbe potuto dare alla loro vita un grande volo, e tuttavia oggi sono fredde e — perché non dirlo? — tristi.

Effettivamente, sono dominate da una sorta di frustrazione, e non sanno spiegare perché. Per me la spiegazione è molto chiara: là, nel fondo più intimo, nel subcosciente, stanno soffocando quella *chiamata* forte che agli uni è stata *data* e ad altri no. Una vita che sarebbe potuta fiorire nel rigoglio, è rimasta soltanto una possibilità.

PIÙ SI PREGA, "PIÙ" DIO È IN NOI

Dio non cambia. Egli è "definitivamente pieno" e perciò immutabile. È presente in misura inalterabile in noi, e non ammette differenti gradi di partecipazione. Ciò che invece cambia, sono le nostre relazioni con lui, secondo il grado di fede e di amore. L'orazione fa più dense tali relazioni, si produce una penetrazione più intima dell'io-tu attraverso l'esperienza affettiva e la cognizione fruitiva, e la somiglianza e l'unione con lui si fanno ogni giorno più profonde.

È come quando si accende una lampada in una camera oscura. Più la lampada è luminosa, meglio si coglie l'aspetto della stanza la quale diviene "più presente", benché sia sempre la stessa.

Chiunque può sperimentare che più profonda è l'orazione, più Dio *è* vicino, presente, manifesto e vivente. E quanto più risplende la gloria del volto del Signore sopra di noi (cf. Sal 30), tanto più gli avvenimenti acquistano un nuovo significato (cf. Sal 35) e la storia rimane "popolata" di Dio; in una parola, il Signore si fa *vivo e presente in tutto.* Non è un gioco d'azzardo; c'è un esperto timoniere che guida i fatti con sicura mano.

Quando si è "stati" con Dio, egli diventa ogni volta di più "qualcuno" col quale e per il quale si superano le difficoltà, si vincono le ripugnanze — e tutto diventa dolcezza, — si assumono con serenità i sacrifici, nasce dovunque l'amore. Più "si vive" Dio, più si guadagna a stare con lui; e quanto più si "sta" con Dio, Dio è ogni volta di più Qualcuno. Si apre il circolo della vita.

E nella misura in cui il contemplativo avanza nei misteri di Dio, Dio cessa di essere idea per diventare *trasparenza* e inizia a essere libertà, umiltà, gaudio, amore. E via via si trasforma in una forza irresistibile e rivoluzionaria che strappa tutte le vecchie cose dal loro posto: dove c'era violenza mette soavità; dove c'era egoismo pone carità; cambia per intero la "faccia" dell'uomo.

Se l'anima contemplativa continua ad avanzare per le oscure vie del mistero di Dio, forze sconosciute sciolte dall'amore spingeranno l'anima verso il Dio vivente, lungo un tragitto nel quale Dio diventa sempre più il tutto, l'unico, l'assoluto. L'uomo è preso e trascinato come in un turbine, mentre si purifica e le scorie dell'egoismo sono bruciate dal fuoco... Dio finisce per trasformare l'uomo contemplativo in una « lampada che arde e risplende » (Gv 5,35). Pensiamo a Elia, a Giovanni il Battista, a Francesco d'Assisi, a Charles de Foucauld...

☆

Non possiamo dire: *questo* non è per me. Tutto dipende dall'altezza, meglio, dalla profondità della contemplazione in cui ci immergiamo. I profeti non furono uomini eccezionali per nascita o per sorte, ma perché si dettero senza condizioni e si lasciarono trascinare ogni volta più addentro. E sebbene sia vero che il darsi richiese loro un'alta tensione interiore, lo scultore di tali figure fu Dio stesso. Non dobbiamo guardare soltanto al tempo passato. Anche ai nostri giorni, e fra noi, alcune persone sono viva trasparenza di Dio.

Ma il processo non è ancora compiuto. Nella misura in cui il contemplativo si lascia *prendere,* Dio assume in lui la funzione di bene che hanno tutte le realtà umane e tende a trasformarsi in "ogni bene": per quest'anima Dio "vale" quanto una sposa affettuosa, un buon fratello, un padre sollecito, una fattoria di mille ettari, un palazzo fantastico (cf. Mt 12,46-50; Lc 8,19-21; Mc 3,31-35). Dio, in una parola, diventa ricompensa, festino, banchetto (cf. Es 19,5; Ger 24,7; Ez 37,27). « Sei tu il mio Signore, senza di te non ho alcun bene » (Sal 15). « Beato il popolo che ti sa acclamare, e cammina, o Signore, alla luce del tuo volto: esulta tutto il giorno nel tuo nome, nella tua giustizia trova la sua gloria » (Sal 88).

È ciò che esprime mirabilmente il salmista quando dice: « Hai messo più gioia nel mio cuore di quando abbondano vino e frumento » (Sal 4). Vino e frumento simbolizzano tutte le ricompense, le emozioni e le gioie che inondano il cuore umano. All'anima contemplativa che ha gustato e visto « quanto buono è il Signore » (Sal 33), Dio farà gustare un vino inebriante, più gustoso di tutti i saporosi frutti della terra.

Bene lo sperimentò Francesco d'Assisi, l'uomo più povero del mondo. Trascorreva notti intere sotto le stelle e provava una sensazione di pienezza esclamando: « Mio Dio e mio Tutto ». Sentiva qualche cosa che i gaudenti, le persone di successo e tutta la gente del mondo non sospetteranno mai. È come dire:

« *Mi indicherai il sentiero della vita,*
gioia piena nella tua presenza,
dolcezza senza fine alla tua destra » (Sal 15).

MENO SI PREGA, "MENO" DIO È IN NOI

Quanto meno si prega, tanto più Dio si va dissolvendo in una confusa lontananza. Si tramuta in una "idea" esangue e senza vita. Non si desidera *stare, avere contatto, vivere* con un'idea; non è nemmeno uno stimolo per lottare e superarsi. E così, Dio piano piano cessa di essere Qualcuno per diluirsi in una entità astratta e assente.

Una volta entrati in questa spirale, Dio lentamente cessa di essere ricompensa, allegria, gioia... e "conta" sempre meno. È prossima la crisi. Non si ricorre più a Dio perché è ormai una parola che "dice" poco; si ricorre ai mezzi psicologici, o semplicemente ci si lascia travolgere dalla crisi.

Mentre si produce questo sgretolamento, l'intero "edificio" umano viene attaccato dal serpente dalle mille teste che è l'egoismo; rinascono gli appetiti dell'uomo vecchio che reclamano soddisfazione. E perché tutto questo? Quando viene a mancare il centro di gravità di una vita e allo stesso tempo si aprono enormi vuoti nell'intimo, rispuntano le compensazioni umane come meccanismi di difesa secondo la legge del rimpiazzamento. E con quale finalità? Per coprire i vuoti e puntellare l'edificio; e l'edificio si chiama *senso della vita* o anche *progetto di esistenza.*

Quanto meno si prega, tanto meno Dio ha senso; e quanto meno significato ha Dio, tanto meno si ricorre a lui. Eccoci presi nella spirale della morte.

QUANDO SI TRASCURA DI PREGARE, DIO FINISCE PER DIVENTARE "NESSUNO"

Se per lungo tempo si trascura di pregare, Dio finisce per "morire": non in se stesso perché è per essenza il Vivente, Eterno e Immortale, ma nel cuore dell'uomo. Dio "muore" come una pianta rinsecchita che si è trascurato di bagnare.

Abbandonata la fonte della *vita,* rapidamente si arriva all'*ateismo vitale.* Coloro che giungono a questo stadio, forse, non si sono mai posti il problema intellettuale dell'esistenza di Dio. Forse continuano a sostenere — e sono magari anche persuasi — che l'ipotesi-Dio ha ancora validità, ma di fatto si regolano nella vita come se Dio non esistesse. È come dire: Dio non è più la realtà prossima, concreta e trascinante. Non è più quella forza pasquale che li *strappa* dai recessi del loro egoismo per lanciarli, in un perpetuo "esodo", verso un mondo di libertà, umiltà, amore, impegno. Soprattutto, il segno inequivocabile dell'agonia di Dio in essi è che il Signore non desta più allegria nel cuore.

Càpita, a volte, che il vuoto di Dio pesi loro come un cadavere. Perciò si affannano come non mai a discutere, questionare, dialogare a proposito dell'orazione, della sua natura, della sua necessità. Ciò può essere un buon segno. Potrebbe anche significare che l'ombra di Dio non li lascia in pace.

Con un'allegra superficialità questi individui divagano fino all'infinito, nei dibattiti religiosi, sulle nuove forme di orazione: affermano che il concetto di Dio va "demitizzato"; che l'orazione personale è tempo perso, un residuo egoistico e alienante; che viviamo in tempi secolarizzati in cui è scaduto definitivamente l'elemento religioso; che le forme classiche di orazione sono elucubrazioni soggettive, e così via. In una parola, l'orazione si problematizza, si intellettualizza. Cattivo segno.

L'orazione è *vita,* e la vita è semplice — non facile —, coerente. Quando l'orazione cessa di essere vita la si converte in una grande complicazione. Si formulano domande del genere: come si deve pregare "oggi"? È una domanda senza senso. Forse ci si chiede "come si deve amare" nel nostro tempo? Si ama e si prega come quattromila anni fa. I fatti della vita hanno le loro radici nella sostanza immutabile dell'uomo.

Quando si crea questa situazione esistenziale, rapidamente si scatena una inversione di valori e uno spostamento di piani. Da tante parti si proclama: Dio non bisogna cercarlo sulla montagna; non bisogna cercarlo in "spirito e verità" bensì nel fragore delle moltitudini affamate; non esiste la *salvezza della mia anima* bensì la liberazione dell'uomo dallo sfruttamento e dalla miseria; è necessario superare la dicotomia tra orazione e vita, tra lavoro e orazione... "Teologie" frivole che precipitano davanti alla prima saetta scagliata dall'autenticità.

Quando si produce la "crisi di Dio", si comincia a contabilizzare tutto con i criteri dell'*utilità.* Ma la Bibbia ci ricorda che Dio è ben oltre le categorie dell'utile o dell'inutile. Le scritture affermano una sola cosa: che *Dio è.* Dio si elesse un popolo il cui destino finale era quello di proclamare al mondo intero che *Dio è.* E il popolo *"servì"* solo per adorarlo, dargli grazie, lodarlo ed essere suo testimone. Se dimentichiamo questo destino "inutile" del popolo di Dio, sempre cammineremo divagando.

☆

Quando in un cristiano si produce il vuoto di Dio per abbandono dell'orazione, egli sente la necessità di auto-affermarsi spostandosi verso attività di ogni genere (politiche, sociali, culturali, ecc.). Si giustificherà con belle "teologie", ma in realtà egli cerca di dare un senso alla sua vita, di coprire un vuoto interiore con qualcosa che certamente ha anche degli agganci biblici.

Non è il caso di tutti, ma di molti. Non si parla più di vita eterna, dell'anima, di Dio, bensì dello sfruttamento, dell'ingiustizia sociale. È un fenomeno ampiamente constatato che tra costoro vi è un gran numero di sacerdoti i quali finiscono poi col secolarizzarsi. Non mancheranno di dire che hanno compiuto quel passo per realizzarsi come uomini e come cristiani. Pretesti! Se "qui" sono stati incapaci di amare, "là" seguiteranno a essere egualmente disadattati e non troveranno il centro di gravità.

Non nego che il contatto con Dio possa portare all'evasione dalla realtà; ma questo libro vorrebbe dimostrare che i veri liberatori e i grandi impegnati della Bibbia furono uomini capaci di resistere allo sguardo di Dio nel silenzio e nella solitudine. E, di sicuro, non un Dio appagante bensì un Dio scomodo, che spinge l'*adoratore,* lungo il pendio della pazienza e dell'umiltà, nell'avventura della grande liberazione dei popoli. Se la contemplazione non consegue questi effetti, sarà tutto ma non orazione. Evasione e orazione sono termini che si escludono.

☆

Che cosa sarà della vita di un cristiano nella cui anima Dio è venuto meno?

Sicuramente seguiterà a parlare "di" Dio, però sarà incapace di parlare "con" Dio. Le sue parole saranno squilli di bronzi: fanno rumore, ma non offrono niente, né messaggio, né vita, né fuoco. I credenti giammai vedranno sulla sua fronte il fulgore di Dio (cf. Es 34,29). Diranno: cercavamo un profeta e ci siamo incontrati con un professionista. Gli affamati e gli assetati di Dio, che si avvicineranno a lui, si accorgeranno di essersi imbattuti in una fonte inaridita. Non risusciterà morti, non guarirà infermi... decisamente non è un "inviato".

Chi non ha preso sul serio Dio non prenderà niente sul serio; in fondo resterà sempre un frivolo. Nessuno sarà importante per lui; né il povero, né l'infermo, né lo sfruttato, né l'amico. Solamente lui sarà importante per se stesso. Gli sarà più comodo e meno impegnativo conformare gli altri a se stesso e non a quel Qualcuno che ci costringe all'incontro e pone allo scoperto tutto ciò che abbiamo, facciamo e siamo.

Quando in un gruppo di persone religiose si analizzano le cause della crisi dell'orazione, colpisce la mia attenzione la convergenza quasi costante su di un punto: *il timore di Dio.* In che senso? Più o meno così: se prendo sul serio Dio, la mia vita dovrà essere un'altra. Dio mi sfiderà a non confondere carisma con capriccio, ad aprirmi al fratello che non mi capisce bene, a finirla coi passatempi inutili, ad accettare dei carichi, a rompere con certe amicizie; inoltre, meno mondanità, più penitenza, più obbedienza. In una parola, vengo sollecitato a diventare un arco teso. Dio è qualcosa di serio. Meglio fingersi distratti nei suoi confronti... ed eccoci alla frivolezza.

☆

Senza Dio, la vita è come un fiore che si sfoglia. Tutto perde significato e si avvera quella terribile situazione descritta da Nietzsche in *Così parlò Zaratustra:*

> « Non avete udito parlare di quell'uomo pazzo che in pieno giorno accese una lanterna, corse al mercato gridando continuamente: "Cerco Dio, cerco Dio"? Poiché lì si trovavano riuniti molti di coloro che non credevano in Dio, fu ricevuto con grandi risate. Uno disse: "È quello che si è perso?". Un altro rispose: "Si è smarrito come un bambino". Altri ironizzarono: "Sta

nascosto? Ha paura di noi? Si è imbarcato? È emigrato?". Così tutti ridevano, burlandosi di lui.

« L'uomo pazzo li affrontò, trapassandoli con lo sguardo, gridando: "Dove se ne è andato Dio? Io ve lo dico. Lo abbiamo ucciso, voi ed io. Tutti noi siamo suoi assassini. Sta bene; ma pensiamo: che cosa abbiamo fatto? Come abbiamo fatto a tagliare i legami che uniscono questa terra al sole? E noi, allora, dove andiamo? Non stiamo forse precipitando continuamente all'indietro, in avanti, da un lato, in tutte le direzioni? Ci sono ancora cielo e terra? Non andiamo forse errando attraverso un niente infinito? Non sentiamo il soffio del vuoto? Non sentiamo un freddo terribile? Non va facendosi notte continuamente e sempre più notte? Non è vero che siamo costretti ad accendere lanterne in pieno giorno?".

« L'uomo pazzo andò in un altro posto e guardò un'altra volta i suoi ascoltatori. Anche loro tacevano e lo guardavano straniti ».

Abbiamo lasciato "morire" Dio, e nascono i mostri: l'assurdo, la nausea, l'angoscia, la solitudine, il niente... Come dice Simone de Beauvoir: nel sopprimere Dio siamo rimasti senza l'unico interlocutore che realmente contava; e Sartre: la vita diventa una "passione inutile", un lampo assurdo fra due eternità oscure.

Non posso evitare di pormi spesso il seguente interrogativo: quale sarà la fine di coloro che vivono come se Dio non esistesse? Nel momento decisivo di dare un significato alla vita, quando ci si accorge di non avere più speranze, di aver solo poche settimane di vita: chi chiamare? a chi offrire l'olocausto? a chi sottomettersi? a che cosa aggrapparsi? Non ci saranno appigli.

CAPITOLO II

COME SI VEDRÀ L'INVISIBILE

« Per fede (Mosè) lasciò l'Egitto,
senza temere l'ira del re;
rimase infatti saldo,
come se vedesse l'invisibile ».
(Eb 11,27)

Nel mondo intero si stanno effettuando, in questi ultimi anni, sondaggi, inchieste e valutazioni a carattere religioso sullo stato dell'orazione. Si parla di crisi e abbandono dell'orazione, delle difficoltà per entrare in comunicazione con il Dio trascendente.

Tuttavia, in questa evoluzione generale si sta traendo, con rara unanimità, la conclusione che la decadenza dell'orazione proviene da una profonda crisi di fede. Si puntualizza il fatto che il centro della crisi non sta tanto nella speculazione intellettuale della fede, quanto nella consapevolezza di viverla. Si tratta, quindi, di una crisi esistenziale della fede. Le inchieste più serie giungono alla conclusione che non si deve insistere sul problema delle forme dell'orazione. La crisi di fondo non sta in *come* esprimersi nell'orazione ma in *che cosa* esprimere.

Nella nostra ricerca, secondo l'intenzione pratica che ci siamo proposti, ci vogliamo preoccupare solamente dell'*atto vitale della fede* che, nella Bibbia, è sempre *adesione e affidamento incondizionato a Dio*. Analizzeremo anche le difficoltà che tale atto comporta, specialmente quando sopravvengono il silenzio di Dio e gli scoramenti che minacciano la vita di fede. Tali difficoltà, normali e inevitabili per chi cerca di vivere "in" Dio, oggi aumentano a causa di certe correnti ideologiche che analizzeremo in seguito.

Le nostre riflessioni ci permetteranno di avanzare parecchio nel nostro impegno di esplorare il *mistero dell'orazione,* non essendo essa altro che una *messa in moto* della stessa fede. Cercheremo, infine, di individuare i mezzi in grado di aiutarci a superare i vuoti e le situazioni difficili, sebbene sappiamo che non esistono ricette infallibili.

1.
IL DRAMMA DELLA FEDE

Contemplando nella Bibbia il cammino del popolo verso Dio nell'approfondimento, nello schiarimento e nella purificazione della sua fede, constatiamo con evidenza quanto è lunga e difficile la via che conduce al mistero di Dio: la via della fede. E non solo per Israele; anche e soprattutto per noi. Ogni giorno vediamo lo scoramento, l'incostanza e le crisi che ci attendono a ogni angolo. E questo, senza dimenticare che la fede, in se stessa, è oscurità e incertezza. Per ciò parliamo di *dramma*.

Nell'entrare, dunque, in questo vero e proprio tunnel oscuro, dobbiamo ricordarci il coraggioso invito di Gesù: « sforzatevi di entrare per la porta stretta... » (Lc 13,24).

LA PROVA DEL DESERTO

In diversi momenti, i testi del Concilio Vaticano II ci invitano alla consapevolezza di vivere la fede come una peregrinazione (LG 2, 8, 65), per lo più facendo espresso richiamo alla traversata di Israele nel deserto. Certamente quella marcia costituì la prova del fuoco per la fede di Israele nel suo Dio. Tuttavia, se da quella prova uscì fortificata la fede del popolo nel suo Dio, la lunga peregrinazione fu colma di adorazione e bestemmie, ribellione e sottomissione, fedeltà e diserzioni, acclamazioni e protesta.

Tutto ciò è un simbolo reale delle nostre relazioni con Dio mentre siamo "in cammino"; soprattutto (ciò è quanto ci interessa mettere in rilievo) è il simbolo delle esitazioni e delle perplessità che subisce ogni anima nella sua ascensione verso Dio, in special modo nella sua vita di fede. Poche persone, forse nessuna è rimasta libera da tali mancamenti. La Bibbia ce ne dà indubitabile prova.

☆

Al momento opportuno, Dio irruppe sulla scena della storia umana. Entrò per ferire, liberare, eguagliare. Amico di Dio e conduttore degli uomini, Mosè affronta il faraone, riunisce il popolo disperso e lo pone in marcia verso il paese della libertà.

Con la partenza dall'Egitto, comincia la grande marcia della fede verso la chiarezza totale. Ma già ai primi passi, l'incertezza comincia ad attorcigliarsi come un serpente attorno al cuore del popolo. Il dubbio sale alla gola in un grido: « Forse perché non c'erano sepolcri in Egitto ci hai portati a morire nel deserto? Che hai fatto, portandoci fuori dall'Egitto? Non ti dicevamo in Egitto: Lasciaci stare e serviremo gli Egiziani? Perché è meglio per noi servire l'Egitto che morire nel deserto! » (Es 14,11-12). Si preferisce la sicurezza alla libertà. In mezzo alla confusione solo Mosè mantiene viva la fede: non abbiate paura, Dio farà risplendere la sua potenza (cf. Es 14,17); Dio combatterà per noi e con noi.

A queste parole, il popolo riaccende la propria fede e con i suoi occhi contempla fenomeni mai visti. Subito cominciò a soffiare il vento impetuoso del sud, che tagliò le acque e le divise in due grandi masse. E il popolo passò tra due muraglie d'acqua che si rovesciarono sugli Egiziani. Innanzi a simile spettacolo il popolo « credette in lui e nel suo servo Mosè » (Es 14,31) e intonò un canto trionfale (cf. Es 15,1-21). Tuttavia, una volta di più, avevano avuto bisogno di un "segno" per recuperare la fede: « Beati quelli che pur non avendo visto crederanno! » (Gv 20,29).

La peregrinazione dura tre giorni, il popolo si addentra nel deserto del Shur e qui vien messa di nuovo alla prova la sua fede. Il silenzio della terra e, a volte, il silenzio di Dio invadono le anime, tutti hanno paura. Le provviste sono esaurite. Che cosa mangeranno? E, come uccelli rapaci, si abbattono sul popolo lo scoramento, la nostalgia, la ribellione. « Oh, fossimo morti per mano del Signore, nel paese d'Egitto, quando eravamo seduti presso la pentola della carne, mangiando pane a sazietà! Invece ci avete fatti uscire in questo deserto per far morire di fame tutta questa moltitudine » (Es 16,3).

Il popolo soccombe definitivamente alla tentazione della nostalgia e prende a lamentarsi: « Chi ci potrà dare carne da mangiare? Ci ricordiamo dei pesci che mangiavamo in Egitto gratuitamente, dei cocomeri, dei meloni, dei porri, delle cipolle e dell'aglio » (Num 11,4-5).

Mosè, la cui fede si manteneva inamovibile perché giornalmente conversava con Dio "come un amico", disse loro: Io non ho niente a che vedere con le vostre mormorazioni, queste voci sono lamenti contro Dio; ma vi assicuro che « domani mattina vedrete la Gloria del Signore » (Es 16,7) e le vostre proteste si ridurranno a ridicole voci. E il giorno seguente, nel pomeriggio, uno stormo di quaglie coprì tutto il campo, e un altro giorno apparve sopra la terra qualche cosa di simile alla rugiada, con la quale il popolo poté saziarsi tutte le mattine (cf. Es 16,13-16).

La peregrinazione continuò. Il popolo avanzò verso Kades sotto un sole di fuoco, sopra un mare di sabbia ardente. E man mano che avanzava, altre volte lo sconforto e il dubbio vennero a turbare le anime. La tentazione di fermarsi, abbandonare la marcia e ritornare alle comodità passate, sia pure in stato di schiavitù, era forte: « Perché ci hai fatti uscire dall'Egitto, per far morire di sete noi, i nostri figli e il nostro bestiame? » (Es 17,3).

È il momento in cui un dubbio pungente annulla il ricordo di tanti miracoli, rode le fondamenta della loro fede e si esprime in quella terribile domanda: *« Il Signore è in mezzo a noi sì o no? »* (Es 17,7). Il dubbio ha raggiunto il culmine. Per ciò quel luogo si chiamò *Massa* (prova) e *Meriba* (protesta) « a causa della protesta degli Israeliti e perché misero alla prova il Signore » (Es 17,7) durante la marcia verso Canaan.

Sono pochi gli uomini di Dio che non hanno subìto qualche dura prova.

NUOVE PROVE IN NUOVI DESERTI

Se fu sempre aspra e difficile la via della fede, oggigiorno le difficoltà sono aumentate. La Chiesa sta attraversando un nuovo deserto. Le minacce che incombono sui pellegrini sono le stesse degli anni trascorsi: avvilimenti per eclissi di Dio, apparizione di nuovi "dei" che pretendono adorazione, e tentazione di interrompere l'aspra marcia della fede per far ritorno nel confortevole e "fertile Egitto".

DIFFICOLTÀ INTELLETTUALI

L'uomo ha vissuto per migliaia di anni sotto la tirannia delle forze cieche della natura divinizzandole. Per controllare quelle forze divinizzate, l'uomo è ricorso ai riti magici. Quantunque la Bibbia operi una purificazione di codesti concetti, usi e costumi magici, nel nostro intimo restano di quel mondo incantato varie reminiscenze, molte delle quali le abbiamo attribuite al Dio della Bibbia.

Lo sviluppo tecnico ha debellato quasi tutte quelle convinzioni, usi e costumi; la scienza spiega in termini naturali ciò che prima si faceva risalire a mitiche divinità o si considerava attributo di Dio. E così nasce un altro pericolo: quello di confondere il magico con il soprannaturale, di radere al suolo indiscriminatamente l'uno e l'altro senza separare convenientemente il buon grano dalla zizzania, con la convinzione che tutto ciò che non è scienza e tecnologia o non esiste o è una proiezione delle nostre impotenze e dei nostri timori.

☆

Effettivamente, in tempi anche recenti, molti fenomeni naturali si spiegavano riferendoli a Dio. Ora, che possiamo spiegare i fenomeni naturali con i metodi propri delle scienze, impercettibilmente stiamo mettendo da parte Dio. Nella misura in cui la nostra mente abbandona le "ragioni" soprannaturali, nella stessa misura la nostra vita cosciente si va vuotando gradualmente della presenza di Dio. Molti lo sentono e altri lo dicono apertamente: la scienza finirà per spiegare tutto lo spiegabile e d'ora innanzi Dio sarà una "ipotesi" inutile.

Tuttavia, né la tecnologia né le scienze sociopsicologiche riusciranno mai a dare la risposta esatta al problema fondamentale e unico dell'uomo: *il senso della vita.* Soltanto quando l'uomo si imbatte nel suo proprio mistero, quando sperimenta fino alla vertigine la stranezza di "stare qui", di essere al mondo come coscienza e come persona, solo allora affronta gli interrogativi centrali: chi sono io? qual è la ragione della mia esistenza? da quale fonte sono scaturito? c'è un avvenire per me, e quale?

Oggigiorno non si fanno più campagne contro Dio a base di argomenti e di passione. Semplicemente si prescinde da lui, lo si tralascia come un oggetto che non serve più. È un *ateismo pratico,* più pericoloso di quello sistematico, perché isterilisce inavvertitamente i riflessi mentali e i moti della vita.

☆

La nostra conoscenza teologica non pare in grado di resistere alla visione cosmica e antropologica che ci dànno le scienze. Le ricerche sull'origine del mondo e dell'uomo distano molto dai dati delle Scritture, sebbene si affermi oggi che la Bibbia non pretende di dare spiegazioni scientifiche.

Non possiamo non sentire il contrasto tra la nostra difficoltà di esprimere adeguatamente il mistero di Dio con segni e simboli, e le formule limpide ed evidenti delle scienze. Ci sconcerta la chiarezza dei metodi scientifici di investigazione, in contrasto con i nostri metodi induttivo-deduttivi e i procedimenti analogici per conoscere Dio.

Se abbiamo maturato una fede personale e coerente con le scoperte scientifiche, si verifica la "secolarizzazione" che, senza dubbio, è un processo purificatore dell'*immagine* di Dio. Ma molti non riescono a distinguere le frontiere di questa evoluzione in sé conveniente e necessaria, e passano al terreno della "secolarità" sino a finire nel "secolarismo" profano dove la fede in Dio agonizza fino a morire. « Tutto questo sta dando origine a un'ideologia radicale ed esclusiva che ammette solo il secolo, il mondo, il profano »[1].

Come conseguenza di tali idee e fatti, ecco sorgere l' "orizzontalismo", un'ideologia che debilita la fede e problematizza i nostri solenni impegni con Dio. Essa afferma che qualsiasi sforzo applicato a ciò che non appartiene a questo mondo è "alienazione": la vita con Dio, tempo perso; qualsiasi "intrattenimento" religioso, energia dissipata; il celibato, assurdo e pregiudizievole; l'unica attività valida, la promozione umana; l'unico peccato, l'alienazione.

☆

Questo clima diffuso penetra nell'anima di coloro che, in altro tempo, una fede incondizionata legava a Dio con una forte alleanza.

Ho l'impressione che il nuovo popolo di Dio si sia impantanato un'altra volta in "Massa e Meriba" con una fede scesa ai livelli più bassi. Perciò si odono, come allora, lamenti e sfide; la fede è per molti una *parola dura:* « Questo linguaggio è duro. Chi può intenderlo? » (Gv 6,60). E come in ogni epoca di purificazione si vanno compiendo le tragiche parole: « Da allora molti dei suoi discepoli si tirarono indietro e non andavano più con lui » (Gv 6,66).

Dopo lo scompiglio verrà la maturazione, vale a

[1] Cf. C. Koser, *Vida con Dios en el mundo de hoy,* Siviglia 1971, p. 27. - Alcune delle presenti affermazioni sono state tratte da quest'opera.

dire una sintesi coerente e vitale, elaborata personalmente e non estratta dai manuali di teologia; sintesi in cui si fondono i progressi delle scienze e una profonda amicizia con Dio. Intanto, il periodo di prova che stiamo attraversando aiuterà a purificare l'immagine di Dio. La fede, come dice Martin Buber, è un'adesione a Dio, ma non un'adesione all'immagine che uno si è formato di Dio, nemmeno un'adesione alla fede "del" Dio che uno ha concepito, bensì adesione *al* Dio vivente.

DIFFICOLTÀ DELL'ESISTENZA

Sono accettate, oggi, come criteri di vita, l'immediatezza, l'efficacia, la rapidità. In contrasto, la vita di fede è lenta ed esige una costanza sovrumana; il suo progredire è instabile e non lo si può comprovare con metodi rigorosi di riflessione. Di conseguenza ci sentiamo impoveriti, confusi e come smarriti in una selva.

Sotto l'influenza delle scienze psicologiche e sociologiche, oggigiorno prevalgono i criteri soggettivi. Ciò che era oggettivo come le verità di fede, le norme della morale o dell'ideale, hanno perso attualità e valore cedendo il passo ai dati personali e istintivi. Oggi è di moda l'emozionale, l'affettivo, lo spontaneo.

Ne deriva la totale svalutazione di certi criteri come il dominio di se stessi, l'ascesi, il superamento, la privazione, elementi indispensabili nella marcia verso Dio. Tali concetti e parole a molti suonano perfino ripugnanti; come minimo li ritengono pregiudizievoli per lo sviluppo della personalità. La comodità è diventata suprema norma di comportamento.

Questa nuova norma di condotta coincide in tutto con l'ideale della società dei consumi: trarre il massimo dalla vita, consumare il maggior numero di beni, concedersi tutte le soddisfazioni. È l'eterna proposta dell'insipiente: « Inebriamoci di vino squisito e di profumi, non lasciamoci sfuggire il fiore della primavera, coroniamoci di boccioli di rose prima che avvizziscano » (Sap 2,7-8). È chiaro che questo non si dice con parole tanto disinvolte. Si dice invece: bisogna evitare la repressione, bisogna favorire la spontaneità, non bisogna violentare la natura, è necessario assicurare l'autenticità.

Oggi non sappiamo che farcene del silenzio. La società dei consumi ha creato l'industria dello svago e del divertimento per evitare all'uomo l'orrore del vuoto e della solitudine. In questo modo si colloca l'oggetto al posto del soggetto, non si sopportano le norme stabilite e si dà briglia sciolta allo spontaneismo, figlio del soggettivismo.

☆

Viviamo nel nuovo deserto. Il cammino di Dio è irto di difficoltà. Le tentazioni cambiano di nome... si chiamano orizzontalismo, secolarismo, edonismo, soggettivismo, spontaneismo, frivolezza.

Quanti pellegrini arriveranno alla Terra promessa? Quanti abbandoneranno la dura marcia della fede? Dovremo anche noi persuaderci che solo un "piccolo resto" saprà conservare la fedeltà totale a Dio? Qual è e dov'è il *Giordano* che dovremo attraversare per entrare nella patria della libertà? L'orizzonte è sempre più coperto di domande, di silenzio e di oscurità. È il prezzo della fede.

Stiamo vivendo in un tempo di purificazione. La fede è un fiume che avanza. Le impurità si posano nel letto del fiume, ma la corrente non si ferma.

2.

TURBAMENTO E ABBANDONO

La fede, nella Bibbia, è un atto e un atteggiamento che coinvolge tutto l'uomo: la sua fiducia profonda, la sua fedeltà, il suo assenso intellettuale e la sua adesione emozionale; abbraccia anche la sua vita impegnando la sua storia intera con i progetti, le emergenze, le eventualità.

La fede biblica, nel suo sviluppo normale, racchiude i seguenti elementi: Dio si pone in comunicazione con l'uomo; poi Dio pronuncia una parola e l'uomo si consegna incondizionatamente; Dio mette alla prova la sua fede; l'uomo si turba e vacilla; Dio si manifesta di nuovo; l'uomo conduce a termine il piano tracciato da Dio, partecipando della forza stessa del suo Signore.

Questa è la fede che indusse Abramo a ubbidire al comando: « Io sono Dio onnipotente: cammina davanti a me e sii integro » (Gen 17,1). Espressione carica di un forte significato: Dio fu l'ispirazione della sua vita; fu anche la sua forza e norma morale; fu, soprattutto, il suo amico. Abramo « credette al Signore, che glielo accreditò come giustizia » (Gen 15,6). Con queste parole, l'autore sacro vuole indicare non solamente che la fede di Abramo ebbe un merito eccezionale, bensì che essa condizionò, impegnò e trasformò tutta l'esistenza del Padre dei credenti.

Gli elementi ora menzionati sono ripresi con forza nella *Lettera agli Ebrei:*

> « Per fede Abramo, chiamato da Dio, obbedì partendo per un luogo che doveva ricevere in eredità, e partì senza sapere dove andava. Per fede soggiornò nella terra promessa come in una regione straniera, abitando sotto le tende, come anche Isacco e Giacobbe, coeredi della medesima promessa. Egli aspettava infatti la città dalle salde fondamenta, il cui architetto e costruttore è Dio stesso. (...)
>
> « Nella fede morirono tutti costoro, pur non avendo conseguito i beni promessi, ma avendoli solo veduti e salutati di lontano, dichiarando di essere stranieri e pellegrini sopra la terra. Chi dice così, infatti, dimostra di essere alla ricerca di una patria. (...)
>
> « Per fede conquistarono regni, esercitarono la giustizia, conseguirono le promesse, chiusero le fauci dei leoni, spensero la violenza del fuoco, scamparono al taglio della spada, trassero forza dalla loro debolezza, divennero forti in guerra, respinsero invasioni di stranieri. (...)
>
> « Altri poi furono torturati, non accettando la liberazione loro offerta, per ottenere una migliore risurrezione. Altri, infine, subirono scherni e flagelli, catene e prigionia. Furono lapidati, torturati, segati, furono uccisi di spada, andarono in giro coperti di pelli di pecora e

di capra, bisognosi, tribolati, maltrattati — di loro il mondo non era degno! — andarono vagando per i deserti, sui monti, tra le caverne e le spelonche della terra » (Eb 11,8-38).

STORIA DI UNA FEDELTÀ

Il Nuovo Testamento presenta Abramo come prototipo della fede, perché come in pochi altri credenti, forse in nessuno, si compirono in lui le alternative drammatiche della fede. È il vero pellegrino della fede.

Dio dà ad Abramo un ordine che al tempo stesso è una promessa: « Vattene dal tuo paese, dalla tua patria e dalla casa di tuo padre, verso il paese che io ti indicherò. Farò di te un grande popolo... » (Gen 12,1-2). Abramo *credette*. Che cosa significò per lui questo credere? Significò firmare un assegno in bianco, sperare contro il senso comune e le leggi della natura, abbandonarsi ciecamente e senza calcoli, rompere con tutta una situazione ben consolidata: con i suoi settantacinque anni « Abramo, chiamato da Dio, obbedì partendo per un luogo che doveva ricevere in eredità, e partì senza sapere dove andava » (Eb 11,8; cf. Gen 12,4).

Questo abbandono tanto fiducioso gli verrà a costare molto caro e lo costringerà a uno stato di tensione, non esente da confusione e perplessità. In una parola, Dio mise a dura prova la fede di Abramo.

Intanto passano gli anni e non arriva il figlio promesso. Dio mantiene Abramo in una continua incertezza... — quasi come in un romanzo d'appendice, o come in quei telefilm a puntate che ogni sera finiscono nell'istante in cui sembra di intravedere la soluzione — e in varie occasioni gli rinnova la promessa di un figlio (cf. Gen 12,7; 15,5; 17,16; 18,10; 22,17). Passano decenni e il figlio non arriva. In questo periodo Abramo vive la *storia di una fedeltà* nella quale si alternano le angosce e le speranze, come il sole che appare e scompare tra le nuvole. È la storia del credere « sperando contro ogni speranza » (Rom 4,18), resistendo, per non venir meno alla sua fede, alle regole del senso comune e alle leggi fisiologiche (cf. Gen 18,11), rendendosi ridicolo di fronte a sua moglie: « Allora Sara rise dentro di sé e disse: "Avvizzita come sono dovrei provare il piacere, mentre il mio signore è vecchio!" » (Gen 18,12).

La solitudine comincia a bussare alle porte del cuore di Abramo. Vive con pena la separazione dal nipote Lot (cf. Gen 13,1-18). Malgrado le campagne vittoriose contro i quattro re e il benessere conquistato, nel suo cuore comincia a infiacchirsi la fede, e l'angoscia guadagna terreno giorno dopo giorno.

Arriva un momento in cui la sua fede è al punto di venir meno completamente. In preda a un profondo avvilimento se ne lamenta con Dio: « Mio Signore Dio, che mi darai? Io me ne vado senza figli e l'erede della mia casa è Eliezer di Damasco... Ecco, a me non hai dato discendenza e un mio domestico sarà mio erede » (Gen 15,2-3). Nello stesso momento Dio riafferma la sua promessa.

Ma la fede di Abramo è agitata da una invincibile crisi: « Allora Abramo si prostrò con la faccia a terra e rise e pensò: "Ad uno di cento anni può nascere un figlio? e Sara all'età di novanta anni potrà partorire?" » (Gen 17,17). Per tutta risposta, Dio fece uscire Abramo dalla sua tenda in una bella notte stellata e gli disse: « Guarda in cielo e conta le stelle, se riesci a contarle ». E soggiunse: « Tale sarà la tua discendenza » (Gen 15,5).

E sempre, anche a noi, accade la stessa cosa: quando viene meno la fede, abbiamo bisogno di un segno, un appiglio per non soccombere.

Dio, comprensivo e compassionevole, concede il segno in considerazione dello stato di emergenza e della debolezza che assilla la fede di Abramo. « Signore mio Dio, come potrò sapere che ne avrò il possesso? » (Gen 15,8). Dio dopo aver oscurato il sole, prese la forma (segno) di un « forno fumante e una fiaccola ardente » (Gen 15,17).

« Abramo aveva cento anni, quando gli nacque il figlio Isacco » (Gen 21,5).

LA PROVA DEL FUOCO

Vediamo dunque come, per questi avvenimenti, Abramo non solamente recuperò la fede nella sua totalità, ma la consolidò definitivamente; l'approfondì fino al punto di vivere permanentemente in intima amicizia e contatto con il Signore, secondo il comandamento: « cammina davanti a me e sii integro » (Gen 17,1). Noi ci immaginiamo Abramo come un uomo indurito dalla prova, immunizzato contro ogni possibile dubbio, in possesso di una grande maturità e consistenza interiore: « Abramo piantò un tamerice in Bersabea e lì invocò il nome del Signore, Dio dell'eternità » (Gen 21,33).

Dio, notata in Abramo la solidità della fede, lo sottomette alla prova finale del fuoco, una di quelle terribili "notti dello spirito" di cui parla san Giovanni della Croce, il grande mistico spagnolo. Vediamo con quale grandezza e serenità Abramo supera la prova.

> « Dopo queste cose, Dio mise alla prova Abramo e gli disse: "Abramo, Abramo!". Rispose: "Eccomi!". Riprese: "Prendi tuo figlio, il tuo unico figlio che ami, Isacco, va' nel territorio di Moria e offrilo in olocausto su di un monte che io ti indicherò" » (Gen 22,1-2).

A mio avviso, in questo episodio, la fede biblica scala la sua cima più alta.

Per comprendere nella sua esatta dimensione il contenuto e il grado della fede di Abramo riflettiamo che compiere un atto eroico può risultare perfino attraente, quando l'atto ha un suo significato e una sua logica: quante persone dànno la vita per una causa nobile e bella! Ma per accettare un ordine assurdo o bisogna essere pazzi o le ragioni di tale sottomissione sorpassano completamente le nostre regole e il nostro concetto di eroismo.

Poniamoci nel contesto vitale di Abramo e cerchiamo di esplorare l'insieme di impulsi e motivi di questo grande credente. Abramo aveva sempre sospirato di avere un figlio. Era già anziano e aveva perso la speranza di avere una discendenza. Tuttavia, un giorno Dio gli promette il figlio. Poiché per Dio niente è impossibile, Abramo crede. Passano anni di speranze e delusioni, poi finalmente il figlio giunge: sarà il depositario delle promesse e delle speranze. Ora Abramo può morire in pace. Ma all'ultima ora Dio gli ordina di sacrificare il fanciullo.

Una richiesta tanto barbara e pazza avrebbe potuto demolire la fede di tutta una vita. Il senso comune più elementare avrebbe dovuto convincere Abramo che era stato vittima di un'allucinazione. Tuttavia, una volta ancora, *crede*. Questo *credere* contiene un abbandono e una fiducia illimitati. Possiamo immaginare il dialogo di Abramo con se stesso:

— Non sono così vecchio che non potrò avere altri figli? Io non so niente. Egli sa tutto. Egli può tutto.
— Forse che muoio subito e resto senza erede? Egli provvederà; Egli è capace di risuscitare i morti e perfino convertire le pietre in figli (cf. Mt 3,9).
— Forse che è ridicolo e assurdo ciò che mi domanda? Egli è sapiente, noi non sappiamo nulla.

Ecco che cosa significa avere una disposizione incondizionata a consegnarsi, ad abbandonarsi con una fiducia infinita; è come sentirsi infallibilmente sicuri che Dio è potente, buono, giusto, sapiente contro tutte le evidenze del senso comune; è un poco come legarsi mani e piedi e lanciarsi nel vuoto perché si sa che egli non permetterà che si cada. Mi pare sia questa la sostanza definitiva e il momento culminante della fede biblica.

☆

Vediamo ora come si comporta Abramo pieno di pace incrollabile, di grandezza e tenerezza.

« Abramo si alzò di buon mattino, sellò l'asino, prese con sé due servi e il figlio Isacco, spaccò la legna per l'olocausto e si mise in viaggio verso il luogo che Dio gli aveva indicato.

« Il terzo giorno Abramo alzò gli occhi e da lontano vide quel luogo. Allora Abramo disse ai suoi servi: "Fermatevi qui con l'asino; io e il ragazzo andremo fin lassù, ci prostreremo e poi ritorneremo da voi". Abramo prese la legna dell'olocausto e la caricò sul figlio Isacco, prese in mano il fuoco e il coltello, poi proseguirono tutt'e due insieme. Isacco si rivolse al padre Abramo e disse: "Padre mio!". Rispose: "Eccomi, figlio mio". Riprese: "Ecco qui il fuoco e la legna, ma dov'è l'agnello per l'olocausto?". Abramo rispose: "Dio stesso provvederà l'agnello per l'olocausto, figlio mio!".

« Proseguirono tutt'e due insieme; così arrivarono al luogo che Dio gli aveva indicato; qui Abramo costruì l'altare, collocò la legna, legò il figlio Isacco e lo depose sull'altare, sopra la legna. Poi Abramo stese la mano e prese il coltello per immolare suo figlio. Ma l'angelo del Signore lo chiamò dal cielo e gli disse: "Abramo, Abramo!". Rispose: "Eccomi!". L'angelo disse: "Non stendere la mano contro il ragazzo e non fargli alcun male! Ora so che tu temi Dio e non mi hai rifiutato tuo figlio, il tuo unico figlio" » (Gen 22,3-12).

Nella narrazione, la fede e l'abbandono assumono rilievi particolari. *"Dio provvederà"* è come una melodia di fondo che dà senso a tutto. È significativo che questo episodio termini con il seguente versetto: « Abramo chiamò quel luogo: *"Il Signore provvede"*, perciò oggi si dice: *"Sul monte il Signore provvede"* » (Gen 22,14).

LA SPERANZA CONTRO LA SPERANZA

La storia di Israele è un'altra storia della "speranza contro ogni speranza". Durante i lunghi secoli che vanno dal Sinai alla « pienezza del tempo » (Gal 4,4), Dio appare e scompare, brilla come un sole e si nasconde dietro le nubi; ci sono teofanie clamorose e lunghi periodi di silenzio. È una interminabile sequenza di speranze e di scoramenti. Dio ha voluto che la storia di Israele fosse la storia di un'esperienza di fede. Per ciò, allora come adesso, nella nostra vita di fede ci incontriamo a ogni passo con il silenzio di Dio, la prova di Dio, la notte oscura.

Il popolo di Israele è salvato dall'Egitto e lanciato in un interminabile pellegrinare verso una patria definitiva. Fu un lungo itinerario di deserto, fame, sete, sole, agonia e morte. Gli è stata promessa una terra dove scorre latte e miele; ma il prezzo sarà una lunga conquista irta di sconfitte, umiliazioni, sangue e lacrime. E alla fine, né latte né miele, bensì una terra calcarea e ostile da coltivare tra mille difficoltà.

Giunse un momento in cui Israele si convinse

che Dio o non c'era o lo aveva abbandonato definitivamente, e che come nazione non sarebbe mai esistito: fu nell'anno 587 a. C., quando le truppe del re babilonese Nabucodonosor spezzarono la resistenza di Gerusalemme dopo diciotto mesi di assedio e la strage fu orribile.

La città santa fu saccheggiata, distrutta e bruciata. Il glorioso tempio di Salomone crollò avvolto dalle fiamme, e sparì per sempre l'Arca dell'Alleanza. Gli abitanti della città e gran parte di quelli della regione di Giuda furono deportati in Babilonia, guardati a vista dai conquistatori, per un percorso di mille chilometri, nella polvere, sotto il sole, umiliati e vinti.

Sono queste le "notti oscure" nella via della fede. Nell'oscurità sia Israele che noi tendiamo ad abbandonare Dio perché ci sentiamo abbandonati da lui. Ma dopo un certo tempo, purificati i nostri occhi da tanta polvere, ci apparirà il suo volto più radioso che mai. Ce ne dànno testimonianza i profeti Ezechiele e Isaia.

All'infuori della parentesi consolatrice del regno di Davide e di Salomone, la vita di Israele è la storia insignificante della Lega delle dodici Tribù. Il paese è soggiogato in ondate successive da egiziani, assiri, babilonesi, macedoni e romani. Era normale non sperare più in Dio, o pensare che Dio fosse ben poca cosa. Eppure, attraverso questa rotta di disinganni e di oscurità, Dio condusse Israele dai sogni della grandezza terrestre alla vera grandezza spirituale, verso le chiarezze della fede nel Dio vero.

Per coloro che si sforzano di vivere la fede totale in Dio, riesce commovente e impressionante la crisi sofferta dal profeta Elia durante la sua peregrinazione verso il monte Oreb.

Elia era un profeta forgiato dalle lotte con Dio, il coraggioso che al torrente Cherit aveva mangiato solamente il cibo portatogli dai corvi e si era dissetato allo stesso torrente. Aveva fronteggiato i re, smascherato i potenti, confuso e scannato gli adoratori di Baal al torrente Kison.

Da un uomo di siffatta tempra e forza non ci si sarebbe aspettato un cedimento; tuttavia, questo si produsse, e quanto grave! La regina Gezabele, informata che Elia aveva ucciso di spada i sacerdoti di Baal, inviò al profeta un messaggero per annunciargli che il giorno seguente egli pure sarebbe stato ucciso. È da sapere che Gezabele aveva introdotto in Israele il culto degli dèi stranieri.

A tale annuncio, il profeta Elia intraprese la marcia forzata verso il monte Oreb, simbolo dell'ascensione dell'anima verso Dio lungo il cammino della fede.

> « Elia, impaurito, si alzò e se ne andò per salvarsi. Giunse a Bersabea di Giuda. Là fece sostare il suo ragazzo. Egli si inoltrò nel deserto una giornata di cammino e andò a sedersi sotto un ginepro. Desideroso di morire, disse: "Ora basta, Signore! Prendi la mia vita, perché io non sono migliore dei miei padri!". Si coricò e si addormentò sotto il ginepro.

« Allora, ecco un angelo lo toccò e gli disse: "Alzati e mangia!". Egli guardò e vide vicino alla sua testa una focaccia cotta su pietre roventi e un orcio d'acqua. Mangiò e bevve, quindi tornò a coricarsi. Venne di nuovo l'angelo del Signore, lo toccò e gli disse: "Su mangia, perché è troppo lungo per te il cammino" » (1 Re 19,3-7).

Sorprende questa profonda depressione del profeta. Le sue parole preludono a quelle di Gesù: « La mia anima è triste fino alla morte » (Mt 26,38; Mc 14,34). Per coloro che hanno preso sul serio Dio e vivono nella sua vicinanza e presenza, tali scoramenti sono caratterizzati da una vera agonia, secondo la testimonianza di san Giovanni della Croce.

Non c'è uomo che più o meno frequentemente, con una maggiore o minore intensità, non soffra di simili processi di purificazione che sono come ondate di oscurità, nubi che nascondono Dio, quasi una cappa di cento atmosfere che opprime l'anima. Giovanni della Croce dice che se Dio, nel momento culminante dell'agonia, ritirasse la sua mano si morirebbe.

AL DI LÀ DEL DUBBIO

Francesco d'Assisi fu un credente che godette per gran parte della sua vita della sicurezza luminosa della fede; tuttavia, alcuni anni prima di morire cadde in una cupa depressione che i suoi amici e primi biografi qualificarono come "gravissima tentazione spirituale", e che durò all'incirca un paio d'anni [2]. « Sappiamo solamente che fu una continua agonia, nella quale il Poverello, apparentemente abbandonato da Dio, camminava tra le tenebre, tormentato da tanti dubbi ed esitazioni che quasi stava per disperarsi. Fu un'inquietudine di coscienza grave e invincibile e Francesco ebbe bisogno di un particolare intervento divino per uscirne » [3].

Durante i primi anni della sua conversione, « il Signore gli aveva rivelato che doveva vivere secondo il santo Vangelo ». Con la fedeltà di un cavaliere errante e con la semplicità di un bambino, Francesco seguì letteralmente testo e contesto del Vangelo lasciando il bastone, la bisaccia, i sandali (cf. Lc 9,3). D'allora in poi non toccò denaro. Non volle per sé né per i suoi possesso di conventi, case, beni. Volle che fossero pellegrini e stranieri in questo mondo, itineranti sulla terra intera, lavorando con le loro mani, mettendo ogni fiducia nelle mani di Dio, privi di lasciapassare e riconoscimenti pontifici ed esposti alle persecuzioni.

Li volle poveri, liberi e allegri. Non sapienti, bensì testimoni. Non occorrevano studi, biblioteche, titoli universitari; solamente il Vangelo da vivere semplicemente, pienamente, senza commenti, limitazioni e interpretazioni.

Simile "stile di vita" rivelatogli personalmente

[2] Celano, *Vita secunda,* 115; *Legenda antiqua,* 21; *Speculum,* 99.
[3] O. Englebert, *San Francesco d'Assisi,* Mursia 1958.

dal Signore attirò migliaia di fratelli nella nuova via. Ben presto però nel movimento francescano si produsse e cominciò a prevalere una vasta corrente di uomini che si vergognavano di essere poveri, *piccoli,* "minori" e volevano imprimere una diversa direzione all'incipiente (e già numerosa) fraternità. La corrente guidata dai "sapienti" e dallo stesso rappresentante del Papa, incoraggiava criteri diametralmente opposti agli ideali e alla "forma di vita" di Francesco.

Quelli dicevano: *abbiamo bisogno di saggi e di gente ben preparata.*
Francesco rispondeva: *abbiamo bisogno di semplici e di umili.*
Quelli esigevano: *diplomi universitari.*
Francesco contestava: *solo il diploma della povertà.*
Quelli reclamavano: *grandi case per gli studi.*
Francesco ripeteva: *umili capanne per "passare" attraverso questo mondo.*
Quelli affermavano: *la Chiesa necessita di una potente e ben organizzata struttura di guerra contro gli eretici e i saraceni.*
Francesco rispondeva: *la Chiesa necessita di penitenti e convertiti.*

Francesco d'Assisi, un uomo che non era nato per governare e nemmeno per lottare, si trovò nel mezzo di una tormenta a dover difendere l'ideale evangelico.

Ma il centro del dramma era questo: mentre

Francesco aveva l'assoluta sicurezza interiore che il Signore gli aveva rivelato, nella voce della Porziuncola, direttamente ed espressamente la "forma di vita" evangelica in povertà e umiltà, il rappresentante del Papa e i sapienti affermavano che la volontà di Dio, dalle necessità della Chiesa e dai "segni" dei tempi, era quella di organizzare la fraternità sotto il segno dell'ordine, della disciplina e dell'efficacia.

Ecco il dilemma del suo conflitto profondo: a chi obbedire? dove stavano *effettivamente* Dio e la sua volontà?

E in quel terribile momento in cui sarebbe stato necessario udire la voce di Dio, Dio taceva; e il Poverello si dibatté in una lunga agonia di dubbi e domande in mezzo a una completa oscurità. Che cosa vuole veramente Dio? Dicono che bisogna dare al movimento una struttura monacale o almeno conventuale, mentre il Signore mi ha ordinato di formare una fraternità evangelica di viandanti, penitenti, poveri e umili. Lo stesso Dio ha potuto ispirare direzioni tanto contrarie? Dov'è Dio? A chi obbedire?

Non starebbe lui, Francesco, difendendo la "sua" opera invece di difendere l'opera di Dio? Egli era ignorante, gli altri erano saggi; la gerarchia pareva segnalare criteri contrari ai suoi. Era logico pensare che se qualcuno sbagliava questi doveva essere soltanto lui, l'insignificante Francesco. Ma allora, le voci di Spoleto, di S. Damiano e della Porziuncola erano stati allucinati deliri di grandezza? Dunque, Dio non era mai stato con lui? Dio stesso era forse un'allucinazione irreale?

E il povero Francesco si rifugiava nelle grotte a Rieti, Cortona e La Verna; bussava alle porte del cielo e il cielo non rispondeva. Invocava piangendo Dio e Dio taceva. Perse la calma. Quell'uomo, l'anno prima tanto raggiante, diventò di cattivo umore. Cominciò a minacciare, a scomunicare. Tanto allegro sempre, si lasciò vincere dalla peggiore delle tentazioni: la tristezza.

Ebbe momenti in cui lo scoramento assunse altezze vertiginose come in quella notte che io chiamerei "la notte trasfigurata" di Francesco: nella capanna di S. Damiano soffrì tutti i dolori fisici immaginabili [4], ma era ancora il meno; un pungente e torturante dubbio sulla sua salvezza lo indusse a un acuto senso di disperazione. E finalmente, proprio in quella notte, il cielo parlò. Dio rivelò a Francesco che la sua salvezza era certa. Fu allora che compose l'inno più gioioso e ottimista che sia mai uscito da cuore umano: il *Cantico di fratello Sole.*

Come sparì la gravissima tentazione? Con un *atto assoluto di abbandono,* proprio come nel caso di Gesù e dei grandi uomini di Dio. Un giorno in cui era oppresso e piangente, udì una voce che diceva:

— Francesco, se avrai fede come un granello di senapa, dirai a quella montagna che si allontani verso il mare e ti obbedirà.
— Signore, che montagna è quella?
— La montagna della tua tentazione.

[4] Celano, *Vita secunda,* 213; *Legenda antiqua,* 43; *Speculum,* 100.

— Signore, — rispose Francesco — si faccia di me secondo la tua parola.

Quel giorno sparì definitivamente la tentazione. La pace ritornò nella sua anima, il sorriso sul suo volto, di nuovo e per sempre l'allegria inondò la sua vita.

3.
IL SILENZIO DI DIO

In questo vivere giorno per giorno in cerca del Signore, ciò che più sconcerta i pellegrini della fede è il *silenzio di Dio.* « Dio è Colui che sempre tace dal principio del mondo: ecco il fondo della tragedia » scrisse Unamuno.

« DOVE TI NASCONDESTI? »

I nostri occhi sono fatti per il possesso, ciò è evidente. Quando essi giungono a dominare, in maniera distinta e possessiva, codesto mondo di prospettive, figure, colori e dimensioni, allora riposano soddisfatti, hanno realizzato il loro obiettivo, sono sazi di evidenza.

Anche le orecchie, per la loro dinamica interna, sono destinate a captare il mondo dei suoni, armonie e voci. Quando conseguono il loro obiettivo, restano quiete, pienamente realizzate.

E così per le differenti potenze che compongono la struttura umana: potenza intellettiva, intuitiva, sessuale, affettiva, neurovegetativa, endocrina... ognuna ha i suoi meccanismi di funzionamento e il proprio obiettivo. Ottenuto lo scopo, le potenze riposano, ma fino a quel momento sono inquiete; infatti tutte sono strutturate e tendono alla pacificazione del possesso.

Ma ecco il *mistero:* l'uomo mette in moto tutti i meccanismi e, una dopo l'altra, le potenze conseguono il loro obiettivo: tutte restano soddisfatte, tuttavia l'uomo rimane insoddisfatto.

Che cosa significa ciò? Vuol dire che l'uomo è un'*altra cosa,* è qualcosa di *più* che la somma di tutte le sue potenze. L'elemento specifico e costitutivo dell'uomo è un'altra potenza sotterranea, meglio, una superpotenza che soggiace e sostiene le altre.

☆

Mi spiegherò. Nato da un "sogno" dell'Eterno, l'uomo non solo è portatore di valori eterni bensì è egli stesso un abisso sconfinato perché ideato e scavato secondo una misura infinita. Infinite creature mai riusciranno a riempire questo abisso; solo un infinito può occuparlo per intero.

Essendo immagine dell'Invisibile e risonanza del Silenzioso, l'uomo possiede nelle sue profondità delle forze inquiete e inquietanti che emergono, sospirano e aspirano, in perpetuo movimento, verso il loro Centro di gravità dove alfine acquetarsi pacificate, dando finalmente "conclusione alla corsa".

Ogni atto di fede e di orazione intensa è a sua volta un tentativo di possesso. Le forze più profonde dello spirito sono messe in azione dai meccanismi della fede. Il credente, sollevato in alto da queste incontenibili forze, tende ad avvicinarsi al suo Universo per possederlo e riposarvi. Ma, in un momento determinato dell'orazione, quando l'anima, già presso la soglia di Dio, ha l'impressione che l'obiettivo sia a portata di mano, Dio svanisce come un sogno, diventa assenza e silenzio.

È amaro il gusto dell'impotenza. Il sottile senso di disinganno che subentra alla "prossimità" di Dio è intrinsecamente inerente all'atto di fede. Dalla combinazione tra la natura dell'uomo e la natura di Dio ha origine il *silenzio di Dio:* intrapreso per raggiungere un obiettivo infinito e incontrarlo oltre il tempo, il nostro camminare *nel tempo* deve rimanere necessariamente segnato dall'*assenza* e dal *silenzio.*

La vita di fede è allo stesso tempo un'avventura e una disavventura. Sappiamo che alla parola *DIO* corrisponde un "contenuto". Ma, fino a quando saremo in cammino, non sarà in nostro potere possederlo vitalmente o dominarlo intellettualmente. Il "contenuto" sempre resterà impercettibile, coperto dal velo del tempo. L'eternità consisterà nella definitiva eliminazione di quel velo. Nel frattempo saremo degli eterni pellegrini: sempre lo cercheremo e mai lo "incontreremo".

☆

S. Giovanni della Croce esprime mirabilmente il silenzio di Dio con questi versi:

« Dove ti nascondesti,
Amato, e mi lasciasti gemere?

Come il cervo fuggisti,
avendomi ferito;
ti corsi dietro invocandoti: eri fuggito ».

L'esperienza della fede, la vita con Dio è questo: un esodo, un perenne "correr dietro invocando". Qui comincia l'eterna odissea dei cercatori di Dio: la storia pesante e monotona, capace di fiaccare qualsiasi resistenza. A ogni istante, a ogni tentativo di orazione, quando pare che il "volto" di Dio sia a portata di mano, già è "fuggito": il Signore si avvolge in un manto di silenzio e si nasconde. Un "volto" perpetuamente inaccessibile: appare e dispare, si avvicina e si allontana, si concretizza e poi svanisce.

> « Perché l'anima, quando ha incontrato Dio, conserva sempre il sentimento di non averlo incontrato? Perché un senso di assenza perfino durante la più intima presenza? Perché l'invincibile oscurità di quel Qualcuno che è tutta luce? Perché la distanza insormontabile di fronte a Qualcuno che tutto penetra? Perché il tradimento di tutte le cose che, appena ci hanno lasciato vedere Dio, subito ce lo occultano un'altra volta? » (H. de Lubac).

Un'anima è sedotta dalla tentazione e si lascia trascinare dalla debolezza: Dio tace, non dice nemmeno una parola di riprovazione. Supponiamo pure il caso contrario di chi con uno sforzo generoso supera la tentazione: Dio tace ancora, non una parola di approvazione.

Passi la notte intera nella veglia davanti al Santissimo Sacramento. Solamente tu parli durante la notte, mentre l'interlocutore tace. Quando all'alba te ne andrai segnato dalla stanchezza e dal sonno, non ascolterai una parola amabile di gratitudine o di cortesia. L'*Altro* ha taciuto tutta la notte e ancora tace al momento del commiato.

Esci in giardino: i fiori parlano, gli uccelli parlano, parlano le stelle. Solamente Dio tace. Dicono che le creature parlano di Dio: ma Dio tace! Tutto nell'universo è un'immensa e profonda evocazione del Mistero, ma il Mistero svanisce nel silenzio.

☆

La vita e l'universo intorno a noi si popolano di enigmi e domande. Ci risuona ogni giorno nelle orecchie il grido del dolore e della disperazione umana. Vediamo le morti, le mutilazioni, la disoccupazione, ingiustizia e guerra... Che cosa fa Dio? Non è Padre? Non è onnipotente? Perché tace?

È un silenzio ostinato e insopportabile che mina a poco a poco le resistenze più solide. Si fa strada la confusione. Voci sempre più insistenti provenienti da ogni parte ti domandano: « Dov'è il tuo Dio? » (Sal 41,4). Non sempre è sarcasmo, né argomentazione provocatrice di un ateo intellettuale.

Il cristiano è il primo a subire il silenzio avvolgente e sconcertante di Dio; a poco a poco è dominato da una vaga impressione di insicurezza e si domanda se tutto è ancora vero, o non sarà una fantasia di stolti. Anche tu continui a navigare su acque insicure, sconcertato dal silenzio di Dio. Si compie ciò che è detto nel salmo: « Ma quando hai nascosto il tuo volto, io sono stato turbato » (29,8).

Geremia sperimentò, con una crudezza terribile, il silenzio di Dio. Il profeta si rivolge al Signore:

« Non mi sono seduto per divertirmi
nelle brigate dei buontemponi,
ma spinto dalla tua mano sedevo solitario,
poiché mi avevi riempito di sdegno.
Perché il mio dolore è senza fine
e la mia piaga incurabile non vuol guarire?
Tu sei diventato per me un torrente infido,
dalle acque incostanti » (Ger 15,17-18).

L'ULTIMA VITTORIA

Cosa successe a Gesù negli ultimi istanti della sua agonia sulla croce? Qualcosa che ebbe tutte le caratteristiche di una crisi di smarrimento per il *silenzio di Dio.* In quel momento il Padre fu per Gesù "Colui che tace". Gesù, tuttavia, ebbe una magnifica reazione distinguendo nitidamente tra il *sentire* e il *sapere.*

Per misurare e comprendere questa crisi, dobbiamo prendere in considerazione alcuni elementi umani di ordine fisiologico e psicologico.

Secondo gli esperti, Gesù doveva aver perso in quel momento quasi tutto il suo sangue. Il primo effetto di tale emorragia è una disidratazione completa, fenomeno per il quale la persona soffre non di un dolore acuto, bensì di una sensazione asfissiante e disperata. Come conseguenza, Gesù fu afflitto da quell'arsura che non solo prende la gola ma tutto l'organismo; la stessa sete sperimentata dai soldati che muoiono dissanguati sui campi di battaglia. Nessun liquido potrebbe calmare tale sete se non una trasfusione di sangue.

Inoltre, sempre per effetto del totale dissanguamento, Gesù fu colpito da una febbre altissima che a sua volta dovette causare quel "delirium tremens" che in tali casi e in termini di psicologia, si traduce in una sorta di confusione mentale: non un deliquio, ma una perdita, in maggiore o minor grado, della coscienza della propria identità personale e della realtà circostante. Tutti questi dati vanno tenuti presenti quando si riflette sulla profonda agonia di Cristo.

Oltre a ciò, e ponendoci a un livello più intimo, bisogna considerare che Gesù, obbediente alla volontà del Padre, morì in piena gioventù, all'inizio della sua missione evangelizzatrice, abbandonato dalle masse e dai discepoli, tradito e rinnegato, senza più prestigio né onore, apparentemente senza aver conseguito risultati, anzi dando l'impressione di aver fallito in pieno (cf. Mt 23,37). Tale stato psicologico è riflesso in questa cupa preghiera del salmista:

« Salvami, o Dio:
l'acqua mi giunge alla gola.
Affondo nel fango e non ho sostegno;
sono caduto in acque profonde
e l'onda mi travolge.
Sono sfinito dal gridare,
riarse sono le mie fauci;

i miei occhi si consumano
nell'attesa del mio Dio » (Sal 68).

Ma nell'essere umano esistono livelli più profondi di quello fisiologico o di quello psicologico. Questi due livelli potrebbero essere stati, in Gesù, distrutti. Ma là, nella zona più intima dello spirito, Gesù era riuscito a mantenere una mirabile serenità durante tutta la Passione.

Tuttavia a un certo punto della sua agonia, le circostanze descritte lo trascinarono in uno stato di sconvolgimento e di confusione. Crisi? Caduta della stabilità emozionale? Non si saprebbe come qualificare un tale stato. Cosa fu? scoramento? incubo? una momentanea *notte di spirito?* aridità in grado estremo? peso del fallimento? spavento di trovarsi solo di fronte a un abisso?

Certo è che, all'improvviso, tutte le luci si spensero nel cielo del suo spirito, come per un'eclissi totale. Attorno a lui, dall'uno all'altro orizzonte del mondo, nulla si vedeva, nulla si udiva, nulla respirava. L'assenza, il vuoto, la confusione, il silenzio e l'oscurità si abbatterono all'improvviso su Gesù come fiere implacabili. Il nulla? L'assurdo? Anche il Padre era tra la massa dei disertori?

Era il giudizio del Giusto. Gli ingiusti lo avevano giudicato ingiustamente e lo avevano condannato. Ciò era normale. Ma al momento opportuno, il Padre avrebbe dovuto parteggiare per il Figlio facendo inclinare in suo favore la bilancia; o forse anche lui avrebbe preso posto nel tribunale vicino a Caifa e a Pilato? Anche il Padre si sarebbe appostato lungo la via per veder passare il condannato?

E allora, a chi ricorrere? Tutte le frontiere e tutti gli orizzonti erano chiusi. Cosicché la "ragione" era contro il Figlio? Allora Gesù era stato un intruso e non un inviato? Un sognatore? Tutto era stato inutile? Alfine tutto spariva in un incubo psichedelico, in un caleidoscopio allucinante?

Sopra gli abissi infiniti il "Figlio dell'uomo" fluttuava come un naufrago. Ai suoi piedi, nulla. Sulla sua testa, nulla. « Dio mio, Dio mio, perché mi hai abbandonato? ». Il silenzio di Dio era calato sulla sua anima con il peso insopportabile di un mondo in sfacelo.

Tuttavia, ciò fu soltanto *sensazione*. Ma la fede non è *sentire* bensì *sapere*.

Mai Gesù fu tanto magnifico come negli ultimi istanti della sua agonia. Aprì gli occhi. Scosse la testa come chi si sveglia e scaccia un maledetto incubo. Si riprese dal brutto momento. La coscienza della sua identità emerse dalle brume del "delirio" e prese possesso della sua sfera vitale. Tornato sereno, sferrò l'ultimo combattimento: il combattimento della certezza contro l'evidenza, del *sapere* contro il *sentire*. E si compì l'ultima vittoria.

Senza dire, disse: « Padre amato, non ti *sento,* non ti *vedo.* Le mie sensazioni interiori mi dicono che sei lontano, che ti sei trasformato in ombra fuggitiva, in distanza siderale, in vuoto cosmico, in nulla. Tuttavia, contro tutte queste impressioni, io *so* che sei *qui, ora, con me:* "nelle tue mani consegno il mio spirito" (Lc 23,46) ».

In piena oscurità Gesù spiccò il "salto mortale" in un profondissimo precipizio sapendo che là lo aspettava il Padre a braccia aperte. E non si sbagliò.

Fu un finale di gloria. Il Padre non lo aveva preservato dalla morte ma ben prontamente lo riscattava dai suoi artigli.

TRE ALLEGORIE

Non è facile esprimere il significato concreto del *silenzio di Dio* in termini precisi. Mille volte dice la Bibbia che Dio *è con noi* e dice anche che siamo (ci sentiamo) « lontano dal Signore » (2 Cor 5,6). Contraddizione? No. Semplicemente si tratta di esperienze profonde, piene di contrasti, che, spiegate, paiono contrastanti ma, vissute, non lo sono più.

Il mezzo più adeguato per spiegare l'inesplicabile è quello dell'allegoria. Per questo ho immaginato, e le scrivo di seguito, tre allegorie dalle quali potrà trasparire un po' più concretamente l'esperienza del silenzio di Dio.

Lontano dal Signore

Dal profondo ignoto mi nascono impressioni vaghe, ricordi diffusi che assomigliano a sogni dimenticati. Qualcosa in me mi dice che, in tempi passati, vissi in una patria remota e felice. Di quello, tuttavia, non rimane nulla: né immagini né ricordi, tranne la nostalgia. Solo questo sono: una nostalgia come una fiamma agitata dal vento. Ho l'anima errante degli esiliati.

Dall'alba il mio cuore ha incominciato a cercare

il suo volto tra le brume. A volte si disegna a distanza un'effigie slavata del mio Desiderato. È un volto di nebbia sopra la nebbia.

Improvvisamente mi gridano: « Passò di qui la notte scorsa. Stamattina si sono viste le sue impronte. Eccole qui, guarda! ». Tutto è chiaro: nessuno l'ha visto, ma ora so che Egli è passato di qui durante la notte.

Tormentato dalla sete percorsi valli e steppe in cerca di una fonte. È inutile, mi dissi, non c'è acqua; qui avrà fine la mia vita. All'istante si levarono dalla terra mille voci per gridarmi in coro: « Viandante, quando si ha sete bisogna trovare una fonte. Cammina! ».

Superai pianure e colline. Chiesi infinite volte: « Dov'è Colui che la mia anima brama? ». Il mondo tutto si fece per me risposta: il vento chiamava, i fiumi cantavano, le stelle ridevano, gli alberi interrogavano, la brezza rispondeva... ma il mio Amato taceva. Proseguii invocando: « Dove abita Colui che cerco dall'aurora? Più in là delle rosse stelle? Oltre quella cima che tocca il firmamento? Nel rumore del bosco? Nella solitudine ultima del mio essere? ».

Di nuovo il silenzio si stese sul mio capo, sulle pietre ostinate. Dove sei? Perché non ti odo? Non sono forse io la tua eco? Perché taci? Non sono io la voce della tua Voce?

Sono scintilla del tuo Fuoco. Perché non divampi, perché non mi bruci? Mi creasti a guisa di quell'antico rovo che bruciando mai si consumava. Fino a quando sarò inquieta fiamma? Sei acqua immortale. Perché non appaghi una

volta per tutte la mia sete? Sei acqua quieta e riposo. Perché mi mantieni eternamente in bilico, sospeso a un cavo sull'abisso?
Mi facesti come un bosco dai mille rami protesi per abbracciare. Perché quando sono sul punto di raggiungerti ti trasformi in un'ombra eternamente errante?
Tu sei mare, io sono fiume. Quando riposerò in te? Tu sei mare, io sono spiaggia. Inonda e colma ogni cosa.
In questo imbrunire d'oro, ora che si smorzano i fuochi del giorno e la serenità inonda la terra, salga fino a Te la mia umile supplica: « Tu che sostieni i mondi nelle tue mani pacifica e sazia ogni mia aspettativa! Ho sonno. Voglio dormire ».

Agonia ed estasi

Sono un uomo di quarantaquattro anni con tre figli. Con la mia sposa formiamo una famiglia felice ed onorata. La gente pensa e dice che sempre brillarono le stelle nel mio cielo. L'uomo fortunato: così mi definiscono i miei amici. Essi, tuttavia, non hanno occhi per entrare nelle mie più remote latitudini.
Fin dalla mia giovinezza, forse fin quasi da bambino, abita in me una forza di contraddizione che mi turba e mi calma. Mai mi lascia in pace e sempre mi lascia la pace. È molesta come la febbre e mi rinfresca come l'ombra. È allo stesso tempo agonia ed estasi. A volte mi viene

voglia di trattare questa forza come si tratta un ospite insopportabile: metterla alla porta. Ma non è possibile: è venuta al mondo con me e con me scenderà nella tomba. È tanto mia quanto il mio sangue.
Non so come chiamarla: sensibilità divina? pietà? C'è un fatto concreto: non posso vivere senza il mio Dio. Io non so se il Signore espressamente accese in me questa fiamma o se è una predisposizione innata, combinazione fortuita di codici genetici, risultato felice di leggi ereditarie. Detto con altre parole: non so se è grazia o natura. A volte la considero come il maggior dono della mia vita. Altre volte mi pare un "guastafeste".
Ho una certezza incrollabile: Dio *è* e sta con me, anche se non ho mai scorto un bagliore dello splendore del suo volto. C'è qualcosa, tuttavia, dentro di me che mi dice che tale splendore esiste e brilla. È una certezza più "certa" delle evidenze geometriche.
So bene che cosa è una "notte senza stelle". Il volto del mio Dio sfuma come un'ombra sdegnosa. Il mondo si converte in un immenso deserto, e sopra l'infinita landa arenosa parlo io solo, solamente io. Chiamo il mio Dio e lui mi risponde col silenzio. Questo stato di cose dura a volte qualche settimana. Ma quando pare che la disperazione tocchi il fondo, è allora che ricevo un'insperata "visita" del mio Signore. Se raccontassi ciò che successe, nessuno lo crederebbe; d'altra parte è impossibile raccontarlo. Solo dico che non ci sono al mondo suc-

cessi, conquiste né emozioni che diano tanta giocondità come una di queste "visite".
A volte l'assurdo della vita si presenta alla mia porta, mi scaglia un'insistente bordata di domande e se ne va: la morte? l'ingiustizia? il tradimento? il sangue? la fame degli innocenti? E io rimango stordito per giorni e settimane senza sapere dove parare. Che rispondi? Dove sta il tuo Dio?
Ricorro al mio Dio per fare a lui certe domande e alleggerirmi un poco. A ogni *perché* risponde un colpo di silenzio. Come un'eco, rimane sibilante solamente la risata dell'assurdo.
Mi domando come sarebbe più felice la vita: se con la fede o senza la fede. È evidente che, spenta la fede, si accendono i semafori verdi per tutti gli appetiti. Ma quando giungono i colpi, quando invade la nausea o si avvicina la vecchiaia, l'uomo senza fede deve sentirsi miserabile, impotente e disarmato. Non vorrebbe stare nella sua pelle in quei momenti.
Conosco nell'intimo alcuni miei amici. Gran parte di essi gettarono la fede nel ripostiglio delle vecchie suppellettili come un oggetto inutile; peggio, come una compagnia molesta. Non li invidio, tuttavia. So che essi lasciano briglia sciolta a tutti i loro appetiti. So anche dell'infinito vuoto della loro vita.
Non poche volte la tentazione, vestita di fiori, si presentò anche alla mia porta. Mi disse che si vive una volta sola; che da vecchio niente più si brama e nessuno ti brama; che ora, il tempo del pieno vigore, è il momento opportuno per co-

ronarsi di rose. In quei giorni mi parve che Dio fosse un'ombra inconsistente e inesistente; stavo perdendo il tempo, il banchetto della vita non si sarebbe più ripetuto. Prendendo forza non so da dove, invocai il mio Signore perché mi togliesse da quel pericoloso precipizio. Per tutta risposta, una volta di più, il silenzio si distese ostinatamente su di me.

Qualcuno mi disse, un giorno, che dove c'è dramma non c'è tedio; e poiché la fede è dramma, siamo salvi dal supremo male, il vuoto della vita. Io risposi: Dal vuoto della vita sì, ma dallo sconcerto no.

C'è, tuttavia, una meteora che incrocia il mio cielo tanto nelle notti chiare come in quelle senza stelle: la *certezza*.

Sono *certo* che il mio Signore custodirà il tesoro della mia vita in un forziere d'oro fino al giorno della corona finale. Ho la certezza di essere destinato a una vita incorruttibile e immortale.

« *Io lo so che il mio Vendicatore è vivo*
e che, ultimo, si ergerà sulla polvere!
Dopo che questa mia pelle sarà distrutta,
senza la mia carne, vedrò il mio Dio.
Io lo vedrò, io stesso,
e i miei occhi lo contempleranno non da straniero » (Giob 19,25-27).

Tutte le notti oscure, tutti i silenzi, tutte le tragedie del mondo non riusciranno ad abbattere questa certezza.

Oh, l'incredibile avventura della fede!

Analisi del dubbio

Sono un religioso. Un giorno ho ascoltato chiaramente la voce di Dio che mi invitava a seguirlo. Ho ubbidito. E mi ha posto in questo deserto della fede. Nei primi tempi il Signore è un dono. Di giorno si trasforma in una nuvola bianca, mi ripara dai raggi del sole. Di notte prende la forma di una risplendente fiaccola di stelle, mi protegge dall'oscurità e dalla paura.
Passano gli anni. Tutto continua allo stesso modo. Ogni giorno mi alzo e riprendo a cercare il volto del Signore. A volte sento la stanchezza di tanto cercare senza incontrare mai niente. Domando, e nessuno risponde.
Sono ancora giovane. Ho un cuore solitario e vergine. Dio è il suo *abitante.* A volte, tuttavia, pare che nessuno vi abiti. Ho passato qualche notte intera innanzi al Santissimo; all'alba sentivo sonno e disinganno. Solo io ho parlato. Dio è stato "Colui che sempre tace".
Altri anni trascorrono. Nella mia anima si succedono giorni sereni e giorni di tempesta. Per la prima volta ho sentito il morso di talune domande che, schierate come un esercito in ordine di battaglia, hanno assalito la mia povera anima. Non sarò stato vittima di un'allucinazione? Quest'avventura nella quale mi sono messo e compromesso, non sarà una disavventura? Si vive una volta sola e il progetto di vita che ho scelto per questa sola volta non sarà una "passione inutile"? Queste domande le ho rivolte al Signore. Ma non ho ottenuto risposta.

La gioventù se ne è andata per sempre. Spesso mi sento depresso, provo qualcosa che dev'essere il tedio della vita. Se ne sono andate per sempre le audacie giovanili e cominciano ad affiorare i segni della decadenza. A volte sento delle strane sensazioni: per non venir meno tento di afferrarmi a Dio, ma ho l'impressione di toccare un fantasma. Altre volte posso distinguere chiaramente il volto del Signore. In tali momenti sento di avere le ali e mi prende una gran voglia di fuggire in alto come le aquile.
Mi sento come un sacco di sabbia, tanto stanco di lottare contro l'ostinata oscurità della fede. Mi dico: Se questa notte mi visitasse il Signore per darmi un poco di conforto e forza... Ma questa notte il Signore non si è nemmeno affacciato. Tuttavia, alle prime luci, mi sono abbandonato nelle sue mani, e ho sentito una insolita pacatezza, profonda come non mai.
Sono passati altri anni. Sono al tramonto della vita. Non ho avuto figli. Il mio sangue non si perpetuerà in altre vene. Mi sarò sbagliato? Sarà stato "tutto" sterile? No: « *...so infatti a chi ho creduto e son convinto che egli è capace di conservare fino a quel giorno il deposito che mi è stato affidato* » (2 Tim 1,12).

UN SEGNALE

Sono molte le persone compromesse a fondo con il Signore che ho udito sfogarsi con espressioni simili a queste.

Ho in questo momento la sicurezza di toccare questa pietra e pestare questo suolo. Se io avessi la stessa sicurezza che il mio Dio *è veramente il Dio vivo,* sarei l'uomo più felice del mondo. Se il Silenzioso si trasformasse in voce, almeno una voce lieve come la brezza; se l'Invisibile si trasformasse in una rivelazione, almeno per l'istante di un lampo; se una "grazia" fissasse nella mia anima il marchio di Dio almeno una volta nella vita... io sarei più coraggioso, più allegro, più forte, mi cimenterei in tutti i combattimenti, mi assumerei senza lamentarmi i colpi della vita, perdonerei con facilità, supererei con felicità le crisi, amerei senza misura.

Se avessi una sua "visita" improvvisa, incancellabile e consolatrice; se per un solo istante il fulgore del volto del Signore lacerasse l'oscurità della mia notte, ci sarebbe nella mia vita « più allegria nel mio cuore di quando abbondano vino e frumento » (Sal 4).

Ma non c'è tregua. Nel fondo mentale del credente sempre rimbomba cupa un'eco di incertezza. Una sorta di insicurezza sembra appartenere alla natura stessa della fede. Il credente ha sempre l'impressione di correre un rischio. È qui, precisamente, che traspare la grandezza della fede.

Molti uomini della Bibbia li sorprendiamo frequentemente dominati da questo sconcerto causato dal silenzio di Dio. Anch'essi si sentono naufragare in acque insicure e cercano un segnale visibile e inequivocabile che Colui col quale hanno a che fare è proprio *Lui* e non il prodotto vago di un'allucinazione.

« Gedeone disse al Signore: ”Se ho trovato grazia ai tuoi occhi, dammi un segno che proprio Tu mi parli. Intanto non te ne andare di qui prima che io torni da te e porti la mia offerta da presentarti” » (Gdc 6,17-18).

SCONFITTI DAL SILENZIO

Tra la grande varietà di situazioni prodotte dal silenzio di Dio, credo di poter distinguere tre gruppi ben differenziati, soprattutto tra le persone consacrate a Dio. Il primo gruppo è quello degli *sconfitti*.

Hanno abbandonato definitivamente la vita di unione con Dio e si regolano per vivere come se Dio non esistesse. Per lunghi anni si erano sforzati di vivere la loro fede. Si svegliavano a metà notte, invocavano Dio e Dio non rispondeva. Si alzavano alla mattina, chiamavano il Signore, e avevano l'impressione che l'interlocutore fosse lontano, o addirittura che non ci fosse. Ogni tentativo di orazione finiva in un insuccesso. Mille volte hanno pensato di mandare tutto a monte; mille volte reagirono contro questa tentazione dicendosi che, dopo tutto, l'unico che desse senso alla vita era Dio. Mai si posero, espressamente, il problema intellettuale della *ipotesi* Dio. Avevano paura di incontrarsi con il sepolcro vuoto.

Oggi si sentono perduti. Sono affondati in una situazione contraddittoria e singolare: mentre vorrebbero che Dio fosse una realtà *concreta* e *viva,* tuttavia lo ”sentono” come morto. Non negano

Dio, né davanti a se stessi e meno ancora davanti agli altri. Piacerebbe loro credere, ma non hanno più la forza di alzare la testa. Sono convinti che non ci sia nulla da fare.

Hanno abbandonato la struttura ecclesiastica o stanno per farlo. Il sintomo specifico degli sconfitti è l'aggressività, secondo la tipica reazione di tutti i frustrati: la violenza compensatrice. Li si vede amareggiati. Hanno "bisogno" di distruggere. Solo così riescono a mascherare a se stessi e agli altri la propria sconfitta. Criticano cupamente e senza tregua l'edificio generale della Chiesa: le strutture, le istituzioni, l'autorità, i sistemi di formazione, la dottrina sociale...

Non parlano contro Dio. Al contrario, o ne tacciono oppure quasi quasi parlano "in suo nome". Ma, secondo me, operano un transfert, una transazione psicologica: quando attaccano tanto ossessivamente la Chiesa, in fondo si rivoltano contro Dio che considerano come un nemico inesistente ma allucinante che ha loro guastato la festa della vita. Il loro disinganno e la loro frustrazione sono rivolti soltanto contro di lui.

Da qualcuno di costoro ho ascoltato le dichiarazioni più incoerenti: ormai ho quarant'anni, devo cominciare a vivere, ma non si può tornare all'infanzia o alla gioventù per riprendere a progettare e a sognare; si vive una volta sola, e in quest'unica volta mi sono sbagliato; ho sciupato i migliori anni della vita e non li posso recuperare...

Nell'udire queste e simili dichiarazioni, uno non può fare a meno che chiudersi in un silenzioso rispetto.

Per lunghi anni è brillata alta la fiaccola. C'è stata una lunga ''luna di miele'' durante la quale Dio era una *festa.* In quegli anni gli ideali sventolavano al vento, le rinunce si risolvevano in libertà e le privazioni in pienezza, ed essi sentivano che nulla mancava loro al mondo. Fu un'epoca d'oro.

Passarono gli anni e la notte del silenzio incominciò ad opprimerli. Le forze della gioventù andavano sfumando in un inesorabile conto alla rovescia. A quel punto il Signore già non era più quella ''festa'' del passato. La vita andò avviluppandoli e, come per osmosi, sottraeva loro l'entusiasmo. Durante questi anni mai ricevettero dall'alto una qualche divina rivelazione, una di quelle grazie che marchiano, affermano e confermano nella fede le anime e le radicano nella certezza. L'abitudine invase i loro giorni come una nebbia invincibile.

Lunga, troppo lunga fu quella notte del silenzio. La fatica cominciò a fare breccia nei pellegrini. Essi proseguirono logorandosi lentamente fino a rimanere quasi senza volontà di continuare il cammino. Fu — come dire? — una sensazione tra il disincanto, l'impotenza e l'insuccesso; come di chi dicesse: non ho ali per voli tanto alti. Ma la parola più esatta per definire tale situazione è il *disorientamento:* « ma quando hai nascosto il tuo volto, io sono stato turbato » (Sal 29).

Morta l'illusione del Signore, viene sostituita dall'apatia. Abbandonato lo sforzo dell'orazione personale, si frequenta ancora qualche sacramento più per abitudine che per desiderio, si assiste a qualche orazione comunitaria. Il vuoto di Dio è colmato con forti dosi di compensazioni. Per evadere dalla sensazione di sconfitta ci si lancia disordinatamente in un'attività frenetica che si pretende apostolica. Secondo la legge degli equilibri, a maggior vuoto interiore corrisponde maggiore attività.

Un sintomo tipico in costoro, oltre allo sconforto e al disorientamento è la *nostalgia.* Senza volerlo ma anche senza poterlo evitare, ritornano agli anni del *primo amore,* quando l'incanto per il Signore rivestiva ogni cosa di bellezza e significato.

> « *Questo io ricordo, e il mio cuore si strugge:*
> *attraverso la folla avanzavo tra i primi*
> *fino alla casa di Dio,*
> *in mezzo ai canti di gioia*
> *d'una moltitudine in festa* » (Sal 41).

Anche in mezzo alle frenetiche attività li segue e perseguita una voce che non possono far tacere. È l'antico rimprovero del Signore: « Mi ricordo di te, dell'affetto della tua giovinezza » (Ger 2,2).

Darebbero i loro successi professionali attuali per recuperare quel primo amore, l'antica e viva passione per il Signore. Soprattutto sentono la perdita dell'allegria. E là, molto lontano, in qualche intima regione giungono alla convinzione che, senza Dio, non esiste fonte di allegria. E sempre sono disposti a riprendere il cammino di ritorno verso quella fonte. La maggioranza dei *disorientati* finisce per recuperare, prima o poi, l'entusiasmo primitivo.

Una lunga e dolorosa storia pesa sulle spalle dei *confermati.* Ci fu di tutto nella loro vita: marce e contromarce, crisi, cadute e risollevamenti. Una fedeltà fondamentale coprì con un manto le rovine momentanee. E "Colui che sempre tace" cominciò a indurire, a forgiare e confermare in modo nobile e definitivo quelli che gli si dedicavano nella luce e nell'oscurità.

In principio concesse loro la grazia di percepire nitidamente che, nelle traversie della vita, Dio solo può dare senso e solidità al loro progetto di esistenza. Per lunghi anni, levarono interrotto clamore al Signore Dio:

« *Non nascondermi il tuo volto, non respingere con ira il tuo servo* » (Sal 26).
« *Non nascondere il volto al tuo servo, sono in pericolo: presto rispondimi* » (Sal 68; cf. 87 e 101).
« *Fa' risplendere il tuo volto sul tuo servo* » (Sal 30).
« *Beato il popolo che ti sa acclamare e cammina, o Signore, alla luce del tuo volto* » (Sal 88).
« *Rialzaci, Signore, nostro Dio, fa' splendere il tuo volto e noi saremo salvi* » (Sal 79).

Quale fu la ricetta segreta che radicò e confermò questi credenti nella fede? Fu un profondo e totale *spirito di abbandono.* Non resistere bensì *dedicarsi:* questa fu la chiave della loro confermazione. Anche per essi Dio fu "Colui che sempre tace".

Ma mai si spazientirono, non si irritarono, non si spaventarono, mai esigettero una garanzia di credibilità, un segnale per *vedere,* delle grucce per camminare. Senza resistere si offrirono, un giorno dopo l'altro, in silenzio, al silenzio.

Attraversarono lunghi periodi di aridità e di siccità, ma non si lasciarono abbattere. In mezzo alla più completa oscurità rimasero abbandonati a Dio. Assaliti da colpi inattesi che scossero il loro albero fino alle radici, non si agitarono. Si abbandonarono, in silenzio, al silenzio.

Giunsero le crisi. Per lunghi periodi il cielo rimaneva muto e il mondo pareva governato dall'assurdo o dalla fatalità. Non si confusero per ciò né si scoraggiarono ma, mani e piedi legati, si lasciarono portare dalla corrente entro lo sconfinato mare di Dio. La bussola che orientò la loro navigazione fu la certezza.

Come Abramo e tanti altri uomini di Dio, questi confermati cominciarono a tagliare i ponti dietro di sé, cioè a lasciare da parte le sicurezze del passato, le regole del senso comune e i calcoli di probabilità; presero a non curarsi delle spiegazioni che non spiegano e delle evidenze che non acquietano, e a occhi chiusi si affidarono al "totalmente Altro", ripetendo di continuo: *Amen!* Nello stile dei *poveri di Dio* si abbandonarono senza appigli, in piena oscurità, fiduciosi senza condizioni, al loro Dio e Padre.

E così vennero confermati per sempre nella certezza della fede.

In tempi moderni abbiamo un'alta esponente di questa fede di abbandono: Teresa del Bambino Gesù. Sono sue queste parole di grandezza quasi sovrumana:

> « L'aridità più assoluta e quasi l'abbandono furono il mio patrimonio. Gesù, come sempre, continuava a dormire nella mia navicella ».

È di grande conforto per noi sapere che un'anima tanto eletta ha vissuto con tanta pace e sorriso l'abbandono della fede, nonostante l'assoluto silenzio di Dio.

Questa testimonianza assume nuova grandezza alla luce di altre parole:

> « Può essere che (Gesù addormentato) non si svegli fino al mio ingresso nell'eternità. Ma questo, invece di intristirmi, mi causa un grandissimo conforto ».

Questa fragile donna è della stirpe di Abramo. Come vedremo più tardi, alcune anime passano per il mondo sorrette dalle consolazioni di Dio. Ma per molti altri vi è la tortura. Solamente l'abbandono (la fede assoluta) trasforma la tortura in dolcezza. A questa classe di anime è appartenuta Teresa di Lisieux. Le sue dichiarazioni, alcuni giorni prima di morire, ci lasciano muti, e la elevano al di sopra di molti uomini di Dio che nella Bibbia chiedono un "segno" per avere la sicurezza che Dio c'è. Teresa volontariamente ricusa questa "grazia":

« Non desidero vedere Dio su questa terra... Preferisco vivere di fede ».

Con parole semplici, con un poetico paragone, ci svela il segreto della sua fede:

« Io mi considero un debole uccellino ricoperto solamente di una leggera peluria. Non sono un'aquila; di essa ho soltanto gli occhi e il cuore, ma, malgrado la mia estrema piccolezza, oso guardare fissamente il Sole divino, il Sole dell'amore, e il mio cuore sente in sé tutte le aspirazioni dell'aquila. L'uccellino desidera volare verso quel brillante Sole che affascina i suoi occhi...

« Che cosa sarà di lui? Morirà di pena sentendosi tanto impotente? Oh, no! L'uccellino non arriva nemmeno ad affliggersi. Con un abbandono audace vuole proseguire guardando fissamente il suo divino Sole. Niente sarebbe capace di spaventarlo, né il vento, né la pioggia. E se oscure nuvole vengono a nascondere l'Astro di Amore, l'uccellino non cambia direzione; sa che oltre le nuvole il suo Sole continua a brillare, che il suo splendore non potrebbe eclissarsi nemmeno un momento ».

Ecco qui il mistero finale della fede. Siamo stati *strutturati* per tendere a un obiettivo infinito. Ma la nostra attitudine è stata deteriorata da un disastro che rende difficile il perseguimento dell'obiettivo originale.

Siamo soltanto passeri, pur possedendo un cuore di aquila. Questo è il terribile e contradditorio mistero dell'uomo: avere un cuore di aquila e ali di passero.

Che fare? So che non posso volare alto. Neppure tento di agitare le ali. Soltanto mi abbandono sulle ali del vento: il vento è Dio. Il resto lo farà Lui. So che sono un passero; ma Egli può prestarmi le poderose ali dell'aquila. C'è qualcosa che gli è impossibile? So di essere un mucchio di rovine e di desolazione, ma se mi abbandono in Dio, Egli può trasformarmi in una dimora affascinante. Egli è potere e grazia.

Se Dio si avvolge in un manto di silenzio o si nasconde dietro le nuvole, con un abbandono audace lo seguirò, sebbene niente veda e niente senta. Nonostante che migliaia di voci mi parlino di illusione, io so che dietro al silenzio c'è Lui; lo seguirò, fissandolo ostinatamente in pace. E sebbene sulla mia nave Dio se ne stia "addormentato" per tutta la mia vita, non importa. Io so che si "sveglierà" nel gran giorno dell'eternità.

« *Tu credi che ora, al disperdersi delle nuvole, sia apparsa la luna. Ti sbagli. La luna brillava dietro le nuvole da lunghe eternità* » (prov. orientale).

4.

VERSO LA CERTEZZA

Erano come due *vecchi amici.* Stavano giungendo a capo di una impresa memorabile. Lottando gomito a gomito in un combattimento senza eguali, senza concedere né ricevere pause, avevano radunato un popolo oppresso. Lo condussero attraverso la patria dei liberi che è il deserto, mettendolo in marcia verso un sogno lontano e quasi impossibile. I due si parlavano con il cameratismo di due veterani di guerra. Erano Dio e Mosè.

Ma Dio era un "compagno" invisibile. Mosè, tuttavia, da ardente contemplativo qual era, desiderava vedere il suo volto. E un giorno, quando l'ansia stava per sopraffarlo, si lasciò andare a questa supplica per troppo tempo repressa: *Signore mio Dio, mostrami la tua Gloria!* E il Signore gli rispose:

> « Farò passare davanti a te tutto il mio splendore e proclamerò il mio nome: Signore, davanti a te... Ma tu non potrai vedere il mio volto, perché nessun uomo può vedermi e restare vivo... Ecco un luogo vicino a me. Tu starai sopra la

rupe: quando passerà la mia Gloria, io ti porrò nella cavità della rupe e ti coprirò con la mano finché sarò passato. Poi toglierò la mano e vedrai le mie spalle, ma il mio volto non lo si può vedere » (Es 33,19-23).

Con questa scena così strana e tanto significativa ci viene mirabilmente svelato tutto il mistero della fede: finché dura il combattimento della vita non è possibile contemplare faccia a faccia il Signore. Sarà solo possibile intravederlo in qualche vestigio fugace, risalendo dagli effetti alla Causa, elaborando deduzioni e analogie, tra le penombre: in una parola, "di spalle".

LA NOTTE OSCURA

S. Giovanni della Croce non si stanca di dire, con differenti espressioni, che la fede « è un abito dell'anima *certo* e *oscuro* ». Sempre ho considerato questo santo il grande *dottore della fede,* poiché se è maestro e guida in tutti i sentieri dello spirito, lo è in modo speciale nella via notturna della fede. Tra tanti alti concetti sviluppati nei suoi libri su questo tema, le seguenti parole possono considerarsi come sintesi di tutte le sue idee:

« La fede è sostanza delle cose che si sperano, e sebbene l'intendimento le colga con fermezza e certezza, non sono cose che si scoprono con l'intendimento perché, se le si scoprissero, non sarebbe fede. La quale, sebbene faccia *certo* l'intendimento, non lo fa chiaro bensì *oscuro* » [5].

Tenterò di spiegare questi due concetti che, come un'ossatura, costituiscono l'essenza della fede: *oscuro* e *certo*.

☆

Partiamo da una espressione, forse un po' difficile: *processo conoscitivo,* per dipanare almeno un po' il mistero della fede.

Attraverso i sensi entrano nella mente umana le impressioni e le sensazioni dei differenti oggetti. La mente è una specie di rete filtrante o un'officina di elaborazione. Essa, di ogni oggetto colto dai differenti sensi, separa ciò che l'oggetto ha di proprio o di individuale da ciò che ha in comune con tutti gli altri oggetti della stessa specie. Cioè, si forma una idea comune a tutti gli oggetti e, di conseguenza, universale. È un processo di *universalizzazione.* Facciamo un esempio concreto.

Qui vedo una sedia, più lontano vedo un'altra sedia differente da questa, poi una terza sedia che non assomiglia alle prime due né per grandezza né per il disegno. E così entrano nella mia mente, nel caso, le immagini di tre sedie di differenti forme; da queste sedie, lasciando da parte quello che è specifico di ognuna, la mia mente trae e trattiene ciò che è comune a tutte: un'idea universale di sedia. D'ora

[5] *Salita del Monte Carmelo,* l. II, 6, 2, in *Opere,* Post. Gen. OCD, Roma 1979, 4 ed.

in poi saprò riconoscere una sedia tra mille oggetti differenti.

Accade lo stesso nel processo della conoscenza di Dio? In verità, no. Il Signore non si veste di colori né di profumi, non ha peso né centimetri, perciò non può essere appreso dai sensi; di conseguenza non può *passare* nel laboratorio della mente per essere sottoposto al processo di analisi e di sintesi. Perciò Dio mai sarà propriamente un *oggetto di intelligenza* perché nulla arriva alla mente che prima non sia passato attraverso i sensi. Il Signore è invece un *oggetto di fede.* Solo nella fede si può "intenderlo" perfettamente.

Inoltre, Dio non entra mai nel nostro gioco. Rimane sempre *al di fuori,* è trascendente; è *al di sopra* del processo normale della cognizione umana. È in un'altra orbita. Dio è un'*altra cosa.*

Voglio dire: Dio non può essere "inteso" analiticamente perché non entra nel nostro gioco acrobatico di ragionamenti, premesse e conclusioni, induzioni e deduzioni. Dio lo si "intende" in ginocchio: assumendolo, accogliendolo, vivendolo. Il "dare compimento alla caccia" di san Giovanni della Croce non si deve intendere nel senso intellettuale, che non è possibile, bensì in quello vitale. Conquistare (intellettualmente) Dio? In questo senso il Signore è "inespugnabile". Il difficile e necessario è lasciarsi conquistare da Lui.

Se non è possibile "dare compimento alla caccia" razionalmente, allora Dio è *mistero.* Ciò non vuol dire che sia *cosa misteriosa,* bensì che è inaccessibile alla potenza intellettuale: come dice la Bibbia, non potremo guardarlo faccia a faccia.

« In tutti i sensi, Dio è totalmente distinto. Un processo che ci porta ad altri esseri o ad altre verità non sarebbe capace di portarci a Lui; così come le rappresentazioni, adatte per esprimere altri esseri, non sono capaci di esprimere Lui.

« Ancora dopo che la logica ci ha obbligato ad affermare che Dio esiste, il suo mistero continua a restare inviolato. La nostra ragione non arriva fino a Lui. Dialettica e rappresentazione non possono oltrepassare la soglia.

« Ma ancor prima di ogni dialettica e di ogni rappresentazione, il nostro spirito afferma già che Colui, a cui si giunge per la dialettica e la rappresentazione, è più in là di ogni rappresentazione e dialettica.

« E questa affermazione, passando così dalle tenebre alla luce, e poi dalla luce ad altre tenebre, permane sempre viva » (H. de Lubac).

Questo stupendo passo sottolinea ammirevolmente l' "ossequio" della fede: prima, al di là e al di qua della dialettica e della rappresentazione, il vero credente si *abbandona* nell'oscurità, e solo allora comincia a capire il "mistero" e acquista la certezza.

☆

Dice S. Agostino:

« Credi di sapere chi è Dio? Credi di sapere come è Dio? Non è niente di ciò che tu immagini, niente di ciò che abbraccia il tuo pensiero. « Oh, Dio, che stai oltre ogni nome, sopra ogni pensiero, più in là di qualsiasi ideale e di qualsiasi valore! Oh, Dio vivente! » [6].

Per questo le parole umane mai saranno propriamente ''portatrici'' della sostanza reale di Dio. Le parole portano e trasmettono immagini di quelle realtà che viviamo, udiamo e sentiamo. Essendo Dio fuori della portata dei nostri sensi e quindi del nostro linguaggio, tutte le parole riferite a lui vanno in negativo: in-finito, in-visibile, im-menso, in-comprensibile, in-creato, in-nominato... Nessuna parola lo può contenere: il Signore è molto più grande, mirabile e magnifico di tutto ciò che noi possiamo concepire, sognare, desiderare, immaginare di lui. Realmente è l'In-comparabile.

Si *assume* Dio nella fede. Più che oggetto di intellezione, è oggetto di contemplazione. Bisogna andare molto bene in fondo alle cose di Dio. Ma, originariamente, l'atto di fede consiste nell'accogliere il ''mistero'' nell'oscurità della notte. S. Giovanni della Croce dice:

« Ciò che si può capire nell'unione con Dio, non lo si ottiene intendendo bensì credendo... perché la cosa più alta che si possa intendere di Dio dista in maniera infinita da Dio » [7].

[6] *Contra Adimantum II.*
[7] *Salita del Monte Carmelo,* l. II, 4, 4, in *Opere,* cit.

Gli scrittori della Bibbia non osano definire né descrivere né nominare Dio. Definire significa, in qualche maniera, abbracciare qualcosa e il Signore Dio è in-abbracciabile. Il *nome,* per i semiti, equivale alla persona; e nominare è, in un certo senso, apprendere e misurare l'essenza della persona, e Dio non è misurabile.

Per questo la Bibbia fa, rispetto a Dio, un gioco dall'alto o trascendente: passa sopra ed evita di dargli un nome. E invece del nome usa delle circonlocuzioni, delle espressioni indirette per designarlo: « Il Dio di Abramo, il Dio di Isacco, il Dio di Giacobbe » (cf. Es 3,6). Secondo questo stesso stile, S. Paolo parlerà di « Dio, Padre del Signore nostro Gesù Cristo ». La maniera più adeguata per rappresentare o significare Dio sarebbe dunque questa: *Colui* che si rivelò ai patriarchi; *Colui* che si rivelò in Gesù Cristo. Per riferirsi a Dio basta soltanto il pronome; non si può dargli un nome.

È per questo che gli Israeliti non pronunciavano mai il nome di Jahvè. Sotto tale pratica si cela una grande e profonda realtà: la trascendenza del Dio di Israele.

☆

Ciò nonostante, l'Israelita continuava a interrogare il Signore: *chi sei? che cosa sei? come ti chiami?* In questo contesto si comprende la seguente scena biblica.

Fuggendo le ire del faraone, Mosè si era rifugiato nella regione di Madian e custodiva le pecore di suo suocero. Dio gli disse: « Ora va'... Fa' uscire dall'Egitto il mio popolo, gli Israeliti! ». Mosè rispose a Dio: « Ecco, io arrivo dagli Israeliti e dico loro: Il Dio dei vostri padri mi ha mandato a voi. Ma mi diranno: Come si chiama? E io che cosa risponderò loro? ». Allora Dio disse a Mosè: *« Io sono colui che sono!...* Dirai agli Israeliti: *Io-Sono mi ha mandato a voi »* (cf. Es 3,10-14).

Dio non elude la domanda di Mosè, ma dà l'unica risposta che sia umanamente comprensibile. In verità Dio non può avere un *nome!* È precisamente l'Innominabile! Non lo si può classificare; nessuna parola umana può pretendere di racchiuderlo entro i propri confini. Dio naviga entro gli spazi incontenibili dell'Essere. Forse che è possibile incanalare un fiume gigantesco entro il solco minuscolo di un aratro?

Medesimo significato ha l'episodio misterioso e drammatico del combattimento notturno tra Giacobbe e lo "sconosciuto" presso il guado dello Iabbok. All'alba Giacobbe gli chiese: « Dimmi il tuo nome ». Quello, evasivamente, rispose: « Perché mi chiedi il nome? » (cf. Gen 32,25-33).

La stessa risposta si sentì dare Manoach: « Perché mi chiedi il nome? Esso è misterioso » (Gdc 13,18). Dio, dunque, non ha nome, non si può nominare. Egli oltrepassa ogni configurazione umana, ogni possibilità di rappresentazione, ogni parola, ogni idea. Egli è sempre "qualcosa d'altro": più profondo degli abissi, più alto dei cieli, più inesprimibile delle armonie dei mondi. Non è suono, bensì Essere.

Nella notte profonda della fede, quando l'anima, come terra ottenebrata e riarsa, si offre docilmente all'azione divina e accoglie il Mistero infinito che come una placida pioggia cade su di lei e la feconda... solo allora, abbandonata e ricettiva, comincerà a intendere l'Inintelligibile.

ANALOGIE, VESTIGIA, SIMBOLI

Pellegrini della notte, privi anche dello splendore delle stelle, come eviteremo di essere divorati dal timore? a che cosa afferrarci per non soccombere all'avvilimento? quali fari, quali segnali ci diranno se siamo bene orientati? dove sta Dio? come contemplarlo almeno "di spalle"?

La Bibbia ci offre immagini e simboli. L'Invisibile si fa visibile attraverso le forze cosmiche, parole scritte, avvenimenti storici o fenomeni tellurici: ogni cosa è un invito a immergerci nelle profonde acque divine.

Dio prende frequentemente la forma del fuoco, segno più adeguato a renderlo visibile per lo splendore con cui illumina le oscurità e per l'energia con cui calcifica, cauterizza o vivifica. Sul monte Oreb, Mosè è affascinato dallo spettacolo del rovo ardente che « non si consumava » nel fuoco (Es 3,2). Al Sinai arde la montagna ma non si consuma (cf. Es 19,18). Dio è un fuoco che non distrugge, purifica.

☆

Lungo il nostro cammino di "ciechi" pellegrinanti, ci sono molti segni, impronte o vestigia mediante i quali ci è possibile, sia pure faticosamente, scoprire l'essere e il volto del Signore.

Basta frugare un po' nell'intimo dell'uomo per scoprire che le sue dimensioni sono a misura di infinito. Chi vi scavò un pozzo tanto profondo? Chi vi mise quel fuoco che sempre brucia e mai si spegne? Da dove viene questa fame che tutti gli alimenti del mondo non sono capaci di soddisfare? E questa sete che tutte le sorgenti delle montagne non appagano? Sebbene nessuno dica niente, *deve esserci* al principio una Fonte di vita, una Causa originale e poi una Mèta finale.

E quello specchio brillante che è il mondo?... Dietro a tanta bellezza deve esistere la Bellezza; dietro a tanta vita deve esistere la Vita, dietro a tanta tenerezza deve esistere l'Amore.

Così andiamo salendo dalle creature al Creatore, dagli effetti alla Causa, ma sempre per una via oscura, condotti per mano da analogie e deduzioni, a tentoni, tra penombre, verso la fede.

☆

Malgrado che — arrivata la « pienezza dei tempi » (cf. Ef 1,10) — Dio si sia manifestato con portenti e parole di salvezza, il suo mistero tuttavia rimane velato e trattenuto nel silenzio.

Mediante la Parola fu tolto quel velo e « mi è stato fatto conoscere il mistero... il mistero di Cristo » (Ef 3,3-4). Tuttavia, la realtà profonda e ultima del mistero continua a essere ritenuta nelle parole e nei segni, e riflettiamo la « gloria del Signore... come in uno specchio » (2 Cor 3,18).

D'ora innanzi, lungo i secoli, il destino della Chiesa consiste nello scoprire, ogni volta con maggior chiarezza, quel mistero, fino a che il velo sia completamente strappato. In ogni tappa della sua storia, la Chiesa avanza verso il cuore del mistero: è un avanzare nella crescita, in penetrazione e profondità e schiarimento del mistero di Gesù Cristo.

La rivelazione è un avvenimento *storico,* nel senso che si è realmente prodotta *nel passato.* Ma questa rivelazione non si esaurisce nel passato, bensì prosegue dispiegandosi lungo la storia. Cioè, la conoscenza del mistero di Gesù Cristo non si esaurisce con i dati delle Scritture, ma si arricchisce e si approfondisce con l'apporto contemplativo dei secoli e delle culture. La storia non è altro che un avanzare verso la profondità della Parola.

IL GRAN SALTO NEL VUOTO

Il credente "adulto" è colui che crede *abbandonandosi.*

Potremmo, dunque, parlare di *fede adulta.* Per intenderla, cominciamo col prendere in esame i concetti del linguaggio comune. Il *bambino* è un essere essenzialmente dipendente: ha bisogno di appoggiarsi a qualcuno per camminare, mangiare, vivere. *Adulto* è chi è capace di mantenersi in piedi, senza appoggiarsi a nessuno: basta a se stesso per vivere, guadagnarsi la vita, formare un gruppo familiare...

Applicando questi concetti al nostro caso, la *fede infantile* sarà quella che, per abbandonarsi, ha bisogno di appoggi, garanzie tranquillanti. La *fede adulta* sarà quell'altra che, senza appigli, si sostiene da sola, corre tutti i rischi, confida, permette e si abbandona. Si abbandona in assenza di sicurezze, evidenze o incoraggiamenti. Lo fa in piedi, da sola.

La persona che per credere ha bisogno di continui ragionamenti e prove, possiede una fede infantile. È come se qualcuno si presentasse a dirle: all'apparenza ciò che tu credi è inaccettabile per il senso comune; è contro le leggi dell'universo e contro la ragione. Ma tranquillizzati. Ti posso offrire degli argomenti di ragione che dimostrano che ciò che credi non è poi tanto stravagante. Ti convincerai che la fede non è contro la ragione né la ragione è contro la fede; posso provarti che i miracoli sono possibili perché Colui che emanò le leggi può anche abrogarle e, infine, che le verità fondamentali della fede possono sostenere la sfida delle scienze... Ecco, puoi credere tutto tranquillamente.

È infantile questa fede se per camminare ha bisogno di simili grucce. È buona cosa che il credente approfondisca intellettualmente la materia di fede; ma la fede che per sostenersi necessita di simili "conforti" per attenuare la paura del salto, non è fede. L'atto adulto della fede è quello capace di spiccare un salto senza appoggi.

L'adulto supera tutte le distanze e limitazioni inerenti alla fede, uscendo da se stesso; si distacca da tutti gli appigli intellettuali che gli procura il raziocinio e compie il gran salto nel vuoto in piena notte oscura, abbandonandosi nel *totalmente Altro*. È un salto nel vuoto verso quel precipizio profondo che è il Mistero.

☆

In vita mia ho incontrato moltissime persone, soprattutto consacrate a Dio, ascoltandone confidenze e problemi. Con ciò mi sono convinto che sono pochi i credenti che, lungo gli anni, si liberano dei tentennamenti e delle perplessità nei riguardi della fede.

Il credente ha sempre la sensazione di correre un rischio. Non sono mai pensieri ben ordinati, bensì ciechi e "irrazionali" quelli che si impossessano del suo spirito e lo torchiano con mille inquietanti interrogativi: come hai potuto fidarti sino a tal punto? quale garanzia ti è stata offerta? ti sei fidato di "Qualcuno": sarà veramente in grado di salvarti da un clamoroso inganno? E rimane senza protezione concreta, senza alcuna prova empirica, senza una spiegazione che spieghi, senza una evidenza che tranquillizzi... Questo è il vuoto sopra il quale bisogna spiccare il grande salto; e non una volta sola, bensì permanentemente.

Questo è il gran momento della fede, l'atto radicale in cui si produce ogni merito e valore trasformante. È bello credere nella luce quando è notte. Credo che dietro a questo silenzio, Tu respiri. Credo che dietro a questa oscurità brilla il Tuo volto. Sebbene tutto mi riesca male, sebbene gli infortuni si susseguano, credo che mi ami. Sebbene tutto appaia fatalità, sebbene veda gli uomini odiare e i bambini piangere, sebbene la tristezza regni e io senta voglia di morire... io credo, mi abbandono in Te. Senza di Te che senso avrebbe questa vita? Tu sei la vita eterna.

Questa è la fede che smuove le montagne e dà ai credenti una forza indistruttibile. È questo "salto" a far sì che l'atto di fede sia *ossequio.* Senza dubbio, la fede, da parte di Dio, è *dono,* il primo dono. Ma da parte del credente c'è un bello e fondamentale atto di *gratuità:* in piena oscurità si lancia nelle braccia del Padre, di uno che non vede, senz'altro motivo e altra sicurezza che la sua Parola. C'è molta *gratuità* (e merito) da parte dell'uomo nell'atto di fede. È il massimo atto d'amore.

> « Fede significa non solo ritenere per vero qualcosa, nemmeno pura fiducia. Credere significa dire *amen* a Dio, consolidarsi e basarsi in lui. Credere significa lasciare a Dio di essere totalmente Dio, riconoscendolo come l'unica ragione e significato della vita. La fede è, dunque, esistere nella ricettività e nell'ubbidienza » [8].

NOTTE TRASFIGURATA O CERTEZZA

Se è vero che l'atto di fede coinvolge tutto l'uomo (sentimenti, pensieri, comportamenti) tuttavia, fondamentalmente, è un atto di volontà perché si tratta di un'adesione vitale con cui si pongono in gioco gli interessi personali e tutto il proprio destino.

Orbene, per questo libero e coraggioso atto di abbandono, il credente attraversa d'un colpo la

[8] W. Kasper, *Jesús el Cristo,* Salamanca 1976, p. 265.

notte intera della fede e supplisce a quella incapacità radicale della nostra intelligenza a "dominare" intellettualmente Dio. Il credente che si abbandona oltrepassa i processi mentali, salta al di là dei problemi di formule e contenuto... "raggiunge" Dio, e il Signore si trasforma in certezza.

La sicurezza che non ci poté dare il raziocinio ce la darà Quello stesso che è il contenuto della fede, a condizione che sia stato *accettato* per mezzo di un affidamento "ossequioso" e incondizionato.

E così la notte della fede è vinta e, senza cessare di essere notte, si trasfigura, assume la parvenza della luce, meglio, fa le veci della luce: è la *certezza.* S. Dionisio chiama la fede *raggio tenebroso:* un fascio di oscurità penetra nel mondo e tutto lo "illumina", non con visioni né con evidenze, bensì con certezze che vengono da dentro e sono altra cosa che la chiarezza. Nella fede non c'è chiarezza bensì sicurezza ("oscura certezza"). Questa certezza non è un prodotto delle verità evidenti, ma qualcosa che proviene dallo stesso affidamento della fede. E così il salmista affermerà:

> « *Nemmeno le tenebre per te sono oscure,*
> *e la notte è chiara come il giorno* »
> (Sal 138,12).

Allora Dio, trasformato in luce (certezza), precede e presiede la carovana dei credenti lungo il deserto della vita, in fede e speranza (cf. Es 13,21). E, affinché il popolo non si sconforti per l'oscurità della notte, Dio stesso prenderà la forma di « una colonna di fuoco per fare loro luce » (Es 13,21).

☆

Con questa parola, dunque, possiamo qualificare la fede: *certezza*. Essendo la fede, ripetiamo, il primo dono di Dio, la certezza è anche la *prima grazia* del Datore di ogni dono. Tuttavia, considerando la certezza come fenomeno umano (e spirituale), cerchiamo qui le sorgenti da cui ha origine.

S. Giovanni della Croce ci svela, in versi immortali, come la notte della fede si trasformi in luce del mezzogiorno:

« ...senza altra luce e guida
se non quella che nel cuore ardeva.
Questa mi guidava
più sicuro che la luce del mezzogiorno ».

La certezza (« più sicuro ») non proviene dalle vestigia della creazione, né dalle deduzioni analogiche, bensì dalla struttura interna della stessa fede (« quella che nel cuore ardeva »). Senza credere, nulla si intende. Senza abbandonarsi, nulla si crede. E nessuno si abbandona senza decisione vitale. Per colui che si affida non ci sono conflitti intellettuali di fede. Dalla vita nasce sempre la sicurezza.

Il credente comincia a non spaventarsi dell'oscurità, e a non tollerare il silenzio. Sedotto dalla voce di Colui che lo chiama dalla profonda e brillante oscurità, il credente esce da se stesso, supera le perplessità e le insicurezze di chi nulla vede e calpesta la terra sconosciuta. Così come le stelle illuminano con tenue splendore le tenebre della notte, così la luce semivelata del volto di Dio va illuminando i passi del credente. C'è, inoltre, « altra luce e guida »: è « quella che nel cuore ardeva ».

La confluenza di entrambe le luci (che non evitano che la notte continui a essere oscura) fa sì che l'andare del credente diventi più fermo e sicuro che se brillasse la luce del mezzogiorno. È una notte misteriosa e fulgida come una notte di nozze: il credente si affida a Dio, confessa, afferma, senza vederlo lo "vede", senza sentirlo lo acclama, gli "consegna le chiavi" e si uniscono in un'alleanza eterna e trasfigurante. All'istante si dissipano tutte le insicurezze e il cielo e la terra e il mare e ciò che esso contiene, tutto si copre di certezza, una certezza serena come l'imbrunire. E il credente è confermato per sempre nella fede.

Realmente, dalla vita nasce la certezza. È frutto del cuore, non della ragione.

« COME CONOSCO BENE... »

Una volta ancora è san Giovanni della Croce che gioca genialmente tra certezza e oscurità nel suo *Cantar del alma que se huelga de conocer a Dios por la fe* [*Cantico dell'anima che gioisce nel conoscere Dio per la fede*]. Trascrivo alcuni frammenti:

« Come conosco bene
la fonte che sgorga e corre,
sebbene sia di notte.

Quella fonte eterna sta nascosta,
come conosco bene dove sta,
sebbene sia di notte.

In questa notte oscura della vita,
come conosco bene, per fede, la fredda fonte,
sebbene sia di notte.

La sua chiarezza mai è oscurata
e so che ogni luce da essa è venuta
sebbene sia di notte.

Questa viva fonte che desidero
in questo pane di vita io la vedo
sebbene sia di notte ».

Il profondo mistero della fede sta precisamente in quelle due espressioni antitetiche che attraversano, scandiscono e dominano il cantico: « *come conosco bene* » (certezza), « *sebbene sia di notte* » (oscurità). L'atto di fede consiste in quella forza contrastante e unificante che cessa di essere paradosso nel momento in cui si comincia a viverla.

CAPITOLO III

ITINERARIO VERSO L'INCONTRO

Scrivendo questo capitolo, pensavo in modo speciale a quei cristiani che non possono disporre di guide o orientatori per alimentare e canalizzare le loro profonde aspirazioni.

Per facilitarli nel miglior modo ho proposto degli orientamenti di ordine pratico, affinché essi possano compiere da se stessi, senza bisogno di aiuto, il proprio cammino verso l'intimità del mistero infinito di Dio, trasformando la loro vita in amore.

SIGNIFICATO DI QUESTO CAPITOLO

La pazienza, la costanza e la speranza saranno come tre angeli che ci accompagneranno nel cammino, senza permettere che la notte della desolazione ci sorprenda.

C'è bisogno di *calma.* Un cristiano dominato dalla dispersione interiore, sconvolto dall'agitazione e dal nervosismo non può giungere all'unione trasformante con Dio. Per vincere il nervosismo indicheremo una serie di esercizi facili da praticare.

C'è bisogno di *pace.* Un cristiano gravato da forti cariche aggressive, resistenze segrete e ribellioni viscerali non può entrare nel tempio della pace che è Dio. Per pacificare l'anima, abbiamo descritto un processo di purificazione profonda, con esercizi pratici di abbandono.

C'è bisogno, inoltre, di *unità interiore.* Alte ondate si alzano durante la navigazione spirituale: distrazioni, siccità, aridità... Che fare? Segnaleremo i mezzi pratici per superare tali scogli.

Per muovere i primi passi ci appoggeremo sulla *parola* come ponte tra l'anima e Dio. Come mezzi pratici suggeriremo l'orazione vocale, la lettura meditata, ecc.

Ci sono aspetti che in apparenza sembrano secondari e che, tuttavia, incidono sul risultato dell'orazione. Dove, quando, come pregare? Posizione, respirazione... Daremo consigli pratici per i problemi concreti.

NON È FACILE PREGARE

Secondo me ciò che pregiudica e disorienta le anime è credere che pregare sia cosa facile, tanto facile come conversare col papà, la mamma o con l'amico. Comprendo che siano facili certe orazioni vocali, talune pratiche comunitarie, le giaculatorie o una superficiale comunicazione con Dio.

Ma addentrarsi negli imperscrutabili misteri di Dio, abituare e abilitare le facoltà psicologiche per la crescita della grazia, condizionando questa crescita ai mutamenti della struttura umana, continuare ad avanzare lungo le coste oscure e faticose delle esigenze di Dio fino all'unione trasfigurante... tutto questo processo è di una lentezza e di una difficoltà snervanti. Tra le imprese umane, quella di procedere sino alla fine nella vita con Dio è senza dubbio la più complessa e difficile. Pregare non è facile.

La grazia offre un ventaglio illimitato di possibilità, da zero all'infinito. Non a tutti è stata data la stessa capacità di sviluppo; non da tutti si esigerà lo stesso risultato; a ciascuno si chiederà in proporzione a ciò che gli è stato dato. Ma nessuno potrà dire: a me è stato dato tanto e mi si richiederà solo tanto. Perché solo Dio è datore, soltanto Lui conosce la misura. A noi tocca essere fedeli totalmente, senza elucubrare su quanto ci è stato dato e su quanto dovremo corrispondere.

Sia come sia, con poca orazione, senza perseveranza e disciplina, non attendiamoci una forte esperienza di Dio; nemmeno attendiamoci una vita trasfigurata né, di conseguenza, di divenire profeti che risplendono.

L'ORAZIONE È UN'ARTE

Sebbene la preghiera sia fondamentalmente opera della grazia, è anche un'arte, e come arte è sottomessa al livello psicologico e alle norme di un tirocinio come qualsiasi altra attività umana. Per pregare bene si esige, dunque, metodo, ordine e disciplina. In una parola, una tecnica rigorosa.

Capisco che a una semplice contadina, senza

necessità di tecnica alcuna, Dio, per via di grazie infuse e straordinarie, può far scoprire grandiosi panorami del mistero del suo essere e del suo amore. Ma queste grazie né si meritano né si ottengono in qualche modo. Si "ricevono" al di fuori di ogni calcolo e di ogni logica perché sono gratuità assoluta.

La tecnica, senza la grazia, non otterrà alcun risultato. Ma, al contrario, ho potuto osservare molte volte che anime dotate di grandi qualità e *fortemente chiamate,* sono rimaste sulle prime rampe della vita con Dio per mancanza di sforzo o disciplina, quando in realtà avevano "ricevuto" ali e fiato per ascensioni straordinarie.

Pensiamo quanti anni occorrono, quante energie, metodi e cure per qualsiasi formazione umana: un pittore, un compositore, un professionista, un tecnico. Se pregare è, fra le altre cose, un'arte, non possiamo pensare di poter raggiungere un alto livello nella vita con Dio senza energia, ordine e metodo.

È certo che qui abbiamo a che fare con un pedagogo originale che può scardinare tutti i metodi, avviarci per i sentieri più sorprendenti, saltando tutte le leggi psicologiche e pedagogiche.

Ma normalmente Dio si sottomette alle leggi evolutive della vita, come nel caso del granello di senapa: è un seme insignificante, quasi invisibile. Lo si semina. Passano i giorni e le settimane, e, all'apparenza, non succede niente. Tuttavia, dopo un certo tempo, comincia a spuntare qualcosa dal terreno, una parvenza di pianta che quasi non si vede. Passano i mesi, cresce e cresce fino a diventare un folto arbusto che getta rami « tanto grandi che gli uccelli del cielo possono ripararsi alla sua ombra » (Mc 4,32).

Questo lento processo evolutivo è valido per ogni forma di vita, per la crescita nell'orazione, nella vita fraterna, per plasmare nella nostra vita l'immagine del Signore Gesù.

A VOLO D'UCCELLO

Se consideriamo a volo d'uccello il cammino della vita con Dio dall'orazione vocale fino alle comunicazioni più profonde, avremo il seguente panorama generale. Nelle prime tappe, Dio lascia l'iniziativa all'anima, secondo il funzionamento normale dei meccanismi psicologici. La partecipazione di Dio è scarsa. Lascia che l'uomo si cerchi i suoi propri mezzi e gli appoggi, come se egli solo fosse il costruttore della sua casa. E, sebbene sia vero che in queste tappe abbondano le consolazioni divine, l'orazione sembra un edificio poggiato esclusivamente su un'impalcatura umana.

Nella misura in cui l'anima avanza verso gradi più elevati, lentamente e progressivamente Dio prende l'iniziativa intervenendo in modo diretto, mediante sostegni speciali. L'anima comincia a sentire che quei mezzi psicologici che tanto la aiutavano prima sono ormai inutili grucce; Dio, ogni volta con maggior decisione, strappa all'anima l'iniziativa, la spinge alla sottomissione e all'abbandono a mano a mano che entra in scena l'altro soggetto, lo Spirito, il quale finalmente rimane l'unico architetto fino a che l'anima viene trasformata in "figlia" di Dio, immagine viva del Figlio.

« Allo stesso modo anche lo Spirito viene in aiuto alla nostra debolezza, perché nemmeno sappiamo che cosa sia conveniente domandare, ma lo Spirito stesso intercede con insistenza per noi, con gemiti inesprimibili; e colui che scruta i cuori sa quali sono i desideri dello Spirito, poiché egli intercede per i credenti secondo i disegni di Dio » (Rom 8,26-27).

I primi passi sono complicati. L'anima, come un bambino che comincia a camminare, ha bisogno di appoggi psicologici, metodi di concentrazione, modi di rilassarsi, punti di riflessione.

Ma quando Dio irrompe sulla scena, l'anima, in prossimità di Dio, sente il contrasto fra la sua "faccia" e la "faccia" di Dio, e si sente trascinata a successive purificazioni per mezzo di una espropriazione generale. Conseguita la purezza, la libertà e la pace, l'anima non sente più alcun impedimento ad avanzare a vele spiegate sotto la guida di Dio verso l'unione trasformante, mentre su di essa si scolpisce, piena di maturità, grandezza e umiltà la figura del Signore Gesù.

« Queste trasformazioni interiori hanno un'eco che si ripercuote nella coscienza psicologica. Indipendentemente dalle grazie straordinarie, che causano veri scontri nella coscienza e lasciano in essa ferite salutari, la grazia crea nell'anima, silenziosamente e lentamente, attraverso gioie passeggere talvolta traboccanti, attraverso sofferenze violente e perfino con esse, una regione di pace: un rifugio al quale non arrivano se non eccezionalmente il rumore e le tempeste, oasi e fonte di forza e gioia » [1].

LA PAZIENZA

Molti intraprendono il cammino dell'orazione. Alcuni lo abbandonano quasi subito dicendo: io non sono nato per questo. Dicono anche: è tempo perso, non vedo i risultati. Altri, stanchi, si fermano alle prime rampe, stazionano nella mediocrità, continuano nell'attività orante ma rasoterra. Ci sono infine altri che avanzano, tra le difficoltà, sino alle inesplorate regioni di Dio.

Il nemico principale è l'incostanza, che nasce dalla sensazione di frustrazione che l'anima prova quando si accorge che i frutti non arrivano o non corrispondono al lavoro svolto. Tanti sforzi e piccoli risultati, dicono; tanti anni dedicati assiduamente all'orazione e così poco progresso.

Siamo abituati a due tipiche leggi della civiltà tecnologica: la rapidità e l'efficacia. In qualsiasi attività umana, il circuito dinamico funziona così: a tale causa, tale effetto; a tanta azione, tanta reazione; a tali sforzi, tali risultati. I risultati sono premi e stimolano allo sforzo. Continuiamo nello sforzo perché tocchiamo con mano i risultati positivi, mentre i risultati sorreggono lo sforzo.

[1] P. Eugenio del N. J., *Quiero ver a Dios,* Madrid 1951, p. 170.

Ma nella vita della grazia non succede lo stesso. Qui accade come a quei pescatori che per tutta la notte si mantennero vigili con le reti stese e di buon mattino si accorsero che le reti erano completamente vuote (cf. Lc 5,5).

Abbiamo bisogno di *pazienza* per accettare il fatto che con grandi sforzi si possono ottenere piccoli risultati; o, almeno, per accettare l'eventuale sproporzione tra sforzo e risultato.

Alcuni dicono che la pazienza è l'arte di sperare. Altri rispondono che è l'arte di sapere. Noi potremmo combinare ambedue i concetti: la pazienza è l'arte di *saper sperare.* Si spera perché si sa. La pazienza è un atto di speranza perché si sa e si accetta in pace la realtà come essa è.

Quale realtà? Nel nostro caso si tratta di due realtà. La prima, che Dio è essenzialmente gratuità e, di conseguenza, che la sua "condotta" è essenzialmente sconcertante. La seconda, che ogni vita avanza lentamente ed evolutivamente.

☆

La cosa più difficile, per coloro che si sono imbarcati nell'avventura della fede, è avere pazienza con Dio. La "condotta" del Signore con quelli che gli si dedicano è, molte volte, disorientante. Non c'è logica nelle sue "reazioni". Per ciò non c'è proporzione tra i nostri sforzi per scoprire il suo volto velato e i risultati di tali sforzi; e molti perdono la pazienza e, sconfortati, abbandonano tutto.

Dio è la fonte da cui tutto nasce e a cui tutto ritorna consumandosi. È la sorgente inestinguibile di ogni vita e di ogni grazia. Egli tutto dispone e dispensa secondo il suo beneplacito. Nel dinamismo generale della sua economia esiste solo una direzione: quella del *dare*. Nessuno può esigere da Lui alcunché. Nessuno può interrogarlo affrontandolo con domande.

Le relazioni con Lui non sono della stessa natura delle nostre relazioni umane. Noi stipuliamo contratti di compravendita, lavoro e salario, merito e premio. Nelle relazioni con Dio non esiste nulla di tutto ciò. C'è solo gratuità, grazia, dono. Egli è di un'altra natura dalla nostra; siamo su differenti orbite. La prima cosa che deve fare colui che si decide a considerare seriamente Dio è di prendere coscienza di questa differenza e accettarla in santa pace. Questo significa avere pazienza con Dio.

È bene camminare verso Dio con metodi di orazione già sperimentati, ma senza perdere di vista lo scenario di fondo che è il mistero della grazia. Pazienza significa prendere coscienza e accettare in pace il fatto di doverci muovere in questa dinamica strana, sconcertante e imprevedibile che, abbastanza spesso, pone in scacco la nostra fiducia e fede.

Il nostro Dio è sconcertante. Nel momento meno prevedibile, come in un assalto notturno, egli si precipita su una persona, l'abbatte con una presenza poderosa e ineffabilmente consolatrice, la conferma per sempre nella fede e la lascia vibrante forse per tutti i restanti giorni della sua vita. Davanti a operazioni tanto spettacolari e gratuite, molti si domandano: e perché non a me? A Dio non si possono rivolgere domande. Bisogna cominciare con l'accettarlo così come è.

Altre persone il Signore le porta sopra le arene del deserto, in un eterno vespero di aridità. Ad altre dà una notevole sensibilità per le cose divine come predisposizione innata di personalità, e tuttavia mai concederà loro una gratuità infusa propriamente tale. Ci furono uomini nella storia che mai si preoccuparono di Dio né per attaccarlo né per difenderlo, nonostante ciò Dio stesso si mosse incontro ad essi con gloria e splendore. Ci sono di quelli che navigano su un mare di consolazioni, da un orizzonte all'altro della loro esistenza; come ci sono anime destinate a peregrinare attraverso una perpetua notte senza stelle. Ci sono persone che camminano tra alti e bassi, sotto un brillante sole o spesse nubi. Per altri, infine, la vita con Dio è un giorno perpetuamente grigio. Ogni persona è una storia, una storia assolutamente unica e singolare.

Chi vuole arruolarsi tra i combattenti di Dio deve cominciare con l'accettare questa realtà primaria: Dio è assoluta gratuità, costantemente nuova e imprevedibile.

☆

Nessuno può interrogare Dio dicendogli: che significa questo, Signore? A costui che ha lavorato un'ora stai pagando lo stesso salario che a quell'altro che ha lavorato tutto il giorno? Egli risponde: ciò che do a questo e a quello non è salario bensì regalo, e del mio posso disporre come meglio credo.

Nel regno di Dio non esiste il verbo *pagare* né il verbo *guadagnare.* Qui niente si paga perché niente si guadagna: Tutto si riceve. Tutto è regalo, grazia. Non valgono i canoni della nostra giustizia; le nostre misure non sono le sue. I suoi criteri sono altri perché la sua natura è *un'altra*.

Se le anime che intraprendono la salita verso Dio, ripetiamo, non cominciano a rendersi conto e ad accettare in pace la natura gratuita e sconcertante di Dio, sprofonderanno molte volte nella confusione più completa. Una lunga esperienza mi ha portato alla conclusione che il motivo più comune dell'abbandono dell'orazione è questo: nella vita con Dio, a molti, spesso tutto appare così senza senso, senza logica, senza proporzioni che finiscono per avere l'impressione che tutto sia irreale, irrazionale... e abbandonano.

C'è di più: così come nel modo di procedere di Dio con le anime non c'è logica, nemmeno esiste logica nelle reazioni della natura. E la vita con Dio si consuma sulla frontiera tra natura e grazia.

Una persona ha dormito molto bene durante la notte e tuttavia all'alba si è svegliata tesa e di malumore. La notte precedente non aveva potuto dormire per gli strepiti e le zanzare e tuttavia si era svegliata tranquilla e rilassata. Nelle vicende umane non ci sono linee rette. Perciò l'essere umano è così imprevedibile nelle sue reazioni.

In un solo giorno, uno stesso individuo può passare da uno stato d'animo a un altro contraddittorio; ora si sente sicuro, più tardi timoroso, poi felice, e al cader della sera ansioso. E non stiamo parlando di nature clinicamente instabili o perturbate. Uno scrittore o un compositore si pone a lavorare e in dodici ore di lavoro può non produrre nulla; e subito dopo, in sessanta minuti, può realizzare una produzione più feconda che solitamente in dodici ore. Chi può spiegare ciò? Siamo fatti così.

Naturalmente, ogni fenomeno ha la sua causa o serie di cause. Non esiste il caso. Ma normalmente le ragioni degli umori e degli stati psichici non sono analizzabili. E quando non è possibile analizzare le cause di un fatto, diciamo che siamo davanti all'*imponderabile*.

Nello spirito succede lo stesso: in una stessa sera un cristiano, ritirato in un tranquillo romitorio per pregare, può vivere situazioni psichiche diversissime e passare da momenti di completa aridità a momenti di grande consolazione, attraverso momenti di apatia. Di che cosa si tratta? Di situazioni biologiche, di reazioni psicologiche, di differenti risposte alla grazia? È impossibile discernere. Si tratta, senza dubbio, di una gran complessità di cause a cominciare dai processi biochimici. La vita, per sua propria natura, è movimento. E il movimento è versatile. Ed è perciò che gli stati d'animo sono così mutevoli.

E senza rendercene conto siamo arrivati a considerare una questione che preoccupa molti: uno stesso fenomeno spirituale, per esempio una forte consolazione, fino a che punto è prodotto biopsichico proveniente dal fondo vitale? Detto in altro modo: fin dove è natura e fin dove è grazia?

Penso che nessuno possa saperlo. È inutile pretendere di capire, perché non esistono strumenti di misurazione per delimitare le frontiere. Penso anche che questa preoccupazione, oltre che inutile, sia nociva perché accentra l'attenzione della persona su se stessa, col pericolo di una malcelata compensazione narcisistica.

Tuttavia, parlando in termini generali, potremmo stabilire un criterio approssimativo, il criterio dei frutti: ciò che induce la persona a uscire da se stessa e a darsi è cosa di Dio. Tutto ciò che produce, oltre a una sensazione di calma, anche uno stato di pace è dono di Dio. Potremmo andare anche più lontano: supporre che una determinata emozione sia, nella sua radice originale, un prodotto strettamente biopsichico; ma se di fatto spinge la persona a uscire da se stessa per donarsi possiamo considerarla anche in questo caso dono di Dio. Di tutto ciò parleremo in un altro capitolo.

LA PERSEVERANZA

La pazienza genera la perseveranza.

Nella sfera generale della vita non ci sono salti: né in biologia, né in psicologia, né nella vita spirituale. Il chicco di grano si sa che ha bisogno di notti e giorni per morire. Dopo svariate settimane spunta timidamente una piccolissima miniatura di pianta. Poi, mese dopo mese, la piantina scala gli spazi fino a trasformarsi in una bella spiga.

Pazienza significa sapere (e accettare) che non si devono far salti ma passi. E nella pazienza si produce la perseveranza.

Stiamo rivolgendoci a coloro che si sforzano di conseguire l'amicizia con Dio o di ricuperarla. Gli uni e gli altri, specialmente i secondi, sono marchiati da un denominatore comune: l'atrofia delle energie spirituali e un vivo desiderio di uscire da tale situazione.

Questi soggetti intraprendono decisamente la ricerca del volto del Signore. Nel muovere i primi passi, prendono coscienza, lamentandosene profondamente, che essi hanno difficoltà a camminare, sembra che Dio si sia dimenticato di loro, i loro piedi non ubbidiscono ai desideri, essi non riescono a stabilire una corrente di caldo dialogo col Dio vivente, le loro ali sono ferite. Dio è "morto"?

Parlano con il Signore e hanno l'impressione di non aver interlocutore e che le loro parole cadano nel vuoto. Ciò succede particolarmente a chi perde la familiarità con il Signore e desidera ricuperarla. È una notte spirituale.

Queste persone sono dominate da un profondo scoramento e subentra in esse l'impazienza che si esprime con queste sconsolate parole: tanto, non ottengo nulla!

Cosa significa *non ottenere?* Chi cerca già ha incontrato, dice S. Agostino. Chi lavora, già ha ottenuto. Sempre rimuginano la stessa comparazione dicendo: una notte di pesca e le reti vuote. Per gli occhi del corpo e per quelli del sentimento le reti certamente sono vuote. Ma per gli occhi della fede, che vedono l'essenziale, le reti sono traboccanti di pesce. L'essenziale è sempre invisibile. Meglio, l'invisibile è solamente visibile agli occhi della fede.

Cosa succede a quelli che dicono di "non ottenere nulla"? È il dramma di sempre: una spirale fatale. Mi spiego: non mangiano perché non hanno voglia di mangiare, e non hanno voglia di mangiare perché non mangiano; e la morte arriva come conseguenza dell'inedia. Come rompere questo circolo mortale? Mangiando anche senza voglia perché compaia la voglia di mangiare.

Molti, tra i credenti, per non aver pregato per lungo tempo, non hanno più voglia di pregare. E poiché non hanno voglia di pregare non pregano. E così entrano nel circolo: le facoltà si anchilosano, Dio diventa sempre più un essere estraneo e distante, e inesorabilmente il circolo mortale stringe la sua morsa. Come uscirne? Pregando con perseveranza e anche senza voglia, perché affiorino la voglia di pregare e il senso di Dio.

Il cristiano deve perseverare nel contatto personale con il Signore sebbene abbia l'impressione di perdere solo del tempo. Aiutato dall'orazione vocale e dalla lettura meditata, ristabilisca una corrente di comunicazione con il Signore, nella fede pura e nuda; ripeta le parole che saranno ponte di unione tra la sua attenzione e la persona del Signore; perseveri sebbene abbia l'impressione che non ci sia nessuno dall'altra parte ad ascoltare.

Se un cristiano ha vissuto ai margini dell'esperienza di Dio per anni, è follia che pretenda di penetrare in una settimana in una grande profondità del Mistero Vivente e Insondabile. S'han da fare passi, non salti.

La perseveranza è l'alto prezzo che bisogna pagare per tutte le conquiste di questo mondo.

☆

Ogni crescita è un mistero. Una piantina, spuntata timidamente dalla terra, estrae da essa gli elementi organici e li trasforma in sostanza viva. Dà timidi segnali di crescita, ma cresce. Al contrario, la crescita della grazia non è misurabile né a semplice vista né con altri strumenti di misurazione. A quanti fu manifesta la natura e la potenza divina di Gesù, figlio di Dio? Forse che le donne di Nazaret veneravano Maria come una persona eccezionale? Che cosa sconcertante e inesplorabile è il mistero della grazia!

Si potrà replicare: la crescita è osservabile negli effetti, quando l'uomo avanza nell'amore, nella maturità, nell'umiltà, nella pace. È vero, ma fino a un certo punto, non di più. Sappiamo tutti per esperienza quanta energia è necessario impiegare a volte per superare un piccolo difetto; e tuttavia solo Dio e noi siamo testimoni di tali sforzi, gli altri non li notano.

D'altra parte, la grazia si adatta alle diverse nature, operando secondo la personalità di chi la riceve. La grazia non forza la natura dell'uomo: un chiacchierone non diventa taciturno, un estroverso non viene trasformato in un introverso. Rispetta tutte le qualità e i limiti umani.

1.

DALL'ABBANDONO ALLA PACE

Nell'entrare, o nel desiderare di entrare nell'intimità trasformante con il Signore, il cristiano comincia a percepire l'esistenza di certe interferenze, nella sfera interiore, che minacciano lo sviluppo della sua tensione affettiva verso Dio. Adesso si rende conto che non gli è possibile "restarsene", in fede e in pace, con il Signore. Perché proprio adesso?

L'uomo, nella sua attività quotidiana, normalmente si muove da alienato, come dire "fuori" di se stesso. Coscientemente o no, fugge da se stesso, evadendo la realtà del suo proprio mistero.

Ma per entrare nella profondità di Dio, deve entrare anche nei suoi propri livelli più profondi, e tocca necessariamente il suo mistero che si condensa in queste domande: chi sono? qual è il progetto fondamentale della mia vita? quali sono gli impegni che mantengono in piedi questo progetto?

Allora, nel confrontarsi con il Dio della pace e nel lasciarsi illuminare dal volto del Signore, il cristiano constata che il suo subcosciente si agita come quando si scatena un terremoto: sente che là sotto si è accumulata molta energia aggressiva. E, di conseguenza, percepisce se stesso come un accordo stonato.

Si rende conto che l'egoismo ha scatenato nel suo intimo uno stato generale di guerra. Fiamme alte e vive di risentimento guizzano dappertutto contro se stesso principalmente, contro i fratelli, contro il mistero generale della vita e, indirettamente (con transazione inconscia), contro Dio. Quando l'uomo apre gli occhi su se stesso, generalmente si scopre in uno stato lamentevole: tristezze depressive, malinconie, blocchi emozionali, frustrazioni, antipatie, insicurezze, aggressività di ogni tipo... Assomiglia, interiormente, a un castello minacciato e minaccioso.

Il cristiano avverte che con simile turbolenza interiore, non gli sarà possibile stabilire una corrente di intimità pacifica e armonica con il Dio della pace. Di conseguenza, sente vivo il desiderio di purificazione intuendo che tale purificazione può solamente giungergli attraverso la via della completa riconciliazione: con se stesso, con i fratelli, con il mondo. Il frutto sarà la pace.

GENESI DELLE FRUSTRAZIONI

Senza pretenderlo né prendere l'iniziativa l'uomo si incontra con se stesso nella vita, al modo di una coscienza che, prontamente, si sveglia per la prima volta e si ritrova in un mondo mai conosciuto prima. L'uomo non ha cercato l'esistenza. È stato spinto in questo campo e si è trovato con se stesso, così.

Nello svegliarsi all'esistenza, l'uomo prende coscienza di essere *lui stesso.* Guarda intorno a sé e vede altre realtà che non sono *lui.* E anche senza uscire dalla sfera della sua coscienza, si incontra con elementi costitutivi del suo essere come la morfologia, il carattere, l'ereditarietà...

In questo momento l'uomo comincia a *entrare in relazione* con gli *altri,* con l'*altro,* e subito entra in gioco il primo aspetto della condotta umana: il principio del piacere. L'uomo incontra realtà (dentro e fuori di sé) che gli piacciono, gli causano una sensazione gradevole. Incontra anche altre realtà che non gli piacciono, gli causano dispiacere.

Davanti a simile panorama, l'uomo stabilisce tre classi di relazioni. In primo luogo per quelle realtà gradevoli prova spontaneamente il desiderio, l'adesione o il bisogno di una presa di possesso secondo i casi. In altre parole considera un *bene* ciò che gli causa piacere, se ne appropria emozionalmente e stabilisce con esso un'unione possessiva.

Quando quel bene che già possiede o di cui intende appropriarsi è minacciato (esiste il pericolo di perderlo) allora nasce il timore: il soggetto si turba, cioè libera una determinata quantità di energia difensiva per trattenere quella realtà gradevole che gli sta sfuggendo.

In terzo luogo, davanti a quelle realtà, di qualsiasi livello, che non gli causano piacere bensì dispiacere, il soggetto resiste: libera e invia una scarica emozionale per aggredirle e distruggerle.

Secondo quanto esposto, abbiamo tre classi di relazioni: aderenza possessiva, resistenza e timore. Tutte e tre sono intimamente collegate.

Tutto ciò che rifiuta, l'uomo lo trasforma in "nemico"; e anche tutto ciò che teme, perché il timore, in qualche modo, è resistenza.

L'uomo teme e rifiuta una serie di nemici, quali l'infermità, l'insuccesso, il discredito... e ingloba in questo rifiuto le persone che concorrono e collaborano con tali nemici. Di conseguenza un uomo vive totalmente cupo, timoroso, sospettoso, aggressivo...: si sente circondato da innumerevoli nemici, perché tutte le cose che rifiuta le considera "nemici". In fondo, questa situazione significa che quella persona è piena di attaccamenti e di brame di possesso. Orbene, per entrare nella profondità di Dio, l'uomo deve essere povero e puro.

La resistenza emozionale, per sua propria natura, ha per fine di annullare il "nemico", una volta che l'emozione è concretata in fatti. Quindi esistono certamente realtà che, rifiutate strategicamente, sono neutralizzate parzialmente o totalmente; così, per esempio, l'infermità, l'ignoranza...

Tuttavia, una buona parte delle realtà che all'uomo causano disgusto e resistenza non hanno soluzione; per loro natura sono indistruttibili. È ciò che nel linguaggio comune chiamiamo un'*impossibilità* o un *fatto compiuto;* contro di essi non si può fare nulla.

Se alcuni mali hanno soluzione e altri no, ci si schiudono due linee di condotta: quella della follia e quella della sapienza.

È follia resistere mentalmente, o in altro modo, a quelle realtà che, per loro propria natura, sono ineliminabili o inalterabili. Ragionando a mente fredda l'uomo scopre che gran parte delle cose che lo disgustano, lo intristiscono o gli fan vergogna non hanno assolutamente alcuna soluzione, o la soluzione non è nelle sue mani. Perché lamentarsi, visto che nessuno ci può far niente?

La sapienza consiste nel discernere ciò che si può cambiare da ciò che non si può; e quindi, nell'operare al massimo per modificare ciò che è possibile, e nell'abbandonarsi, in fede e in pace, nelle mani del Signore quando compaiono frontiere insormontabili.

ESPERIENZA DELL'AMORE OBLATIVO

L'esperienza di Dio ha diverse sfaccettature. Una di esse è l'esperienza dell'amore del Padre. In questo caso la persona si sente all'improvviso inondata da una Presenza paterna, dolce e tenera. Si tratta di un'impressione profondamente liberatrice, nella quale il figlio amato prova l'impeto irresistibile di uscire da se stesso per comunicare con tutti così come il Padre comunica con lui. Questa esperienza è sempre un dono, una gratuità infusa, soprattutto quando viene rivestita di certe caratteristiche come sorpresa, sproporzione, vivacità e forza liberatrice. Cioè: quando non è il risultato normale di un'acquisizione lenta ed evolutiva, bensì un'irruzione sorprendente, improvvisa.

Esiste anche l'esperienza dell'intimità contemplativa: essa ha caratteristiche specifiche e di solito si riveste di emotività. Di essa si parlerà in altra parte.

Esiste anche l'esperienza dell'amore di oblazione, del quale parleremo ora. Dico oblativo e non emotivo. A nessuno piace fallire o perdere la considerazione di cui gode. Nessuno accetta volentieri di essere destituito da una carica o buttato in pasto alla maldicenza o diventare vittima dell'incomprensione.

Ma queste e altre eventualità le possiamo accettare senza forti emozioni, con calma e con spirito di oblazione, abbandonandoci nelle mani del Padre con un'offerta dolente e fragrante...

È un amore puro (di oblazione) perché non esiste, in esso, compensazione di soddisfazione sensibile. Inoltre è un amore puro perché si realizza nella fede oscura: il cristiano, elevandosi al di sopra delle apparenze visibili dell'ingiustizia, contempla la presenza della volontà del Padre che permette questa prova.

La purificazione liberatrice che stiamo proponendo qui, non è una terapia psichica bensì un'esperienza religiosa del più alto grado.

Negli strati più profondi della persona succede la cosa seguente: davanti a qualsiasi ingiustizia o offesa, si accendono immediatamente le più svariate fiamme: desiderio di vendetta, avversione, antipatia, non solamente contro il fatto in se stesso, ma soprattutto contro le persone che hanno dato origine a tale situazione.

Nella vita si ritrovano anche situazioni più dolorose nelle quali non ci fu partecipazione colpevole di altre persone; così per esempio un accidente, una deformazione fisica, un insuccesso... e, in generale, tutte le *impossibilità*. La reazione umana normale davanti a queste impossibilità, ripetiamo, è quella della violenza in una gamma svariatissima: sensazione di impotenza e furia allo stesso tempo, vergogna e rabbia contro se stesso, frustrazione, tristezza... in una parola resistenza.

Di fronte a tante cose negative, in luogo della violenza, il cristiano può adottare un atteggiamento di pace, se si decide a prendere la via dell'oblazione. Nel momento in cui si presenta la situazione inevitabile e dolorosa, il cristiano si ricorda del Padre suo, si sente gratuitamente amato da Lui. All'istante gli nasce un sentimento tra la riconoscenza e l'ammirazione per quel Padre amoroso: la violenza interiore si calma, il figlio prende nelle sue mani la situazione dolorosa, la offre e si offre alla volontà del Padre, e la resistenza si trasforma in un ossequio di amore puro, in un'offerta. Questa oblazione non produce emozione ma pace. Questa è l'esperienza dell'amore oblativo.

IN SPIRITO DI FEDE

Ora, cosa hanno a che vedere i dispiaceri con il Padre? Perché mettere il Signore tra le nostre meschinità o ingiustizie? L'atteggiamento di abbandono dipende da ciò: se le cose costitutive o storiche si guardano o meno nella prospettiva della fede. Da ciò dipende la pace. Spieghiamoci.

Dio Padre organizzò il mondo e la vita all'interno di un sistema di leggi regolari. Così basò la marcia dell'universo sulle leggi dello spazio, e condizionò la condotta umana alla legge della libertà. Normalmente il Padre rispetta le strutture cosmiche e umane così come egli le ha organizzate, ma lascia che esse proseguano nella loro marcia naturale e di conseguenza sopravvengono disastri e ingiustizie.

Tuttavia, parlando in termini assoluti, per Dio non ci sono impossibilità. Il Padre, in ogni momento potrebbe interferire nelle leggi del mondo, rimuovendo ciò che prima aveva stabilito; può irrompere nella libertà umana, e in questo modo evitare quest'accidente o quella calunnia. Tuttavia, ripetiamo, il Padre rispetta la propria opera che è la creazione e *permette* le disgrazie dei suoi figli sebbene *non le voglia*.

Orbene, se Egli, potendo evitare ogni male, non lo evita, è segno che lo permette. E così mai potremo dire che una calunnia sia stata deliberatamente pretesa o desiderata dal Padre, ma permessa sì. Quando parliamo della volontà di Dio, significa che il cristiano si colloca in questa orbita di fede nella quale le cose e i fatti si vedono nella loro radice, al di là dei fenomeni.

Sì, l'ultimo anello della catena lo trattiene il dito del Padre. Anche quell'ultima cosa che mi successe, la più aspra. Quante notti senza poter dormire! Ma è Lui che ha permesso tutto, e tutto io depongo con tenerezza tra le sue mani benedette dicendo: « Giacché tu l'hai permesso sono d'accordo, Padre mio. Sia fatta la tua volontà ». Una pace ineffabile, come la pace dell'aurora del mondo impregna il mio essere. Nessuno lo crederebbe. Mi sento l'uomo più felice del mondo.

Nascosta nel dorato cofano della fede, sta la bacchetta magica dell'abbandono. Al suo tocco gli insuccessi cessano di essere insuccessi, la morte cessa di essere morte, le incomprensioni cessano di essere incomprensioni. Tutto ciò che essa tocca si trasforma in pace.

ABBANDONO

Chiamiamo *abbandono* questo processo di purificazione.

Questa parola e anche il suo concetto sono colmi di ambiguità. Ogni qualvolta si pronuncia questa parola, si leva dagli ascoltatori un rosario di equivoci: per gli uni si sta parlando di passività, per altri si sta raccomandando la rassegnazione. È da sapere che la rassegnazione mai fu cristiana bensì stoica, di conseguenza l'atteggiamento rassegnato si avvicina molto alla fatalità pagana. L'abbandono, invece, è cosa genuina e specificatamente evangelica.

In ogni atto di abbandono c'è un *no* e un *sì*. *No* a quello che io vorrei o avrei voluto: vendetta contro coloro che mi hanno disprezzato, vergogna per essere io così, risentimento perché tutto mi riesce male, perché avrei voluto che questo o quello non fosse mai successo. *Sì* a quello che Tu, di fatto, hai voluto o permesso, o Padre.

Il cristiano che smette di resistere contro quelle cose da cui gli è impossibile liberarsi, e si abbandona in pace nelle mani del Padre, ricupera in maniera imprevedibile una dimensione di profonda serenità.

Questa è anche sapienza umana: più si vuol resistere all'impossibile, più esso, col suo martellare inesorabile, ci percuote nella mente e ci genera angustia e incubo. Se l'orizzonte è da ogni parte chiuso, a che serve disperarsi? Come dicono gli orientali: se c'è un rimedio perché lamentarsi? se non c'è rimedio perché lamentarsi?

LE IMPOSSIBILITÀ

Leggi inesorabili circondano, come anelli di fuoco, la nostra esistenza: la legge della precarietà, la legge della transitorietà, la legge dell'insuccesso, la legge della mediocrità, la legge della solitudine, la legge della morte.

A chi è stata data la possibilità di optare per la vita? L'esistenza me la proposero o me la imposero? Chi, qualche volta, scelse i propri genitori? A tutti i figli piacciono i loro genitori e il condizionamento socio-economico del focolare in cui sono nati? Chi fece, prima di essere imbarcato nell'esistenza, una scelta meditata del proprio sesso, della struttura temperamentale, della configurazione fisica, delle tendenze morali, dei coefficienti intellettuali? Chi poté disporre, qualche volta, dei propri codici genetici, della propria costituzione endocrina o delle coordinate sulla combinazione dei cromosomi?

Ecco qui la fonte di tante frustrazioni, risentimenti, violenza generalizzata. Che cosa può fare l'uomo davanti a frontiere così assolute, a tante *situazioni-limite?*

In una proporzione altissima, l'essere umano è radicalmente incapace di annullare o trasformare le realtà che si presentano ai suoi occhi. Siamo essenzialmente limitati. I sogni di onnipotenza sono bagliori insani e residui dell'infanzia. La sapienza consiste nell'avere un giudizio obiettivo e proporzionale del mondo che sta dentro di noi e del mondo che sta fuori di noi: di tutta la realtà.

Dopo aver misurato il mondo (da dentro e da fuori) nella sua esatta dimensione, il cristiano deve accettarlo così come è. Accettare in pace il fatto che siamo tanto limitati, il fatto di essere costretti da tutte le parti da frontiere invalicabili.

Deve collocarsi nell'orbita della fede e accettare in pace il mistero universale della vita. Accettare in pace il fatto che con grandi sforzi si conseguano piccoli risultati. Accettare con abbandono il fatto che l'ascesa a Dio sia tanto lenta e difficile. Accettare in pace la legge del peccato: faccio ciò che non vorrei fare e lascio da fare ciò che mi piacerebbe fare. Accettare con abbandono la legge della inconsistenza umana. Abbandonarsi al fatto che gli ideali siano così alti e le realtà così insufficienti. Abbandonarsi in pace al fatto che siamo tanto piccoli e impotenti. Padre mio, io mi abbandono in te.

Un'altra fonte di frustrazione è l'irreversibilità del tempo. Sicuramente siamo davanti alla limitazione più assoluta. Tutto ciò che successe prima del minuto presente è irreversibilmente ancorato alle radici del tempo e trasformato in una realtà essenzialmente inamovibile. Si tratta dei *fatti compiuti*.

C'è gente che si vergogna, si sente complessata, si adira per mille ricordi custoditi nella memoria e passa giorni e notti a sbattere la testa contro ostacoli insormontabili.

Ci sono persone che guardano sempre al passato per ricordare quegli avvenimenti o quelle persone che più causarono loro vergogna e rabbia. Perché lamentarsi del latte versato? perché bruciare inutilmente energie per avvenimenti compiuti o per cose che non si possono cambiare di un millimetro?

È necessario innalzarsi al di sopra dei primi piani, dei dettagli. Fu il Padre a permettere ogni cosa. A Lui tutto sarebbe stato possibile: avrebbe potuto evitare questo o quello; se i fatti accaddero fu perché il Padre li permise. Perché li permise? Perché fare domande che non avranno risposte? Ma anche se per un'ipotesi impossibile io potessi ricevere risposte soddisfacenti e consolatrici, voglio fare omaggio del mio silenzio al mio Dio e Padre.

Solo so una cosa: che Egli sa tutto e noi non sappiamo nulla. So anche che mi ama molto e che ciò che Egli permette è il meglio per me. Chiudo, dunque, la bocca e accetto, in silenzio e pace, tutti e ciascuno degli avvenimenti che in qualsiasi circostanza mi fecero soffrire. Si faccia la sua volontà. Padre mio, io mi abbandono in Te.

Abbiamo bisogno di guarire le ferite. Siamo i seminatori della pace e della speranza nel mondo. Se non guariremo ad una ad una le ferite subito cominceremo a respirare attraverso esse, e dalle ferite si respira solamente risentimento.

Il soggetto che ricorda gli avvenimenti dolorosi assomiglia a colui che prende nelle sue mani una brace ardente. La persona che alimenta il rancore contro il fratello è come chi attizza la fiamma della febbre. Chi si brucia? Chi soffre di più: chi odia o chi è odiato, chi invidia o chi è invidiato? Come un *boomerang,* ciò che sento contro il fratello distrugge me stesso. Quanta energia inutilmente sprecata!

La vita ci è stata data per essere felici e fare felici. Faremo felici nella misura in cui siamo felici. Il Padre ci pose in un giardino. Siamo noi che trasformiamo il giardino in una valle di lacrime con la nostra mancanza di fede, di amore e di sapienza.

VIA D'USCITA

C'è chi dice: non mettete per nulla Dio in questi conflitti. Il Padre non ha nulla a che vedere con tutto ciò. Si tratta di leggi biologiche e del loro funzionamento naturale, è un ponte normale fra la frustrazione e la violenza, sono costanti socio-politiche, leggi bio-psicologiche irreversibili. Non c'è via d'uscita. La prevaricazione ha costruito il suo regno incontrastato; l'invidia, la maldicenza, l'arrivismo hanno steso i loro tentacoli come un carcinoma pestifero. Non hai via di scampo.

Io, invece, continuerò a ripetere: c'è la via d'uscita, l'unica possibilità liberatrice e consolatrice che si possa trovare in questo mondo, ed è la fede. L'unica sorgente di vitalità a cui possiamo attingere quando la fatalità inesorabile si abbatte sulla nostra esistenza. Quella fede per cui sentiamo, dietro agli avvenimenti e alle apparenze, la mano paterna di Dio che organizza e coordina, permette e dispone.

Contemplata la fede in questa prospettiva, giammai la fatalità cieca dominerà i nostri destini. Io so che più in là delle spiegazioni di primo piano, quella disgrazia fu voluta o permessa dal Padre. Chiudo, dunque, la bocca, bacio la sua mano, rimango in silenzio, assumo tutto con amore, e una profonda pace sarà la mia eredità.

CHE NE SAPPIAMO NOI?

Altri dicono: com'è possibile? se Lui è potente ed è realmente Padre, perché acconsente che i suoi figli siano travolti dal vento impetuoso degli infortuni?

L'uomo parla così perché ignora. Ignora perché è superficiale. È superficiale perché contempla, analizza e giudica i fatti e le realtà da una sola angolazione. Noi non sappiamo nulla e perciò apriamo la bocca per protestare e pronunciare parole insensate. Noi siamo dei miopi che vedono e analizzano tutto col naso appoggiato alla parete senza un palmo di prospettiva; e la parete si chiama tempo. Non disponiamo di sufficienti elementi né di prospettiva né di tempo per ponderare la realtà in modo proporzionato ed equo. E, perché ignoranti, siamo presuntuosi.

Che sappiamo noi di cosa succederà fra tre giorni o tre anni? Che sappiamo degli abissi profondi del mondo della fede: per esempio, del destino transumanante per cui le anime costituiscono e vitalizzano il Corpo della Chiesa oltre la loro esistenza biologica?

Ci sono persone marcate da Dio con un destino messianico, destinate a partecipare della redenzione di Cristo e a redimere insieme a Lui: nacquero per soffrire per gli altri e per morire invece di altri. Non è la vita piena di enigmi che si decifrano solamente alla luce della fede? Sempre dobbiamo ricordarci questo: l'essenziale è invisibile. E poiché noi viviamo guardando alla superficie, non sappiamo nulla dell'essenziale. Per questo resistiamo e protestiamo, perché siamo ignoranti.

Di fronte al mondo ignoto delle eventualità, è molto meglio fermarsi e rimanere in silenzio, abbandonati nelle mani del Padre assumendo con gratitudine il condizionamento personale e il mistero della vita. Io ho conosciuto gente per la quale un'infermità apparsa d'improvviso e durata fino alla morte risultò essere la maggior benedizione della loro vita. E così per ogni altra disavventura.

Sono sicuro: se noi avessimo la prospettiva di eternità che ha il Padre, tutte le vicende avverse che ci travolgono ogni giorno sapremmo considerarle come tenerezze speciali del Padre per noi suoi figli, per liberarci, guarirci, svegliarci, purificarci...

DI FRONTE AL FUTURO

L'abbandono si vive in due tempi: passato e futuro.

Rispetto al *tempo passato,* l'abbandono prende

il nome e la forma di riconciliazione. Il cristiano che vuole avanzare verso latitudini più lontane nell'intimità di Dio ha bisogno di esercitarsi anticipatamente, con frequenza e a lungo, nella purificazione generale superando le angustie, allentando le tensioni, accettando tutto quello che chiude le frontiere. Per facilitare tale purificazione spiegheremo più oltre alcuni esercizi pratici.

Rispetto al *tempo futuro,* l'abbandono potrebbe prendere il nome di sapienza secondo la quale — lo ripetiamo ancora una volta — tutto ciò che mi succederà da questo momento fino alla fine dei miei giorni può racchiudersi nella semplicità delle mie stesse domande: posso fare qualcosa? dipende da me? se sì, all'opera!

Tutto è compiuto? le frontiere sono chiuse? Allora mi abbandono in Te, Padre mio.

☆

Ora cerchiamo di immaginare che le possibilità siano aperte. Le seguenti riflessioni vengono fatte in base a questa supposizione.

Per tutto il resto della mia vita, da questo momento fino alla fine, la sapienza mi consiglia di discernere tra lo sforzo e i risultati.

È il tempo dello *sforzo:* organizziamo il fronte di battaglia; facciamo conto che il Padre non entri in questo gioco; non è l'ora dell'abbandono bensì dell'azione, come se tutto dipendesse da noi; cerchiamo collaborazione armando gruppi compatti; non trascuriamo particolari né risparmiamo sforzi...

Ma, cosa succede? Se è vero che lo sforzo dipende da noi, il *risultato* non dipende da noi bensì da una complessa combinazione di causalità, la cui analisi ci sfugge quasi sempre: stati d'animo, deficiente preparazione, clima inclemente, trascuratezza di particolari e, soprattutto, le mille reazioni psicologiche delle persone alle quali è diretta la mia azione.

Ma, se ci poniamo nell'ottica della fede, noi sappiamo che tutte le cose, in ultima istanza, dipendono dal Padre, come già è stato spiegato. Da qui scaturisce una conclusione pratica: se lo sforzo dipende da noi e il risultato no, allora siamo compromessi con lo sforzo e non con il risultato. In altre parole: all'ora dello sforzo diamo battaglia, e all'ora dei risultati abbandoniamoci, lasciandoli nelle mani del Padre.

Nella realizzazione dei nostri progetti, noi pretendiamo, in genere, il massimo risultato, diciamo il cento per cento. È legittimo e così deve essere. Tuttavia, una volta terminata la battaglia, verifichiamo risultati molto diversi e, a volte, insperati. A volte conquistiamo il settanta per cento di ciò che pretendevamo; altre volte il quaranta per cento o il cinque. Dal cento in giù comincia la legge dell'insuccesso. Meglio, il risultato negativo in differenti gradi noi lo trasformiamo in insuccesso in quanto cominciamo a resistergli. Quanto più basso è il risultato, più noi proviamo vergogna e così lo trasformiamo in un maggior fiasco. Non esiste il ridicolo per chi si abbandona, per chi sa accettare quello che gli arriva.

Una volta che si è fatto il possibile e che la battaglia si è compiuta e non si può più tornare indietro, la sapienza suggerisce che è insano passare le notti a rimuginare i risultati negativi. Purtroppo non si vuole aprire gli occhi e si rifiuta di accettare se stesso nel giusto calibro.

La gente ha spesso un'immagine gonfiata di se stessa, desidera ardentemente che i risultati delle sue azioni siano all'altezza dell'immagine che ha di sé. E, poiché generalmente non si ottiene in quella misura, si reagisce tra il frustrato e il risentito. Siamo ai margini della follia, nella foschia dell'allucinazione.

Così si bruciano inutilmente tante energie. I complessi si fanno pressanti, si comincia a procedere nella vita con sensazione di insicurezza. Se si presentano nuovi progetti per il futuro, non si accettano per paura dell'insuccesso. Persone che potrebbero rendere nella vita il novanta per cento, rendono il venti per paura e si sentono irrealizzate. La frustrazione trascina con sé, con meccanismo di compensazione, la violenza. E così, come un serpente dalle mille spire, si snoda nella vita una catena di mali.

In qualsiasi attività o professione: educazione dei figli, formazione dei giovani, professione, apostolato... il cristiano deve darsi al massimo. Ma, se malgrado lo sforzo le cose non risultano come sperava, non deve consumare energie, umiliando se stesso; anzi con sapienza deve accettare la realtà e, nella fede, consegnarsi nelle mani del Padre.

Riassumiamo i concetti.

Abbandonarsi è, dunque, rinunciare, distaccarsi da se stessi per affidarsi, senza misura né riserva, a Colui che ci ama.

L'abbandono è il cammino più sicuro perché è straordinariamente semplice. È anche universale perché tutte le possibili emergenze della vita vi sono incluse. Non c'è pericolo di illusioni, giacché in quest'ottica si contempla la realtà pura e nuda, con obiettività e sapienza. Dove c'è sapienza non ci sono illusioni.

L'abbandono fa vibrare ad alto voltaggio la fede pura e l'amore puro. Fede pura, perché, attraversando il bosco delle apparenze, si scopre la realtà invisibile, basilare e sostenitrice. Amore puro perché si assumono in pace i colpi che feriscono e addolorano.

L'abbandono fa vivere in spirito di orazione, in ogni momento della vita, tutte le piccole molestie, i disinganni, le frustrazioni, gli scoramenti, il caldo, il freddo, il dolore, i desideri impossibili... Tutto questo il figlio amato lo mette in rapporto con il Padre che lo ama. Non c'è analgesico tanto efficace per le pene della vita come l'abbandono.

Lungo questo cammino si muore con Gesù per vivere con il Padre. Gesù annullò il « Padre, se vuoi, allontana da me questo calice! » nel Getsemani, per assumere il « Tuttavia non sia fatta la mia, ma la tua volontà » (Lc 22,42). L'abbandonato soffoca la propria volontà che si manifesta in tante resistenze, spegne le voci del risentimento, appoggia il capo nelle mani del Padre, rimane in pace e vive lì, libero e felice. Diventa come l'ostia, tanto povera, tanto libera, tanto obbediente che, davanti alle parole sacre, si consegna per convertirsi nel corpo di Cristo. Diventa come quelle gocce d'acqua che si offrono senza resistenza per perdersi completamente nel vino del calice.

L'abbandono colma la vita perché i complessi spariscono, insorge la sicurezza, si lotta senza angoscia, non ci si preoccupa per i risultati che dipendono solamente dal Padre e tutte le potenzialità umane rendono al massimo. Infine, addolcirà la morte.

« L'abbandono genera uno spirito sereno,
dissipa le più vive inquietudini,
addolcisce le pene più amare.
C'è semplicità e libertà nel cuore.
L'uomo abbandonato è disposto a tutto.
Si è dimenticato di se stesso.
Questo oblio è la sua morte e la sua nascita
nel cuore che estende e dilata » (Bossuet).

Solamente in Dio Padre il figlio amato vuole dimenticarsi, e lì incontra la quiete assoluta. Possono arrivare prove, difficoltà, crisi, infermità... il figlio amato si lascia trasportare senza difficoltà attraverso ognuna delle volontà che si vanno manifestando in ogni particolare.

Perciò il figlio "abbandonato" mai è un *abbandonato.* Il Padre gli tende la mano e più forte la stringe quanto più aspri sono i pericoli.

Vive tra le braccia del Padre. Queste braccia

possono condurlo da qualsiasi parte, anche sul fondo di un abisso. L'abisso può chiamarsi morte. Non importa. Anche questo torrente il figlio lo attraversa sostenuto da braccia potenti e amorose. Può essere che la morte sia il colpo più duro, ma questo colpo sarà mitigato come per chi si tuffa in un mare di limpide acque.

L'abbandono è la via più rapida e sicura di ogni liberazione.

☆

ESERCIZI PRATICI DI ABBANDONO

ACCETTAZIONE DEI PROPRI GENITORI

Generalmente i figli sono troppo esigenti con i genitori, come se questi avessero l'obbligo di essere perfetti. Questo concetto (preconcetto) risale all'epoca dell'infanzia, durante la quale il bambino mitizza facilmente i genitori.

Ci sono storie reali il cui ricordo causa nei figli un sentimento di avversione per i genitori. Questi, frequentemente, mancano di bellezza, intelligenza, successo economico, personalità creativa... Per tutto ciò i figli provano, a volte, una specie di complesso, talvolta così forte da provar vergogna quando devono presentare i genitori agli amici.

Altre volte i genitori hanno difetti di personalità o una condotta scorretta: tutto ciò causa in molti figli indignazione mal dissimulata e difficilmente perdonano.

Ci sono anche coloro che provano un sentimento di rifiuto per il focolare presso cui nacquero e crebbero; un focolare povero economicamente, insignificante socialmente...

Questo insieme di rifiuti fa sì che molte persone trascinino per tutta la vita una corrente sotterranea, latente ma palpitante di frustrazione e risentimenti generalizzati. Perciò, a volte, nulla li rallegra e non sanno perché; tutto li intristisce e non sanno perché; in qualsiasi momento provano dispetto di fronte alla sfera totale della vita e non sanno perché. La spiegazione è questa: quella corrente nascosta affiora, senza che se ne rendano conto, sotto forma di insoddisfazione o di violenza.

Molti cristiani, per il loro incontro con Dio, hanno bisogno di compiere prima una profonda riconciliazione con le fonti della vita.

Mettiti alla presenza di Dio. Lasciati compenetrare dallo Spirito del Signore. Lentamente acquista la calma e disponiti nella pace.

Rendi presenti, mentalmente, i tuoi genitori. Specialmente riporta alla memoria quei fatti, quei gesti, quei caratteri che sono causa di avversione. Se i tuoi genitori sono morti falli rivivere nella mente.

Ripeti varie volte le parole di questa orazione fino a ritrovare pace e sperimentare una completa riconciliazione.

« Padre mio, io mi abbandono in Te!

« Ora accetto con pace e amore i miei genitori, con i loro difetti e i loro limiti. Se talvolta sentii avversione verso di loro, voglio riconciliarmi completamente in questo stesso momento.

« Padre santo, davanti a Te voglio accettarli come sono. Se morti, sorga dalla tomba il loro ricordo sacro e benedetto. In tua presenza e dalle tue mani, li ricevo oggi, li abbraccio e li amo con gratitudine e affetto.

« Li accolgo con riconoscenza nel mistero della tua volontà, perché Tu li costituisti fonte della mia esistenza. Grazie per il dono dei miei genitori. Si faccia la tua volontà. Io mi abbandono in Te. Amen! ».

ACCETTAZIONE DELLA PROPRIA PERSONA FISICA

Il nostro disagio, rispetto a noi stessi, comincia dall'esterno. Ci sono persone che fanno della loro vita un esercizio di sconsiderata distruzione. Costoro possiedono un eccessivo accumulo di energia reattiva, originata dal rifiuto permanente di se stessi, a cominciare dalla figura fisica, e hanno bisogno di scaricarla.

Alimentano una non dichiarata "inimicizia" contro il proprio corpo, colore, statura, occhi, capelli, denti, peso e altre parti anatomiche. Sentono vergogna di essere come sono. Sperimentano una generale insicurezza. Attribuiscono l'insuccesso della loro vita alla carenza di attributi fisici.

Questa antipatia contro se stessi è ridicola e

artificiosa. Costituirsi vittime e carnefici di se stessi è l'atteggiamento più insensato. Bisogna svegliarsi da questa follia e prendere coscienza della parola di Gesù: chi, preoccupandosi, può aggiungere un centimetro alla propria statura? Questa osservazione deve essere applicata all'intera sfera della morfologia, in cui poco o nulla possiamo cambiare. Allora, perché resistere?

Nella riconciliazione generale con se stessi, molte persone hanno bisogno di compiere un atto profondo e ripetuto di accettazione della propria configurazione fisica, con sentimento di gratitudine.

> Mettiti alla presenza del Signore. Rimani in completa calma. Prendi coscienza di ogni parte del tuo corpo con la quale ti senti in rifiuto, trattieni lì la tua attenzione.
> Cerca di *sentire affetto* per ogni membro rifiutato, uno dopo l'altro, nominalmente, accuratamente. *Sentili* come parti integranti della tua identità personale.
> Ripeti molte volte la seguente orazione fino a provare gratitudine e gioia per aver la fortuna di vivere proprio grazie a questo tuo corpo.
>
> « Padre mio, io mi abbandono in Te! Molte volte sento vergogna di questo mio corpo. Alimento in me guerre inutili, resistenze artificiose. Sono follie. Dopo tutto, rifiuto un dono tuo. Perdona la mia insensatezza e la mia ingratitudine.
> « In questo momento voglio riconciliarmi con

me stesso, con questa mia immagine. D'ora in poi mai più sentirò tristezza di essere come sono.

« Ora io stesso assumo, con gratitudine e amore, questo corpo che è parte della mia personalità; una per una, amo e accetto ogni sua parte... Sia fatta la tua volontà. Io mi abbandono in Te. Amen! ».

ACCETTAZIONE DELL'INFERMITÀ, DELLA VECCHIAIA E DELLA MORTE

Sono tre nodi che stringono alla gola l'uomo fino a soffocarlo.

Come il giorno è alle porte della notte, così tutto ciò che comincia è destinato a terminare. E tutto ciò che nasce muore, passando normalmente per l'anticamera dell'infermità e della vecchiaia.

Giungendo in questo mondo, l'uomo alza la testa, apre gli occhi e si incontra con lo scenario di fondo che giammai sparirà dalla sua vista: la *morte*. Si sente essenzialmente limitato e destinato a morire. Da qui nasce l'angoscia. L'unico modo di vincerla è abbandonare ogni resistenza, accettare i limiti insuperabili e consegnarsi nelle mani del Padre che ha così preordinato la nostra esistenza.

Si vive una volta sola. Come ci piacerebbe fare questa unica escursione con la piena sensazione di benessere e di salute. Tuttavia le *infermità* spiano l'uomo come cupe ombre da ogni angolo, aspettando ognuna il proprio turno: ne sparisce una e ne appare un'altra, svanisce questa e ne sopraggiunge una terza, in un incessante ciclo di dolori.

La si potrebbe chiamare *parabola biologica:* si nasce, si inizia la scalata della vita, ci si inebria di giovinezza, si godono i frutti della maturità... fino a quando comincerà inesorabile il declino. Allora si scende, si scende fino a sparire completamente.

La vecchiaia è la sala d'attesa della morte. In se stessa, la morte è vuota e senza sostanza. È nella vecchiaia che si "riempie" quel vuoto con fantasie e timori.

Nella vecchiaia l'uomo si va *accomiatando* lentamente da tutto. Meglio, tutti i beni pian piano lo abbandonano: il vigore, la bellezza, la salute, le potenzialità, fino a che si trasforma in un essere inutile e carente di ogni bene.

Davanti a tanta limitazione, il cristiano deve esercitare in modo frequente e profondo il suo atteggiamento di abbandono, accettando il mistero doloroso della vita e la sua curva biologica. Le limitazioni accettate lo getteranno nelle braccia dell'Infinito; la temporalità accettata, nelle braccia dell'Eterno. L'angoscia si cambierà in pace.

Prendi una posizione raccolta. Rasserenati nello spirito con senso di pacificazione. Abbi presente il Signore, nella fede.
Accentra l'attenzione sulle tue attuali infermità, o su quelle che ti preoccupano o temi. Trattieni la tua attenzione su ognuna di esse; accettale, nel mistero della volontà del Padre, una per una, lentamente... fino a che i timori scompaiano e tu giunga a sperimentare la pace completa.

Immaginati negli ultimi anni della tua vita: emarginato e inutile. Disponiti alla preghiera aprendoti all'amore di oblazione: poiché il Padre dispone così la vita, accetta nell'amore suo l'inevitabile caduta, il mistero doloroso della curva biologica, l'incapacità per tutto e l'attesa della morte.
Fa' lo stesso con la morte. Immagina di essere alla vigilia del passo estremo. Come Gesù, abbandonati, non resistere, lasciati portare... accetta la volontà del Padre che, nella sua sapienza, dispone in questo modo la tua vita. Immagina la morte come un torrente che attraversi sorretto dalle braccia di tuo Padre.

« Padre mio, io mi abbandono in Te! Tanta limitazione mi causa tristezza e mi dà voglia di protestare. Ma no. Poiché ti amo, chiudo la bocca, rimango in silenzio, accetto in pace il mistero doloroso della vita che è il mistero della tua volontà. Dio mio, lotto con tutti i mezzi per essere sano, ma se i risultati sono negativi, mi arrendo! Mi abbandono in Te. Accetto tutto. Sono disposto a tutto. Ad una ad una accetto con amore, Dio mio, le sofferenze che in questo momento mi affliggono.
« Accetto in pace i giorni della mia vecchiaia, la limitazione completa e l'incapacità a tutto. Accetto che la vita sia così perché Tu così la vuoi. Si faccia la tua volontà.
« Padre mio! cos'è scritto di me? Quale morte mi attende? Dammi la forza di arrendermi e di pronunciare il mio *fiat!* Chiudo la bocca per

dirti col mio silenzio: qualunque cosa mi dovrà succedere, va bene! Si faccia la tua volontà. Accetto. Sono disposto a tutto.
« Nelle tue mani consegno la mia vita e la mia morte. Amen! ».

ACCETTAZIONE DELLA PROPRIA PERSONALITÀ

Appena prendiamo coscienza del nostro esistere, subito ci accorgiamo che tutto, quasi tutto, è determinato. A noi rimane ben poco da scegliere. Siamo stati posti su una strada, dobbiamo percorrerla; siamo stati caricati di un bagaglio, ci è giocoforza portarlo.

La causa più frequente delle frustrazioni è il proprio condizionamento personale. La disgrazia più grande è provare vergogna di se stessi, provare tristezza di essere come si è senza saper trovare un rimedio. Troppa gente soffre a causa di se stessa e non lo sa. Soffre istintivamente e confusamente. E se anche un analista psicologo l'aiutasse a scoprirne le ragioni, non progredirebbe in nulla e le sue ferite continuerebbero a sanguinare fino a quando non si deciderà ad accettare il soccorso di una terapia risanatrice.

C'è chi avrebbe voluto godere di un elevato coefficiente intellettuale; e invece si scopre ai limiti della sufficienza e deve rinunciare ai sogni di successo.

Un altro vorrebbe che la sua condotta corrispondesse a certe scelte ideali; ma deve constatare che le forze segrete, gli impulsi profondi non rispondono ai suoi desideri.

C'è quello gravato da un temperamento ansioso, malinconico; avrebbe voluto poter distribuire a piene mani, attorno a sé, gaiezza e serenità.

Ci sono i gravami insopportabili dell'invidia, della suscettibilità, di una pavidità e timidezza eccessive.

Per una volta sola che si vive, sentirsi carichi di tante pesanti impalcature è cosa triste. Così come ci si toglie un vestito di dosso e se ne mette un altro, perché non potremmo liberarci di tante angustie?

Se il cristiano vuole arrivare a una profonda intimità con il Signore ha bisogno di esercitarsi nell'abbandono fino alla totale riconciliazione con tutta la sfera della sua personalità.

Prendi una posizione comoda. Esercitati nelle pratiche di rilassamento. Lasciati avvolgere dalla presenza del Signore.

In una tranquilla introspezione, cerca di prendere coscienza di quei lati della tua personalità che più ti angustiano in quanto contraddittori e negativi. Una per una, cerca di accettare tutte le qualità che non ti piacciono e che vorresti cambiare e non puoi.

Immaginati carico della croce della tua personalità. Prosegui, figurandoti che lungo questa *via crucis* della tua vita Gesù, come il cireneo, ti si avvicini per aiutarti a portare il peso della tua personalità.

Recita molte volte l'orazione, applicandola a ogni aspetto del tuo carattere. Perdona a te stesso molte volte. Deposita, una dopo l'altra, le caratteristiche della tua personalità come offerta di amore nelle mani del Padre fino a sperimentare la più completa riconciliazione.

« Padre mio, io mi abbandono in Te! Nelle tue mani mi consegno con il poco che sono. Io accetto e amo questa piccola luce della mia intelligenza. Nella tua volontà accolgo e amo il mistero delle mie limitazioni. Non voglio più sentire tristezza per la mia inconsistenza. Ti rendo grazie per avermi fatto capace di pensare ciò che penso. Grazie per la memoria.

« Nelle tue mani, Padre mio, mi consegno con quel poco che sono. Finora ho immagazzinato rancore e frustrazione per il mio modo di essere. Sento in me tanta malinconia e depressione, tanta timidezza e orgoglio: io non scelsi nulla di ciò. Non mi piace questo mio modo di essere. Ma non posso separarmi da esso come ci si spoglia di una veste. Dio mio, non voglio più guerre interiori, voglio pace e riconciliazione.

« Nel tuo amore io accetto e amo questa strana e contradditoria mia personalità. Si faccia la tua volontà. Nel tuo amore io accetto e amo tante cose di me stesso che non mi piacciono, una per una...

« Gesù, sii Tu per me il buon cireneo che mi aiuta a portare la mia croce. Grazie per la vita. Grazie per l'anima. Grazie per il mio destino eterno.

« Padre mio, io mi abbandono in Te. Amen! ».

Gli stessi muri che separano i fratelli tra loro sono anche muri di interferenza tra l'anima e Dio. È follia desiderare un'alta intimità con il Signore, se l'anima è sul piede di guerra contro il fratello.

Quando Dio leva lo sguardo sull'uomo, il primo territorio esplorato è quello della fraternità, con una sorprendente domanda: dov'è tuo fratello?

L'armonia fraterna è intessuta di esigenze, rispetto, comunicazione, dialogo, ospitalità, accettazione... Ma, prima di ogni cosa, una esigenza imprescindibile: perdonare. Abbiamo bisogno di pace. Solamente nella pace si consuma l'incontro con Dio. Solamente dal perdono scaturisce la pace.

Quando parliamo di *accettare i fratelli,* lo intendiamo esclusivamente nel senso di *perdonare.* Perdonare è abbandonare il risentimento verso il fratello. Con l'atto di abbandono si deposita nelle mani del Padre la resistenza — verso il fratello e verso se stessi — in un unico atto di adorazione, nel quale e per il quale tutti siamo *uno.*

Esiste un perdono *intenzionale.* È l'atto di volontà di colui che *vuole* perdonare. Vorrebbe anche sradicare dal proprio cuore ogni residuo di ostilità e malevolenza, ma non sempre ci riesce. È un perdono sincero, ma che spesso si trova a dire: perdono però non dimentico. Questo perdono non sana del tutto la ferita.

Esiste il perdono *emozionale.* Questo non dipende dalla volontà. La volontà non ha il dominio diretto sul mondo delle emozioni e dei sentimenti.

Il perdono emozionale è quello che sana sino in fondo le ferite.

Possiamo individuare tre modi per raggiungere il perdono emozionale e li espongo qui di seguito.

Il primo modo si ha nello stato di *orazione con Gesù*.

Mettiti in atteggiamento di preghiera. A poco a poco calmati, concentrati, evoca — nella fede — la presenza di Gesù. Quando ti senti in piena intimità con Cristo, richiama alla tua mente il fratello col quale sei in collera, o che "ha qualcosa contro di te". Recita e ripeti, molte volte e lentamente, questa preghiera:

« Gesù, entra dentro di me fino alle radici più profonde del mio essere. Gesù, prendi possesso di me. Calma questo mare di emozioni avverse. Gesù, assumi il mio cuore con tutte le sue ostilità. Strappalo e sostituiscilo con il tuo.

« Gesù, voglio sentire in questo momento ciò che Tu senti per quel fratello. Perdona Tu dentro di me. Perdonagli Tu in me e per me. Sì, Gesù: voglio "sentire" gli stessi sentimenti che Tu hai per quel fratello. Voglio perdonarlo, Gesù, come Tu perdoni. In questo momento io voglio "essere" Te. Voglio perdonarlo come Tu lo perdoni. Voglio perdonarlo... ».

Immagina come sparisce l'oscurità in presenza della luce. Nello stesso modo, alla presenza di Gesù, sfumeranno i rancori. Sentirai la pace, come aria fresca, entrare e colmare la tua anima. Immagina di essere, in questo momento, vicino al tuo "nemico" per abbracciarlo.

Quando la ferita si rimargina per non più aprirsi, è segno che quel perdono emozionale fu un dono dello Spirito, una gratuità straordinaria e infusa. Ma non dimenticare che qualsiasi ferita necessita di molto tempo per guarire completamente.

☆

Il secondo modo di esercitare il perdono emozionale è la *comprensione* [2].

Se comprendi non dovrai fare alcuno sforzo per perdonare.

Pensa al tuo "nemico". Quando la tua attenzione è fissa in lui, fa' le seguenti riflessioni.

Al di fuori di casi eccezionali, in questo mondo nessuno agisce con cattive intenzioni, nessuno è cattivo. Se mi ha offeso, chissà che cosa gli hanno raccontato. Chissà se stava passando una grave crisi. Ciò che in lui pare orgoglio forse è timidezza. Il suo atteggiamento verso di me pare ostinazione, ma forse è altra cosa: necessità di autoaffermazione. La sua condotta mi appare aggressiva, in realtà si tratta di tentativi per dare a se stesso sicurezza.

Se per il suo modo di essere soffro io, molto di più soffre lui. Gli piacerebbe vivere in pace con la gente ed è sempre in conflitto con tutti. Non

[2] Cf. I. Larrañaga, *Sube conmigo,* Cefepal, Santiago del Cile, 1980, pp. 172-185.

deve esserselo scelto lui questo modo di essere.
Considerato tutto questo, avrà tanta colpa? Egli non merita ripulsa bensì comprensione. In fin dei conti non sarò io ad avere equivocato e a mostrarmi ingiusto con il mio atteggiamento? Non chiedo, io stesso, ogni giorno, la misericordia del Padre?
Se sapessi comprendere, il sole dell'ira declinerebbe e la pace, come ombra benedetta, occuperebbe definitivamente il mio regno interiore.

☆

Il terzo modo di perdonare è il *distacco*.
Si tratta di un atto di dominio mentale per il quale uno distoglie e devia la propria attenzione.
Il sentimento di malevolenza è una corrente emozionale stabilita tra la tua attenzione e il tuo "nemico". Da parte tua, vi è un'accanita resistenza emozionale rivolta contro di lui.
Perdonare consiste, dunque, nell'interrompere o nel distogliere quel vincolo di attenzione aggressiva, rimanere intenzionalmente staccato dall'altro e in pace.
Questo metodo di perdono si può esercitare in qualsiasi momento. Non occorre prendere un atteggiamento raccolto.
Quando ti accorgi di essere dominato dal ricordo dell'altro, esprimi un atto di controllo mentale e distogli la tua attenzione; semplicemente taglia quel vincolo di attenzione. Rimani in un vuoto interiore sospendendo per un istante il

tuo atteggiamento mentale. Poi comincia a pensare a un'altra cosa, e volgi la tua mente verso altre direzioni.

Approfitta di ogni opportunità per ripetere questo esercizio di perdono. Subito ti accorgerai che il ricordo di quella persona non ti molesta più.

ACCETTAZIONE DELLA PROPRIA STORIA

Gli archivi della vita! Diciamo che la storia è un campo di battaglia coperto di foglie morte.

Molte persone, tuttavia, vivono tormentate perché stanno sempre con lo sguardo volto al passato a fissare le loro sanguinanti ferite. La disgrazia di molta gente è che rivivono e rinverdiscono le pagine morte, riaprono vecchie cicatrici che non vogliono lasciar guarire del tutto. Hanno una vita triste perché ricordano sempre e solo dei fatti tristi. I loro archivi sono riserve colme di risentimento.

Come abbiamo già spiegato, il tempo non si volge indietro nemmeno un istante. Il passato è pieno di fatti compiuti che i nostri rancori e le nostre lacrime mai potranno cambiare.

Il cristiano ha bisogno di esercitarsi frequentemente e profondamente in questa purificazione: nell'assumere, una e cento volte, nella fede, le storie dolorose che il Padre ha permesso.

Prendi una posizione raccolta. Mettiti alla presenza del Signore, in uno stato di intimità con il Padre.

Fa' lentamente una introspezione e una retrospezione, immergendoti nelle pagine della tua storia. Uno per uno, accetta tutti i ricordi dolenti nell'amore del Padre con un senso di abbandono.
Comincia dall'epoca della tua infanzia. Esplora la tua vita: adolescenza, gioventù, età adulta... Quelle tali persone che influirono tanto negativamente. Quella crisi dell'adolescenza. Quel fatto, in se stesso insignificante, ma che ti marchiò tanto. Le prime inimicizie dichiarate. Il primo insuccesso. Il primo equivoco che tanto lamentasti in seguito. Quella persona che mai ti comprese, o perlomeno non ti apprezzò.
Quella crisi affettiva che scosse il progetto della tua vita; quell'insuccesso e quell'altro ancora; quel disastro nell'economia domestica; quei proponimenti che sfumarono per colpa di chissà chi. Quell'atteggiamento arbitrario e ingiusto di un gruppo di persone contro di te...
Quella situazione di peccato, il cui ricordo, anche ora, non dà pace. Quegli ideali che non hai potuto realizzare...
Accetta tutto nella fede e stendi sopra il campo di battaglia la pace dell'abbandono. Prega così:

« Signore della storia, Signore del futuro e del passato, io mi abbandono in Te. Per Te nulla è impossibile. Permettesti che tutto succedesse così. Si faccia la tua volontà. Perché mi ami e ti amo, stendi il mio omaggio di silenzio sopra tutte le pagine della mia storia.
« In questo momento assumo, nel mistero della

tua volontà, tutti i fatti il cui ricordo mi molesta. Uno per uno, come rose rosse di amore, voglio depositare nelle tue mani tutti gli avvenimenti dolorosi dalla lontana infanzia fino a questo momento.

« Ai tuoi piedi lascio anche il carico pesante dei miei peccati. Invia il tuo angelo perché trasporti questo fardello oscuro e lo seppellisca per sempre in fondo al mare. E che mai più io me ne ricordi.

« Accetto in pace il fatto di volere essere umile e di non riuscirci. Accetto in pace il fatto di non essere tanto puro come vorrei. Accetto in pace il fatto di volere piacere a tutti e di non riuscirci. Accetto in pace il fatto che il cammino verso la santità sia tanto lento e difficile...

« Accetto, o Padre, l'olocausto del mio cuore. Amen! ».

☆

PREGHIERA DI ABBANDONO

Padre mio,
io mi abbandono in Te.
Fa' di me ciò che vuoi.
Per tutto ciò che farai
fin d'ora ti rendo grazie.

Sono disposto a tutto, tutto accetto
purché la tua volontà si faccia in me
e in tutte le tue creature.
Non desidero null'altro, Dio mio.

Metto la mia anima nelle tue mani,
te la offro, Dio mio,
con tutto l'ardore del mio cuore
perché ti amo.

È per me una necessità di amore
il donarmi, il consegnarmi
nelle tue mani senza misura,
con infinita fiducia,
perché tu sei mio Padre. Amen!

(C. DE FOUCAULD)

2.

SILENZIO INTERIORE

Per poco che uno abbia conosciuto gente di preghiera e per poco che abbia fatto un tuffo esplorativo nelle intime acque dell'orazione, avrà capito che il primo ostacolo all'immersione nel mare di Dio sono le ondate di superficie, vale a dire: il nervosismo, l'agitazione, la dispersione generale.

Per essere veri adoratori in spirito e verità, abbiamo bisogno, come prima condizione, di controllo, di calma, di silenzio interiore.

Dall'alto della montagna, Gesù aveva detto che per adorare e contemplare il Dio vivente non necessitano grandi discorsi, né abbondanti e vaghe parole. Si deve creare il silenzio interiore. Si deve entrare nel recinto più segreto, isolarsi da tutti i rumori, stabilire il contatto con il Padre e poi, semplicemente, "stare" con Lui (cf. Mt 6,6ss).

Se l'orazione è un incontro, e se l'incontro è la convergenza di due interiorità, perché esista realmente tale convergenza è indispensabile che le due persone escano prima da se stesse e si proiettino in un dato punto, in un momento determinato.

Tuttavia, l'uscita dell'uomo da se stesso per il suo incontro con Dio paradossalmente non è un'uscita bensì un'entrata; come dire, un'avanzare in cerchi concentrici verso l'intimo di se stesso, fino alle ultime profondità, per raggiungere Colui che è « *interior intimo meo* »: più interiore che la mia stessa intimità (S. Agostino). Allora, lì, avverrà l'incontro.

Bisogna cominciare a calmare le onde, zittire i rumori, sentirsi padrone e non sottomesso, essere "signore" della vitalità interiore, controllare e lasciare in riposo tutti i movimenti, senza permettere che i ricordi e le distrazioni conducano da una parte all'altra. Questo significano le parole evangeliche: « entra nella tua camera » (Mt 6,6), dove è necessario *entrare* perché avvenga il vero incontro con il Signore.

Gesù soggiunge: « chiusa la porta » (Mt 6,6). Chiudere le porte e le finestre di legno è facile, ma qui si tratta di finestre molto più imprecise e sottili, sulle quali non abbiamo dominio diretto.

Il cristiano non ha difficoltà a isolarsi dal mondo esteriore. Gli basta salire su un colle, addentrarsi in un bosco oppure entrare in una cappella solitaria. Ma difficile, imprescindibile e urgente, è un'altra cosa: liberarsi (dominandola) da quell'orda compatta e turbolenta che sono i ricordi, le distrazioni, le preoccupazioni, le inquietudini che assalgono e distruggono l'unità e uccidono il silenzio interiore.

I maestri spirituali ci parlano delle difficoltà quasi insormontabili che essi dovettero sopportare per lunghi anni per conseguire la "solitudine sonora", ossia l'atmosfera indispensabile per la "cena che ricrea e innamora".

Ecco il problema dei problemi per chi vuole addentrarsi nell'intimità con Dio: la dispersione interiore. Se riusciremo ad attraversare questo "Rubicone" dello spirito senza affogare, facilmente arriveremo al recinto sacro dell'orazione.

In che cosa consiste la *dispersione interiore?*

Ce ne torniamo dal palcoscenico dell'esistenza portando un enorme carico di speranze e sconforti. Ci sentiamo intimamente soggiogati da tanto peso. Le preoccupazioni ci dominano. Le ansietà ci inquietano. Le frustrazioni ci amareggiano. Formuliamo progetti ambiziosi che turbano la nostra quiete. Abbiamo sentimenti, risentimenti vivamente *fissati* nell'anima. Orbene, questa enorme carica vitale finisce lentamente per distruggere e disintegrare l'unità interiore dell'uomo.

Andiamo all'orazione e la nostra testa è avvolta dallo scompiglio. Dio rimane soffocato dal chiasso infernale di preoccupazioni, ansietà, ricordi e progetti. L'uomo deve essere *unità,* come Dio è *unità,* giacché l'incontro è la convergenza di due *unità.* Ma nella dispersione l'uomo si "percepisce" come un guazzabuglio incoerente di "pezzi" di se stesso che lo spingono nell'una o nell'altra direzione: qui ricordi, là timori, aneliti da questo lato, progetti dall'altro. Risultato: è un essere interamente diviso, di conseguenza dominato e vinto, incapace di essere *signore* di se stesso.

Inoltre, l'uomo è una rete assai complessa di motivazioni, impulsi, istinti che affondano le loro radici nel subcosciente irrazionale. Il "conscio" è una piccola luce in mezzo a una grande oscurità, una piccola isola in mezzo all'oceano.

Nella complessità del suo mondo, l'uomo (come coscienza libera) si sente battuto, vagliato, minacciato da uno stuolo di motivi e impulsi affettivi che provengono dalle sue regioni più remote, senza che sappia mai perché, come e dove sono nati. Non mi meraviglia quella patetica descrizione che fa san Paolo nella Lettera ai Romani (7,14-25), boccone squisito per teologi e psicologi.

> « La preghiera presuppone un pensiero puro, una disciplina dell'attività mentale che l'orante cerca di sottrarre tanto alle impressioni esterne quanto alle ondate del subcosciente, per fissarla, concentrarla in un punto, in uno spazio dove, nella pace e nel silenzio, si stabilisca il contatto con il Signore. Ingrato lavoro, quanto mai difficile.
>
> « Per definizione l'attività mentale è qualcosa che si muove, che si agita attraverso i campi del ricordo e della conoscenza per realizzare quelle associazioni di idee da cui sgorga il pensiero, per dedurre e indurre. È una pellegrina, ma sempre in pericolo di diventare vagabonda, di deviare, di dimenticare la mèta, di perdersi tra i fitti rovi delle immagini confuse e disordinate. Anche al termine delle sue ricerche, quando ha raggiunto il proprio bene, l'attività mentale rimane agitata. Alla minima sollecitazione riprende la sua corsa vagabonda » [3].

[3] J.-M. Déchanet, *Yoga per i cristiani,* Ed. Paoline, Roma 1980, 6 ed., p. 139.

☆

La *distrazione* ha le stesse caratteristiche della dispersione; entrambe le parole racchiudono un significato quasi identico.

La mente umana, per la sua natura dinamica, è in perpetuo movimento, quando siamo svegli e quando dormiamo. La mente, cavalcando un branco di immagini, salta di ricordo in ricordo come inquieta farfalla. A volte, la logica ci porta sugli anelli di una catena ragionata. Altre volte non esiste logica alcuna, né patente né latente, e la mente spicca salti acrobatici senza senno né senso, e subito ci sorprendiamo da noi stessi a formulare gli spropositi più folli.

Altre volte, sebbene la mente si lanci in direzioni apparentemente incontrollate, soggiace a una logica latente o inconscia. In ogni caso, danza in un perpetuo movimento, esplorando tutte le latitudini.

Pregare significa trattenere l'attenzione e mantenerla accentrata e fissa su un *Tu*.

Quanto più il cristiano si eserciterà nell'esercizio del controllo mentale, tanto più gli riuscirà facile e diretta la concentrazione della sua mente in Dio. Le distrazioni, eterno incubo dell'orante, spariranno nella misura in cui, con pazienza e perseveranza, egli si sarà esercitato nelle pratiche che indicheremo più avanti.

« Dio non è nella confusione » dice la Bibbia. Possiamo commentare: Dio non lo si incontra nella confusione. Non si vuole affatto intendere la confusione semplicemente esteriore. Chiunque può sperimentare un incontro con Dio nel traffico congestionato di un aeroporto o nel fermento di una strada. Ma è la confusione interiore che mette in scacco matto il silenzio di cui parliamo.

Quando diciamo silenzio interiore vogliamo indicare la capacità di ottenere il vuoto interiore, con il conseguente dominio interiore, in modo tale che la persona sia soggetto e non oggetto, capace di orientare con tutte le forze la sua attenzione sull'oggetto, che è Dio, in completa quiete. La confusione interiore impedisce il silenzio.

Questa difficoltà, a volte impossibilità, di ottenere unità e silenzio comporta conseguenze tragiche per molti che sono stati chiamati ad un'alta unione. Non si è insegnato loro a esercitarsi nelle pratiche di dominio mentale, o non hanno avuto pazienza di apprenderle.

Di conseguenza non ottengono quella "solitudine sonora" che è lo spazio del Mistero. Mai giungeranno alla convergenza, al punto di integrazione dei due misteri: quello di Dio con quello dell'uomo. Giammai sperimenteranno quanto è buono il Signore (cf. Sal 33; 85; 99; 144). E sentono nel loro intimo una strana frustrazione che non riescono a spiegare. Tuttavia, la spiegazione è questa: una torbida dispersione interiore avvolge e annulla tutte le intenzioni e tutti gli sforzi, ed essi rimangono ai margini di una forte esperienza con Dio.

E allora prendono altre direzioni: gli uni abbandonano completamente la vita con Dio con serie ripercussioni sulla loro stabilità psichica e sul problema elementare del *senso della loro vita.* Altri tranquillizzano, non la loro coscienza, bensì la *forte aspirazione* facendo un poco di orazione liturgica o comunitaria (come se a un affamato dessimo delle briciole di pane). Altri si lanciano in qualche attività sfrenata, gridando a tutti i venti che l'apostolato è di per sé orazione.

Ho incontrato persone alle quali la sola parola *orazione* crea disagio: sentono per essa, e l'esprimono, una viva e invincibile antipatia. E sono pronti a scagliare contro di essa frecce avvelenate: alienazione, evasione, sentimentalismo, tempo perso, infantilismo... Io li comprendo. Essi hanno tentato mille volte quell'incontro e sono sempre naufragati nelle impetuose acque della dispersione interiore. La parola *orazione* si associa, per essi, a una dolente e lunga frustrazione.

☆

ESERCIZI PER OTTENERE LA CALMA

Consideriamo l'individuo che, preso nelle reti della sua fantasia, non riesce a controllarsi, a concentrarsi e quindi a pregare. Che cosa fare?

I mistici cristiani ebbero alte esperienze spirituali che ci trasmisero sotto forma di riflessioni teologiche. Ma essi non ci rivelano (né sappiamo se ne esercitarono) i mezzi pratici usati per superare la dispersione e per ottenere il silenzio interiore, condizione indispensabile per vivere l'unione trasformante con Dio.

Essi vissero in una società tranquilla di fede e,

forse, in romitori o monasteri solitari, lontano dalle tormente del mondo. Noi, invece, viviamo in una società perseguitata dalla vertigine, dal rumore, dalla velocità. Se non prendiamo precauzioni non solo sarà frustrata la nostra *chiamata* all'unione con il Signore, ma falliremo nel destino primario e fondamentale dell'uomo: essere unità, interiorità, persona.

Non mi stancherò di ripetere: coloro che sentono che Dio vale la pena (e, in fin dei conti, *solo Lui* vale la pena e, senza di Lui, nulla ha senso), coloro che desiderano prendere sul serio il cammino che conduce all'esperienza trasformante con il Padre faranno bene a esercitarsi frequentemente nelle varie pratiche adatte a tale scopo. Inoltre, senza queste o simili pratiche, non ci sarà, normalmente, vero progresso nell'orazione.

Gli esercizi di cui parlerò sono presi dal mio libro *Sube conmigo (Sali con me)* con piccole varianti e applicazioni all'orazione.

Desidero far presente che tutti gli esercizi che descriverò, li ho sperimentati io stesso numerose volte, con migliaia di persone negli *Incontri di Esperienza di Dio,* al fine di preparare i gruppi al momento dell'intimità con Dio.

Durante questi ultimi anni li ho perfezionati, ho cambiato molti particolari a seconda dei risultati che osservavo, tendendo sempre alla massima praticità. Di proposito ometterò gli esercizi più complicati. Darò dei suggerimenti semplici e facili, che qualsiasi principiante potrà praticare da solo e senza bisogno di guida, sicuro di ottenere risultati positivi.

AVVERTENZE

1) Tutti gli esercizi devono compiersi lentamente, con grande tranquillità. Non mi stancherò di ripeterlo: quando non si ottiene un buon frutto generalmente è perché è mancata la serenità.

2) Gli esercizi possono farsi con gli occhi chiusi o aperti. Se ci si esercita con gli occhi aperti, si tengano fissi (non rigidamente) in un dato punto, lontano o vicino. Da qualsiasi parte si guardi, importante è "guardare verso l'interno".

3) L'immobilità fisica aiuta l'immobilità mentale e la concentrazione. È molto importante che durante l'esercizio si riduca l'attività mentale al minimo possibile.

4) Se durante l'esercizio cominci ad agitarti, cosa che al principio succede spesso, tralascia per il momento. Calmati un istante e ricomincia. Se l'agitazione è molto forte, alzati e abbandona tutto per quel giorno. Evita, in ogni modo, la violenza interiore.

5) Tieni presente che, in principio, i risultati saranno esigui. Non scoraggiarti. Ricorda che tutti i primi passi, in qualsiasi attività umana, sono difficoltosi. Bisogna aver pazienza e molta costanza e accettare che l'avanzamento sia lento.

I risultati sogliono essere molto diversi nel tempo. Ci saranno giorni in cui otterrai con facilità il risultato sperato. Altre volte tutto riuscirà difficile. Accetta in pace questa disparità e persevera.

6) Quasi tutti gli esercizi favoriscono il sonno quando si ottiene il rilassamento. È conveniente praticarli nelle ore di maggiore vivacità.

Per quelli che soffrono d'insonnia, si consiglia di praticare uno dei primi tre esercizi, soprattutto il primo. Dieci minuti di esercizio, e sprofonderanno in un placido sonno.

7) Dopo aver sperimentato tutti gli esercizi, potrai soffermarti, secondo il frutto che ne trarrai, su quello o quell'altro che ti sarà riuscito meglio. Potrai anche introdurre modifiche nell'uno o nell'altro, se osservi che così va meglio.

8) Dopo un grave dispiacere, un momento di forte agitazione o una fatica depressiva, ritirati nella tua stanza; quindici minuti di esercizio ti lasceranno parzialmente o totalmente sollevato.

Per perdonare, per liberarti da ossessioni o stati depressivi, questi esercizi saranno utilissimi. Al principio non otterrai risultati; più tardi sì, soprattutto se ti lascerai avvolgere dalla presenza del Padre.

9) Alcune delle presenti pratiche pongono il cristiano direttamente nell'orbita della quieta unione con Dio. Altre sono terapie di preparazione alla preghiera.

Quanto al modo di combinare l'esercizio terapeutico con l'orazione stessa — cioè come, quando, a partire da quale esercizio si debba passare dalla terapia all'orazione propriamente tale — non posso dare alcun orientamento. Tutti gli esercizi sono esperienze di vita, e l'orazione lo è molto di più. Orbene, l'esperienza si vive in forma unica e inedita. Io consiglio: sperimenta i differenti esercizi; vedi quali ottengono il migliore effetto. Vedi se una diversa combinazione dà un migliore risultato. Sperimenta differenti passaggi: dalla terapia all'orazione, dall'orazione alla terapia. Sperimenta tutto e procedi con ciò che ti sembra migliore.

PREPARAZIONE

A ogni esercizio deve precedere una preparazione. Siedi su una sedia o su una poltrona. Mettiti comodo. Possibilmente non appoggiare le spalle. Fa' in modo che il peso del corpo cada equilibratamente sulla colonna vertebrale eretta. Poni le mani sulle ginocchia con le palme in su e le dita sciolte.

Sta' tranquillo. Abbi pace. Sentiti calmo. Senza indugiare molto prendi ''coscienza'' delle spalle, del collo, delle braccia, delle mani, dello stomaco, dei piedi... ''sentili'' sciolti.

Sii ''osservatore'' dei tuoi movimenti polmonari. Accompagna mentalmente il ritmo respiratorio. Distingui l'inspirazione dalla espirazione. Respira profondamente, ma senza agitarti.

Sii calmo. A poco a poco liberati dai ricordi, dalle impressioni interiori, dai rumori, dalle voci esterne. Prendi possesso di te stesso. Rimani in pace.

Questa preparazione dovrà durare cinque minuti, e non dovrà mai mancare al principio di qualsiasi esercizio.

Se preferisci, puoi compiere questi esercizi seduto per terra, su di un cuscino, incrociando le gambe (o se ciò ti molesta con le gambe distese), appoggiandoti leggermente alla parete con tutto il busto (compresa la testa) in modo tale da sentirti completamente riposato.

Si può fare anche coricati per terra, su un tappeto (ciò benèfica la colonna vertebrale) o sul letto, faccia in su, braccia stese lungo il corpo, possibilmente senza cuscino.

Se, in una qualsiasi di queste posizioni, ti dà fastidio qualche muscolo o membro, cambia posizione fino a trovare quella riposante.

Qualcosa potrai fare anche in cappella; per esempio quando desideri pregare e non riesci a farlo perché ti senti agitato e distratto.

PRIMO ESERCIZIO: VUOTO INTERIORE

A che cosa si mira con questo esercizio? Succede che le tensioni sono accumulazioni nervose, localizzate in differenti zone dell'organismo anche se è la mente (il cervello) che le produce. Se fermiamo il motore (la mente), allora quelle cariche energetiche spariscono e la persona si sente riposata, in pace.

Questo esercizio persegue, dunque, due fini: rilassamento e controllo mentale.

Può praticarsi in ognuna delle seguenti quattro maniere:

a) Fa' per prima cosa la preparazione.

Poi, con grande tranquillità, ferma l'attività mentale: "sentiti" come se la tua testa fosse vuota, "sperimenta" come se in tutto il tuo essere non ci fosse nulla (pensieri, immagini, emozioni...), sospendi tutto. Sarai aiutato nell'ottenere tutto questo se, pacatamente, ripeterai: *nulla, nulla, nulla...*

Fallo per trenta secondi, riposa un poco, torna a ripeterlo. Così per cinque volte.

Alfine sentirai che non solamente la tua testa, ma anche tutto il corpo ti parrà vuoto, senza correnti nervose, senza tensioni. Sentirai sollievo e calma.

b) Fa' per prima cosa la preparazione.

In un primo momento chiudi gli occhi, immagina di essere davanti a un immenso schermo bianco. Fa' che la tua mente rimanga libera, senza immagini né pensieri, per trenta secondi o più. Apri gli occhi. Riposa un poco.

Nel secondo tempo richiudi gli occhi, immagina di stare davanti a uno schermo scuro. Rimani in pace. La tua mente resterà al buio, senza pensare né immaginare nulla per trenta secondi e più. Apri gli occhi. Riposa un poco.

Nel terzo tempo immagina di stare davanti a una grande pietra. Quella pietra "si sente" pesante, insensibile, morta. Mentalmente fa' come se fossi tu quella pietra; "sentiti" pietra e rimani immobile per mezzo minuto o più. Apri gli occhi. Riposa.

Nel quarto momento immagina di essere un grande albero; "sentiti" per circa un minuto come un albero: vivo senza sentire nulla. Apri gli occhi. Dovrai ritrovarti sollevato e riposato.

c) Fa' per prima cosa la preparazione.

Prendi l'orologio nelle tue mani, rimani immobile guardandolo.

Con grande tranquillità, fissa lo sguardo sulla punta della lancetta dei secondi. Segui il suo movimento per un minuto senza pensare né immaginare nulla. La tua mente è vuota.

Ripeti per cinque volte.

Se interferiscono delle distrazioni non ti spazientire. Le elimini e continui tranquillamente.

d) Con grande tranquillità prega: *Signore, Signore!* e rimani con l'attenzione paralizzata e fissa nel Signore per quindici secondi. Ripeti varie volte.

Con grande serenità di' con voce pacata la parola *pace*. Resta per quindici secondi in completa immobilità interiore, sentendoti inondato di pace.

☆

Il controllo diretto ti sfuggirà molte volte e le facoltà tenteranno di ricuperare la loro indipendenza e, per associazione, le immagini tenteranno di turbare la tua quiete. Non ti spaventare, non ti spazientire.

In questo lavoro, tanto nella terapia preparatoria come nell'orazione stessa, i risultati saranno sommamente vari e intermittenti. A volte senza sforzo alcuno e in pochi minuti, l'anima si troverà in una quieta pace. In altri casi, passerà mezz'ora in una lotta sterile, senza raccogliere frutti. Bisogna accettare in pace queste diverse possibilità.

Questo primo esercizio, in ognuna delle sue quattro modalità, pretende che l'esercitante arrivi a ''sentirsi'' come una pietra o come un pezzo di legno. Questo stato momentaneo di assoluta assenza di attività mentale ha come conseguenza il rilassamento nervoso, l'eliminazione delle ansietà e la percezione dell'unità interiore. Tutto ciò, ripeto, a condizione che il soggetto si eserciti nell'arrestare momentaneamente e progressivamente i moti della mente e si stacchi da tutta la massa di pensieri, immagini e percezioni.

Allora la persona giunge a sperimentare la sensazione di ''in-sistenza'': cioè, giunge a sentire la realtà individuale *tutta-in-sé.* È ciò che chiamiamo percezione dell'unità interiore nella quale la coscienza si fa presente a se stessa.

Anche se non arriverà a questa perfezione, colui che si esercita progressivamente in questa *sospensione mentale,* sentirà calma attorno a sé, e il contatto con il Signore risulterà molto più facile e piacevole di quanto si creda. E così, senza rendersene conto, incontrerà se stesso già entrato in una profonda inter-relazione, da coscienza a Coscienza, in quiete e raccoglimento.

SECONDO ESERCIZIO: RILASSAMENTO

Questo esercizio mira, direttamente, a rilassare e pacificare tutto l'essere. Indirettamente, persegue il dominio di sé e la concentrazione mentale.

Arriva anche, quando è fatto bene, a eliminare i fastidi neurologici e ad alleviare i dolori organici.

Come si pratica? In primo luogo si fa la preparazione.

Chiudi gli occhi, senti *tutto te stesso* (tutta la tua attenzione) nel cervello; identificati con la massa cerebrale. Con attenzione e sensibilità rileva quel punto esatto che ti molesta o è teso. Con grande tranquillità e tenerezza, identificato con quel punto, comincia a dire, pensando o parlando pacatamente: *Calmati, calmati, sta' in pace...* ripetendo varie volte, fino a che il fastidio scompare.

Dopo, rivolgi la tua attenzione alla gola e fa' lo stesso fino a che non sei tutto rilassato.

Poi passa al cuore. Identificati tutto con questo nobile muscolo, come se fosse una "persona" differente da te. È necessario trattarlo con grande affetto, giacché lo maltrattiamo spesso (ogni euforia, ogni dispiacere è un'aggressione). Rimani immobile e in pace e con affetto pregalo: *Calmati, funziona con calma, più lentamente...* Ripeti queste parole varie volte fino a che il ritmo cardiaco si normalizza, anzi si riduce un po'.

Ci sono due grandi tesori nella vita: controllo mentale e controllo cardiaco. Quanti dispiaceri si eviterebbero! Sarebbero inutili molti consulti medici, la vita si prolungherebbe e si vivrebbe in pace. Con un po' di pazienza e costanza si possono conquistare.

Rivolgi ora l'attenzione alla vasta area dello stomaco e dei polmoni. Individua il punto in cui senti il timore, l'ansietà e l'angoscia: la bocca dello stomaco. Rimani immobile e, con attenzione e sensibilità, scopri le tensioni e le accumulazioni nervose, e tranquillizza tutto dicendo le stesse parole di prima.

Se in questo momento senti qualche dolore organico, incentra l'attenzione in quel punto e allevia il dolore con le medesime parole.

Conservando la calma nel tuo intimo, fa' un giro rapido per la periferia dell'organismo. "Senti" se la testa e il collo, nelle loro parti esteriori, sono rilassati. "Senti" se sono sciolte e rilassate le braccia, le mani, le spalle, l'addome, le gambe, i piedi...

Per terminare, sperimenta, d'un colpo e intensamente, questa realtà: *in tutto il mio essere regna una completa calma.*

TERZO ESERCIZIO: CONCENTRAZIONE

Si mira a due cose: la facilità di controllare e dirigere l'attenzione e, in secondo luogo, unificare l'interiorità.

Fa' la preparazione.

Quieto, tranquillo, con l'attività mentale ridotta al minimo possibile, percepisci il tuo ritmo respiratorio. Non pensare, non immaginare, non forzare il ritmo; semplicemente percepisci il movimento polmonare per circa due minuti. Sii spettatore di te stesso.

Poi, ancora più immobile e tranquillo, rimani attento e sensibile a tutto il tuo organismo, e capta in qualche parte del tuo corpo i battiti cardiaci.

Ripeto: in qualsiasi parte del tuo corpo. Quando li avrai localizzati (supponiamo, per esempio, nel contatto delle dita, o in altra parte) rimani "lì", concentrato, attento, immobile per due minuti, "ascoltando".

Finalmente arriviamo al momento più alto della concentrazione: *la percezione della identità personale.* Come si fa? È qualcosa di semplice e di possessivo. Non si tratta di pensare, di analizzare, ma di percepirsi: tu percepisci e tu, simultaneamente, sei percepito. Rimani così concentrato e identificato con te stesso.

Per conseguire questa percezione, che è la vetta della concentrazione, ti aiuterà dire soavemente varie volte: *XY* (pronuncia mentalmente il tuo nome): *io sono me stesso... Io sono la mia coscienza.*

QUARTO ESERCIZIO: UDITIVO

Mira a ottenere il controllo e la concentrazione.

Come si pratica? Fa' la preparazione.

Rimani immobile, guardando un punto fisso. Pensa una parola e ripetila lentamente per cinque minuti, finché tutto il resto sia sparito dal tuo intimo. Rimane solo quella parola e il suo contenuto.

Le parole possono essere queste (o simili): *pace, calma, nulla...*

Per stimolare l'orazione si può dire: *Mio Dio e mio Tutto.*

QUINTO ESERCIZIO: VISIVO

Tende a ottenere concentrazione e unificazione.

Come si pratica? Fa' la preparazione.

Prendi un'immagine (per esempio una figura di Cristo, di Maria, o un paesaggio), una raffigurazione che ti evochi qualcosa.

Trattienila con le mani, ponitela davanti agli occhi. Con grande tranquillità e pace, stendi il tuo sguardo sull'immagine per un minuto.

In un secondo tempo, per circa tre minuti, cerca di "scoprire" i sentimenti che l'immagine evoca in te: intimità, tenerezza, forza, calma...

In un terzo tempo, cerca di identificarti con quell'immagine e soprattutto con i "sentimenti" che hai scoperto. E finisci l'esercizio "impregnato" di quegli stessi "sentimenti".

☆

"TEMPI FORTI"

Per trovare una soluzione al male del secolo che è l'ansietà profonda, la nevrosi *(stress)* e per assicurarsi una vita di unione con Dio non basta esercitarsi metodicamente nelle varie pratiche di pacificazione. Abbiamo bisogno di altri rimedi di più ampia incidenza.

È mia opinione che, oggi più che mai, sia indispensabile alternare l'attività professionale o apostolica con periodi di "ritiro" totale in tempi determinati. È necessario che il cristiano organizzi la sua vita in modo da poter disporre di "tempi forti" per il suo incontro esclusivo con Dio.

Dopo numerose prove con differenti gruppi di persone consacrate, sono arrivato alla convinzione che *la soluzione* per assicurare in permanenza un'elevata vita con Dio va ricercata nei "tempi forti".

Un giorno dissi: vivifichiamo l'Ufficio Divino, sia questo l'alimento forte per la vita di fede. Con la miglior volontà, la comunità cercò di vivificarlo con ogni mezzo; tutto veniva preparato accuratamente; ogni giorno si introducevano novità. Dopo vari mesi subentrarono di nuovo monotonia e abitudine.

Il problema è vitalizzare. E la vitalità non passa dall'esterno all'interno, ma procede dall'interno verso l'esterno. Quando il cuore è vuoto, le parole dei salmi e la messa rimangono vuoti. Quando il cuore è traboccante di Dio, le parole si popolano di Dio. In questo caso, uno stesso salmo può venir ripetuto cento volte e l'ultima volta può contenere più novità della prima.

Supponiamo che in una sera di "deserto" una persona viva l'intimità con Dio servendosi delle parole del salmo 30. Quando lo stesso salmo sarà recitato nell'Ufficio Divino comune, per tale persona quelle parole saranno più vive e la sua preghiera sarà un autentico banchetto spirituale. I "tempi forti" sono, a mio avviso, le occasioni più adeguate per rinnovarsi, per riaffermare la fede e mantenersi nella fedeltà.

D'altra parte, questi nostri "tempi forti" non

sono novità. Con essi ritornano i tempi di Gesù e dei profeti, quando gli uomini di Dio si ritiravano nella solitudine completa — per lo più nei deserti o sulle montagne — per dedicarsi intensamente alla familiarità con Dio, guarivano dalle ferite ricevute nei combattimenti dello spirito e tornavano alla lotta sani e rinfrancati.

I tempi forti non solamente servono per crescere nell'amicizia con Dio ma anche per recuperare l'equilibrio emozionale, dato che la stabilità interiore è oggi compromessa e ostacolata come mai prima.

> « La nostra civiltà conduce ad un modo di vivere assolutamente privo di concentrazione. Si fanno molte cose alla volta: si legge, si ascolta la radio, si chiacchiera, si fuma, si mangia, si beve. Siamo i consumatori con la bocca aperta, pronti e disposti a inghiottire qualsiasi cosa: quadri, liquori, esperienza. Questa mancanza di concentrazione trapela chiaramente dalla nostra difficoltà nel restare soli con noi stessi. Sedere in silenzio, senza bere, leggere o fumare è impossibile per la maggior parte delle persone. Esse diventano nervose e inquiete, e devono assolutamente fare qualcosa con la bocca o con le mani. (Fumare è uno dei sintomi di questa mancanza di concentrazione: occupa mano, bocca e naso) » [4].

[4] E. Fromm, *L'arte di amare,* Il Saggiatore, Milano 1975, 6 ed., p. 139.

È necessario ritirarsi ogni tanto in solitudine completa per recuperare l'unità interiore. Se non organizza ripiegamenti frequenti, l'uomo di Dio verrà investito dalla corrente della dispersione e naufragherà come "chiamato e eletto", oltre che come progetto fondamentale di vita.

Nel corso della mia vita mi sono incontrato con molte persone che non parevano *persone.* Persona significa essere "padroni" di se stessi, e quelli non lo erano. Lanciati nel vortice frenetico dell'attività (che sempre viene chiamata apostolica e spesso non lo è) erano disintegrati interiormente fino ad aver perso il dominio e, a volte, il senso della vita. Individui eccitati, nervosi, vuoti.

Gente incapace di fermarsi un minuto per domandarsi: chi sono io? qual è il progetto fondamentale della mia vita, e quali sono le esigenze per mantenere in piedi questo progetto? Come se non volessero affrontare queste domande, sempre sfuggivano dal loro mistero: erano fuggitivi da se stessi, e l'attività "apostolica" era il loro rifugio alienante. Avevano bisogno di saltabeccare tutto il giorno da un'attività all'altra, di gruppo in gruppo senza mai fermarsi. Perché, se si fossero fermati, subito si sarebbero ripresentate le domande sul mistero della loro vita. Meglio chiudere gli occhi, non ascoltare per non imbattersi nell'enigma sfidante del mistero. Naturalmente, queste persone non possedevano ricchezza alcuna da comunicare al mondo, solo parole vuote.

È indispensabile sostare e trattenersi periodicamente con se stessi per recuperare l'integrità e il dominio.

Inoltre ci occorrono "tempi forti", ripetiamo, per essere trasformati in *uomini di Dio,* cioè coloro sulla cui fronte il popolo scorge e distingue da lontano un fulgore speciale: sono coloro che parlano senza parlare.

I profeti di Dio si forgiarono nella fucina della solitudine: là, nelle steppe ardenti, sopportarono senza batter ciglio lo sguardo di Dio e, quando scesero alla pianura, trasmisero splendore, spirito e vita. Nel silenzio del deserto "videro e udirono" qualcosa e quando parlarono in mezzo al popolo innumerevole nessuno poté zittire la loro voce. Hanno "visto" e non esisteva al mondo chi potesse distruggere la loro testimonianza: erano gli araldi incorruttibili dell'Invisibile. Il popolo sapeva distinguere l'inviato dall'intruso.

È necessario ritirarsi per divenire uomini di Dio.

Forse non abbiamo tempo per questi ritiri periodici? C'è tempo per tutto ciò che si vuole.

Il tempo non è un impedimento. L'inconveniente è altro. Somigliamo a quei malati che hanno paura di recarsi dai medici o di sottoporsi ai raggi X. La dispersione, la distrazione, il divertimento possono soddisfare in un primo momento, ma alla fine recano inquietudine e frustrazione perché dissociano, frantumano lo spirito. Inoltre è molto difficile la vita con Dio. Dio è un terribile rivale. Si vive molto più tranquilli lontani dal suo fuoco.

"DESERTO"

Chiamiamo *momenti forti* quelle frazioni di tempo, più o meno prolungate, riservate esclusivamente all'incontro con Dio. Per esempio, nell'organizzazione della propria vita è possibile destinare trenta o quaranta minuti quotidiani per il Signore.

Quando, una volta al mese, dedichiamo un giorno intero al nostro Dio, chiamiamo questo momento forte "deserto".

Tale esperienza psicologica o celebrazione del "deserto" ha caratteristiche particolari. È sommamente conveniente, quasi necessario, per vivere un giorno di "deserto", che il cristiano esca dal contesto solito in cui vive e lavora e si rechi in un luogo solitario: campagna, monte, "oasi" o casa di ritiro.

Per un vicendevole stimolo è utile che questa uscita nel "deserto" si effettui in gruppi di tre o quattro; ma, una volta giunti al luogo dove si intende trascorrere la giornata, è imprescindibile che il gruppo si disperda e che ognuno rimanga tutto il tempo in completa solitudine. È opportuno che il "deserto" abbia anche un carattere penitenziale riguardo al cibo.

Perché il "deserto" non si trasformi in un giorno temibile (in questo caso non si ripeterebbe una seconda volta) è necessario che il cristiano si tracci e porti con sé uno schema o progetto per occupare produttivamente tutte le ore di quel giorno. Decida anticipatamente quali strumenti utilizzerà: determinati salmi, testi biblici, esercizi di concentrazione, un quaderno per annotare impressioni, orazioni vocali, letture meditate, ecc.

Per questo, diamo alcuni suggerimenti pratici. Una volta giunti a destinazione è conveniente cominciare con la recitazione di alcuni salmi per affinare la sensibilità della fede e creare l'ambiente interiore adeguato. Nel caso in cui ci si trovi in uno stato dispersivo, è bene esercitarsi nelle varie pratiche per calmarsi, concentrarsi, controllarsi. La cosa più importante durante il "deserto" è il dialogo personale con il Signore, dialogo che non è scambio di parole bensì di interiorità. Il maggior tempo possibile deve essere dedicato a stabilire la corrente dialogica *io-Tu* e stare "faccia a faccia" con il Signore. Durante il giorno si possono fare letture meditate, riflessioni sulla propria vita, su problemi concreti di fraternità o altro. In questo giorno si deve accettare tutto ciò che normalmente uno respinge; guarire, con esercizi di perdono e abbandono, le ferite della vita, in modo che l'uomo di Dio possa scendere dalla montagna completamente guarito e fortificato.

Si sappia che, in un giorno o in una sera, l'anima può passare attraverso stati d'animo diversi e perfino contraddittori. Non ci si spaventi; né si divenga euforici per le consolazioni o ci si deprima per le aridità. L'impazienza è la figlia più subdola dell'io. Dove c'è la pace lì c'è Dio. Si ricordi: se il cristiano ha la pace, sebbene in piena aridità, Dio è con lui.

Mai ci si lasci portare dall'illusione. Essa ha un volto somigliante alla speranza ma è contraria ad essa. Si sappia discernere lo sforzo dalla violenza e l'illusione dalla speranza. Non cerchiamo mai emozioni forti, perché ci spazientiremmo qualora non le conseguissimo; l'impazienza genera la violenza, e si cercherebbe di ottenere quell'emozione forzatamente. La violenza genera la fatica e la fatica degenera in frustrazione. Sarebbe un peccato che il cristiano, invece di ritornare dal "deserto" alla vita normale rinforzato e animato, vi ritornasse frustrato.

Una volta di più, gli angeli custodi del "deserto" sono la pazienza, la costanza e la speranza. Non dimentichiamo che Gesù faceva tanti "deserti". Organizziamo la vita in modo da riservare a Dio certi giorni dell'anno per dimostrare che Dio è importante nella nostra esistenza.

☆

Quanto detto sopra vale per i primi passi. Più avanti i mezzi indicati risulteranno grucce inutili. Quando si ha già l'abitudine alla preghiera e si vive nel suo spirito, mettersi in condizione di pregare e "starsene" con Dio è la stessa cosa, salvo per i tempi di siccità.

A mano a mano che l'anima avanza è Dio che prende l'iniziativa. L'azione di Dio si farà sempre più pressante e invaderà tutto l'essere. L'Uno unifica e il Centro polarizza ogni cosa.

Non occorrono più né ginnastiche mentali né strategie psicologiche. Il "castello interiore" è definitivamente conquistato, le truppe si arrendono al nuovo Signore. Ma tutto ciò si consuma solo dopo un lungo processo di purificazione.

3.
POSIZIONI E CIRCOSTANZE

Una volta di più dobbiamo ricordare che ogni persona sperimenta le cose in forma unica e irripetibile. Non ci sono infermità bensì persone inferme, e una stessa ricetta applicata a differenti infermi produce diversi effetti.

Noi diamo qui suggerimenti concreti, ma tocca a ciascuno, singolarmente, sperimentare le differenti ricette, formare con esse delle eventuali combinazioni e, alla fine, fermarsi sulla più efficace.

Non siamo angeli. Molte volte pensiamo operando delle divisioni, usando dei concetti dualistici. Parliamo, per esempio, della grazia e dell'anima. Non si tratta dell'anima ma della natura, è come dire corpo e anima. Entrambi sono integrati in un'unità tanto indissolubile che non è possibile segnare i confini tra l'uno e l'altra.

Per pregare bisogna fare i conti con il corpo. Una posizione corporale adeguata può risolvere uno stato di aridità. Una respirazione, fatta con lentezza e profondità, può far svanire l'ansietà. Una posizione corretta può scacciare le distrazioni. Quando, per differenti motivi, è assolutamente impossibile pregare, il cristiano può adottare posizioni corporali significanti adorazione; può prostrarsi al suolo e rimanere così, adorando, senza esprimere nulla né mentalmente né vocalmente. Potrebbe essere un'eccellente orazione per determinati momenti.

Quando il cristiano si trova sommamente addolorato e infermo, a letto, non pretenda di pregare e di sentire qualcosa, non dica niente. Semplicemente stenda le braccia come Gesù sulla croce, si disponga in offerta. Sarà questa l'adorazione del suo corpo dolente.

Qualsiasi posizione che, come segnale esterno, indichi ricettività, rifugio o abbandono, aiuta l'anima ad assumere lo stesso atteggiamento.

Naturalmente, le posizioni esterne sono estrinseche all'orazione stessa, di conseguenza hanno importanza secondaria. Nonostante ciò, in momenti determinati, possono costituire un aiuto sostanziale per l'incontro con Dio.

Molti si lamentano delle difficoltà e delle distrazioni, quasi invincibili, che impediscono loro di raccogliersi alla presenza del Signore. Non succederà questo, talvolta, perché trascurano certi fattori esteriori? Per esempio, con una respirazione agitata o superficiale, difficilmente si potrà giungere a un incontro profondo e pacificante.

POSIZIONI PER PREGARE

Alcuni dei presenti suggerimenti sono stati ispirati dal prezioso opuscolo intitolato *Le corps et la prière* (Feu Nouveau, Parigi).

IN PIEDI. - Non dimentichiamo che i giudei, di conseguenza anche Gesù, pregavano generalmente in piedi.

Ci si mette in posizione eretta. Le punte dei piedi possono stare più o meno aperte, senza essere necessariamente unite. I talloni devono stare uniti e toccarsi in modo che il peso del corpo cada equilibratamente lungo l'alberatura della colonna vertebrale procurando distensione muscolare e serenità nervosa. La testa sia eretta ma non rigida. Questa posizione regolarizza la respirazione, attiva la circolazione e neutralizza la stanchezza muscolare.

Le *braccia* possono stare in differenti posizioni: *aperte e stese* in avanti, in atteggiamento ricettivo. *Aperte e alzate* verso l'alto per esprimere una supplica intensa o qualsiasi impressione forte, sia di gratitudine, sia di esultanza. *Aperte,* gli avambracci in croce, le braccia e le mani alzate verso l'alto, palme in avanti per esprimere disposizione e prontezza. Braccia e mani *raccolte e incrociate* al petto per esprimere raccoglimento e intimità. *Mani giunte* e dita incrociate, appoggiate (o no) sul petto per manifestare interiorizzazione, gratitudine, supplica. Braccia completamente *aperte* a forma di croce per l'orazione di intercessione, di carattere universale.

Non dimentichiamo quante volte i salmi fanno riferimento alle braccia distese: « Tutto il giorno ti chiamo, Signore, verso di te protendo le mie mani » (Sal 87; cf. Sal 62; 118).

Gli *occhi* possono stare completamente chiusi. Questo, di per sé, significa intimità; di fatto aiuta molti al raccoglimento. Altri, invece, a occhi chiusi vengono assaliti da ogni tipo di immaginazioni. Gli occhi possono stare anche *socchiusi* e raccolti, focalizzati sulle punte dei piedi, sulla bocca dello stomaco o su altro punto fisso, in modo che sempre guardino "dentro". Possono stare completamente *aperti,* diretti verso l'alto, davanti, orientati a un determinato punto o verso l'infinito. L'immobilità oculare (e corporale, in genere) aiuta la quiete interiore.

A seconda del posto dove si trova, chi prega può guardare un'immagine, il tabernacolo, il crocefisso...

SEDUTO. - Se si sta seduti su una panca o su una sedia, è bene appoggiarsi alla spalliera, in modo che il peso cada equilibratamente, tenendo presenti le norme generali sulle braccia, le mani, gli occhi.

Ci si può anche sedere nel modo chiamato "carmelitano": in ginocchio, seduti sopra i talloni, con le punte dei piedi lievemente giunte e i talloni un poco divaricati. Le braccia devono cadere liberamente e soavemente, con le mani (palme verso l'alto o verso il basso) appoggiate sulle cosce.

Per chi non è abituato, questa posizione può risultare, al principio, un po' scomoda. Quando il corpo si abitua, risulta una posizione riposante ed espressiva: indica umiltà, disponibilità, accoglienza. Per evitare il fastidio, molti utilizzano dei panchetti nel seguente modo: si inginocchiano, poi mettono il panchetto sopra le gambe ripiegate, uniscono le punte dei piedi, distaccano i talloni e le ginocchia, si siedono lentamente e completamente sul panchetto. È una posizione sommamente comoda.

Esistono anche altre maniere di sedere.

Prostrato. - Prostrarsi in terra è la posizione di massima umiltà e, di conseguenza, indica e stimola l'adorazione più profonda. I suoi compagni sorpresero molte volte S. Francesco in questa posizione sulla montagna della Verna.

Primo modo. Con movimenti lenti ci si inginocchia, rimanendo così per qualche minuto. Poi ci si inchina (sempre con lentezza) curvando tutto il corpo fino a toccare con la fronte per terra. Le braccia e le mani si poggiano a terra vicino alla testa. Il peso del corpo cade, dunque, su quattro appoggi: piedi, ginocchia, fronte, braccia-mani. Ci si mantiene in questa posizione, respirando profondamente e regolarmente fino a sentirsi completamente comodi. Al termine dell'orazione si torna, con lentezza, a sedersi o a mettersi in piedi.

Secondo modo. Per prima cosa ci si inginocchia, poi, con movimenti lenti, ci si corica completamente bocconi per terra, con le braccia stese in croce o raccolte lungo il corpo o usando le mani come appoggio per la fronte.

All'inizio ci si deve esercitare gradualmente. Durante le prime sedute non si deve rimanere molto tempo nella stessa posizione. Si evitino posizioni che risultano forzate o scomode. Se ci si sente a proprio agio, è segno che la posizione è corretta, e che si è ottenuta una buona distensione muscolare e nervosa.

È la singola persona che deve esercitarsi nelle diverse combinazioni fino a scoprire le posizioni più adeguate alla sua natura. A ogni atteggiamento corporale deve corrispondere un determinato atteggiamento interiore.

DOVE?

Ci sono persone che entrano meglio in comunicazione con Dio in una chiesa raccolta o in una cappella solitaria, circondati dalla penombra.

Ce ne sono che lo fanno meglio uscendo in terrazza, in giardino o nei campi in una notte profonda, sotto il cielo stellato, quando ormai sono spente le voci del mondo.

Altri si sentono più uniti a Dio guardando attentamente un fiore o lasciando vagare lo sguardo su un bel panorama o nella solitudine di un colle.

Ce ne sono altri che mai sentono tanto forte la presenza di Dio come quando visitano un malato di un morbo ripugnante o addentrandosi in miseri sobborghi per portare un sorriso o una parola ai poveri.

Ci sono anche coloro che non possono raccogliersi se sono in mezzo a un gruppo orante; altri, invece, hanno bisogno del sostegno altrui.

QUANDO?

Alcuni si alzano all'alba riposati, inondati di pace. È la loro migliore ora per concentrarsi e pregare.

A coloro che vivono un'intensa vita psichica

accade che durante il sogno, in assenza della vigile coscienza, l'inconscio irrompa da latitudini sconosciute e per gran parte della notte attacchi e invada furtivamente tutta la sfera della persona, attuando ogni suo capriccio. In conseguenza di tale invasione notturna le persone si svegliano stanche e di malumore, più stanche di quando si sono coricate, come se avessero lottato tutta la notte contro chissà quali nemici.

In seguito a questo fenomeno, ho conosciuto persone che sentono profonda avversione per ogni orazione, a cominciare dal nome. Non sanno perché. Ma subito si scopre che esiste un'associazione inconscia tra il malumore e il sonno da un lato, e l'orazione dall'altro, giacché entrambe le cose furono unite per molti anni, ogni mattina.

Il crepuscolo, in genere, è l'ora migliore per pregare. Si calma l'agitazione. La luce chiara del giorno declina. Pare che tutte le cose si acquietino e riposino. Il combattimento è cessato. È l'ora della pace e dell'intimità.

C'è anche chi preferisce pregare di notte. E ci sono altre persone che quando sopraggiunge la notte non valgono più nulla, possono solo dormire. Salvo questi casi, la notte può risultare il miglior tempo per pregare: cessano i compromessi, il mondo dorme, il silenzio lo riempie tutto, tutto invita all'intimità con il Signore. Nella tradizione biblica, gli uomini di Dio cercano e usano la notte come il momento ideale per le loro comunicazioni con il Signore. Così faceva anche Gesù.

COMPLETA SPONTANEITÀ?

Viviamo l'èra della spontaneità. Oggi non si tollera più alcuna imposizione. È nell'aria una ripugnanza istintiva contro tutto quanto significa autorità, paternità... C'è ormai un mito che domina gli ambienti ed è accettato come verità assoluta: la maturità dell'umanità e di conseguenza la maturità dell'individuo. Due miti, anzi uno solo, che non resistono all'analisi.

Ci sono certi assiomi evidenti e comuni: chi si sente adulto non lo proclama. Chi sbandiera ai quattro venti di appartenere alla categoria adulta, è segno che adulto non è. Un uomo maturo non si sente mai trattato da bambino. Chi si sente trattato come un bambino è segno che è effettivamente infantile.

Pregare? Rispondono in coro: sempre e quando ne ho voglia. Questo, che sembra un ragionare maturo, racchiude molto infantilismo. Continuando possiamo trarre tutte le conclusioni. Studiare? Quando ho voglia. Lavorare? Quando ho voglia. Che cosa succederebbe nel mondo con tutta questa spontaneità? Un'anarchia infantile in nome della maturità adulta.

Nei dialoghi e nelle comunicazioni spontanee sono molti, quasi la maggioranza, coloro che confessano che se non pregano in comunità in privato non lo fanno mai; e che, se non pregano nell'orario stabilito dal regolamento comune, non pregano più.

L'idea che l'uomo sia arrivato alla maturità è un mito senza alcuna consistenza. Basta guardare un po' dentro di noi e un altro poco fuori di noi e avremo la prova, da ogni parte, dell'incoerenza e dell'incapacità di sostenere in piedi i compromessi assunti; avremo anche la prova che, molte volte, le parole sono scritte sull'acqua.

Conobbi persone consacrate che, sul terreno professionale, erano portenti di efficacia e organizzazione, capaci di sorreggere con somma competenza uffici e strutture molto complesse. In ciò, erano realmente adulti: avevano ordine, puntualità, responsabilità.

Queste stesse persone, tuttavia, secondo quanto ebbero a confessare, erano del tutto irresponsabili nei loro doveri religiosi. Chi capisce questa dicotomia?

Penso che se non si dedicano certi tempi forti all'orazione comune organizzata per la comunità, facilmente si può arrivare all'abbandono totale dell'orazione. È necessario stabilire una gerarchia di valori, organizzare la vita secondo questa gerarchia, dare a Dio ciò che è di Dio; e la comunità venga in aiuto della fragilità individuale, stabilendo orari comuni di preghiera. Questo non impedisce che ognuno, spontaneamente, organizzi i suoi propri *tempi forti*.

Dobbiamo aver presente, come già dicemmo, che pregare non è facile ed esige impegno, mentre l'istinto dell'uomo si afferra alla legge del minor sforzo per cui si preferisce qualsiasi attività esteriore (perché più facile) all'attività interiorizzante dell'orazione. Giacché l'istinto fugge l'orazione, deve imporsi la convinzione.

Molti cercano, anche volontariamente, nella

fraternità una pressione psicologica; cioè, si cercano altre persone per incitarsi mutuamente nella vita con Dio. Comunicandosi le loro esperienze spirituali, si stimolano nella ricerca fedele del Signore. Conosco persone che, mediante questo aiuto, si sono mantenute per molti anni in un'orbita elevata.

INCONTRARE GESÙ O IL PADRE?

Ad alcuni riesce difficile porsi in comunicazione con il Dio trascendente.

Tuttavia, queste stesse persone entrano rapidamente e facilmente in dialogo con Gesù risorto e presente. Questa facilità è ancora più notevole quando conversano con Gesù nell'Eucarestia.

Si pongono in orazione e immediatamente sentono Gesù come un essere reale e vicino, come un buon amico. Lo adorano, lo lodano, gli chiedono perdono, forza, conforto; con Lui e in Lui accettano le loro responsabilità e difficoltà; si perdonano e perdonano gli altri, e così curano le ferite inferte dalla vita. È difficile inquadrare questa orazione e definirla: rappresentazione immaginaria? sguardo semplice di fede? Sebbene si debba raccomandare la maggior libertà per ogni persona, tuttavia, per i primi passi, è consigliabile questo contatto familiare con Gesù nella semplicità della fede.

In cambio, ci sono altre persone che, fin dai primi momenti, sentono un'attrazione misteriosa e irresistibile verso l'Invisibile, l'Eterno e l'Onnipotente. Non si sa se è una predisposizione naturale o una grazia particolare.

Orbene, quando l'anima si addentra nelle zone contemplative più profonde, i maestri spirituali segnalano che l'anima tende a superare le forme immaginarie e corporee (di Gesù amico) e va a incontrarsi direttamente con il Dio semplice e totale che ci penetra, ci avviluppa, ci sostiene e mantiene; qui le parole sono sostituite dal silenzio, nella fede pura.

Contro questa dottrina, generalmente ammessa da tutti i maestri spirituali, si erge S. Teresa d'Avila con risoluta energia, affermando che in tutti gli stadi della vita spirituale bisogna fissare lo sguardo contemplativo sull'umanità di Gesù risorto.

Sia come sia, noi, in questo e in altri casi, consigliamo al cristiano di lasciarsi portare dalla grazia con docilità e abbandono perché essa può indicare un cammino differente per ogni persona, e per una stessa persona differenti cammini per differenti momenti.

4.

PRIMI PASSI

Poiché ogni grazia suscita un movimento filiale verso il Padre, importante e necessario è dare spazio e coltivare tale aspirazione, facendo passi tangibili.

Io mi rivolgo sempre a due gruppi di persone. Il primo è formato da coloro che sono principianti nelle cose di Dio e vogliono conseguire per la prima volta l'intimità con il Signore. Il secondo è formato da persone che vissero lunghi anni l'amicizia divina ma più tardi la dimenticarono: gettarono terra e sabbia sulla fiamma divina tanto da spegnerla. Oggi sentono il peso della tristezza e del vuoto, e vogliono recuperare a qualsiasi costo il tesoro perduto.

Gli uni e gli altri, i primi per ottenere e i secondi per recuperare, hanno bisogno di muovere i primi passi. Nel cammino della vita i primi passi risultano sempre vacillanti e goffi. Non importa, si deve passare di lì e pagare lo scotto di un doppio prezzo: la pazienza e la costanza.

I primi passi si fanno sempre con degli appoggi. Nel nostro caso l'appoggio è l'orazione vocale.

Come già ho spiegato, la mente umana, per sua natura, è un'inquieta farfalla, errante nel vento. Ha bisogno di muoversi, di volare perpetuamente saltando dal passato al futuro, dal ricordo alle immagini, dalle immagini ai progetti. Al contrario, la vera adorazione consiste nell'assoggettare l'attenzione incentrandola sul Signore. Come riuscirci con una mente tanto pazza?

Abbiamo bisogno di grucce per camminare. L'appoggio è l'orazione vocale, meglio ancora l'*orazione scritta.* Si suppone che la parola sia scritta in forma dialogica. Come farlo?

Il cristiano posa lo sguardo sull'orazione scritta. La parola trattiene l'attenzione e stabilisce un'unione tra l'uomo e Dio. Se leggo, per esempio, « Tu sei il mio Dio » e cerco di fare *mie* queste parole identificando la mia attenzione con il contenuto della frase, la mia mente già è "con" Dio. Lo scritto è stato il ponte di unione.

Ma la mente molto facilmente si distacca dal centro e si disperde in mille direzioni; allora ecco di nuovo gli occhi sull'orazione scritta, e la parola scritta riafferra e trattiene l'attenzione. Se l'attenzione rimane polarizzata dal contenuto dell'orazione scritta quando tale contenuto "è Dio stesso", la mente "rimane con" Dio. Un'altra volta, forse, la mente se ne volerà via. Di nuovo, con pazienza, gli occhi torneranno alla parola scritta e la parola ricondurrà la mente alla preghiera. Detto in altra maniera: la parola evoca e sveglia Dio "per" l'uomo; la parola aggancia la mente umana e la conduce, come un veicolo, alla mèta che è Dio.

Questa è orazione scritta, ma anche, soprattutto, *orazione vocale.* Perché? Perché il cristiano comincia col leggere l'orazione scritta, nel leggerla vocalizza, nel vocalizzarla fa mente locale e, in questo modo, l'uomo "rimane" in orazione. In realtà non si tratta di un'orazione prolungata; l'attenzione resta propriamente con Dio per pochi istanti a intermittenza, ma questo viavai può prolungarsi anche per una mezz'ora. In questo caso possiamo dire che il cristiano ha avuto mezz'ora di orazione *reale.*

Oggigiorno esistono preziosi opuscoli con selezioni delle migliori orazioni. Ci sono, inoltre, libretti con salmi speciali. Ci sono anche i salteri alla portata di tutti. Si tengano sotto mano là dove normalmente si prega. Si portino nel "deserto".

Come pregare?

Prendi un'orazione che ti soddisfi. Mettiti in atteggiamento orante. Domanda l'assistenza dello Spirito Santo. Comincia a leggere. Leggendo le frasi, falle "tue"; cerca di identificare la tua attenzione con il loro contenuto. Ci saranno espressioni che ti daranno un senso di pienezza fin dal primo momento: ripetile più di una volta fino a che il loro suono e il loro "contenuto" non abbiano inondato completamente il tuo essere.

Continua leggendo (pregando) adagio, molto adagio. Fermati. Torna a ripetere le stesse frasi, a voce alta (se è possibile), più alta o più pacata secondo le circostanze. Puoi prendere atteggiamenti esteriori che t'aiutino, come stendere le braccia... Lascia impregnare la tua sfera interiore, i tuoi sentimenti e le tue decisioni dalla Presenza che emana da quelle parole.

Se in un dato momento senti di poter camminare senza "grucce", abbandona le orazioni scritte e permetti che lo Spirito gridi dentro di te e risuoni dalla tua bocca con espressioni spontanee e ispirate. Termina con un proposito di vita.

C'è un altro modo, eccellente ed efficace, di orazione vocale. Prendi una posizione orante. Seleziona una o varie espressioni forti, per esempio: « Tu mi scandagli e mi conosci »; « Da sempre e per sempre Tu sei Dio »; « Mio Dio e mio Tutto »; « Tu sei il mio Signore ». Prendi una di queste frasi, o altra, e comincia a ripeterla a voce alta e pacata. La pronunci molto lentamente cercando di entrare il più a fondo possibile nella "sostanza" delle parole con grande serenità, senza violenza. Ripeti le frasi ogni volta più distanziate.

Puoi arrivare a un momento in cui il silenzio si sostituisce alle parole e solamente rimangono la Presenza e il silenzio. In questo caso, rimarrai in silenzio *nella* Presenza. Termina con una decisione di vita.

A quelli che vogliono prendere sul serio Dio do sempre questo consiglio: impara a memoria alcuni salmi, versetti di salmi, varie orazioni brevi. Quando stai viaggiando o camminando per la strada o svolgendo qualche lavoro domestico e senti il desiderio di dire qualcosa al Signore e non ti viene niente, queste orazioni vocali memorizzate costituiscono un eccellente aiuto spirituale per unirti al Signore.

Sono del parere che non esista un mezzo più rapido per arrivare al cuore di Dio della recita dei salmi.

Essi sono apportatori di una intensa carica sperimentale di Dio. Sono stati arricchiti dal fervore di milioni di uomini e donne, nel corso di tremila anni. Con le stesse orazioni Gesù — bambino, giovane, adulto, evangelizzatore, crocefisso — comunicava con suo Padre. Sono, dunque, espressioni sature di una grande vitalità spirituale.

Tra i salmi alcuni sono messaggi di insuperabile qualità; altri non ci dicono niente; altri forse ci scandalizzano. In uno stesso salmo d'un tratto ci troviamo di fronte a versetti di bellissima interiorità e ad altri che scagliano anatemi e chiedono vendette. Si può sorvolare sull'uno e soffermarsi sull'altro.

Come recitarli? Bisogna precisare che non stiamo parlando dell'orazione dell'Ufficio Divino o Liturgia delle Ore, bensì del modo di utilizzare i salmi come *strumenti di addestramento* per acquistare l'esperienza di Dio, per muovere i primi passi nell'orazione vocale.

Scegli quei salmi o versetti che più ti soddisfano; ripeti le espressioni che ti "dicono" qualcosa. Mentre ripeti lentamente queste frasi ti lasci contagiare da quella profonda consapevolezza del vivere che sentivano i salmisti, i profeti, Gesù. Cioè tenti di sperimentare quello che essi sperimentarono: ti lasci travolgere dalla presenza viva di Dio, avviluppare dai sentimenti di stupore, esaltazione, lode, contrizione, intimità, dolcezza o altri che impregnano quelle parole.

Se in un dato momento arrivi a sentire in una strofa la "visita" di Dio, indugia, ripeti l'espressione... e se per un'ora non farai altro che penetrare, sentire, sperimentare, stupirti della ricchezza contenuta in quel versetto, rimani lì e non preoccuparti di andare avanti. Termina sempre con una decisione di vita.

È vero che ci sono salmi pieni di anatemi e maledizioni. In questi casi, se ti lasci portare liberamente e spontaneamente, sentirai che lo Spirito insegna ad applicare quegli anatemi contro il "nemico" (unico e molteplice) che è il tuo egoismo con i suoi innumerevoli figli: l'orgoglio, la vanità, l'ira, il rancore, la sensualità, l'ingiustizia, lo sfruttamento, l'ambizione, l'irritabilità...

Io sono dell'idea che ogni cristiano debba fare uno *"studio" personale* dei salmi.

Essendo l'uomo un mistero unico, il suo modo di sperimentare e sperimentarsi è individuale e non ripetibile. Ciò che a me "dice" molto a un altro può non dire niente. Ciò che a costoro "dice" tanto a me può dire poco. Perciò c'è bisogno di uno "studio" personale. Come farlo?

Comincia dai primi salmi. In un determinato giorno "unisciti" al Signore col primo salmo, in un momento forte di orazione; parla con Dio tramite quelle parole. Se c'è nel salmo un versetto, forse una strofa completa o una serie concatenata di frasi che ti "dicono" molto, dopo averle ripetute varie volte segnale con la matita.

Se ti pare che un'espressione racchiuda una ricchezza particolarmente feconda, puoi sottolinearla con varie linee, secondo il grado di ricchezza che vi percepisci. Metti a margine un'indicazione secondo ciò che ti ispira quella strofa, per esempio: *fiducia, intimità, lode, adorazione...*

Può succedere che uno stesso salmo, o una stessa strofa un giorno ti dica poco e un altro giorno molto. Il fatto è che una stessa persona può percepire una cosa in differenti modi secondo i diversi momenti.

Se il salmo non ti dice nulla, lascia il margine in bianco.

Un altro giorno "studia" il secondo salmo nello stesso modo. E così via per i 150 salmi. In capo a uno o due anni, avrai fatto la "conoscenza personale" di tutto il salterio, e quando vorrai lodare il Signore già saprai a quali salmi riferirti. Quando vuoi meditare sulla precarietà della vita o hai bisogno di consolazione o desideri adorare, quando cerchi fiducia o senti il bisogno di entrare in intimità con Dio, saprai a quali salmi o strofa rivolgerti.

In questo modo apprenderai a memoria strofe cariche di ricchezza che ti serviranno di alimento in qualunque circostanza. Termina sempre con un proposito di vita.

Ecco ora una lista orientativa di salmi e dei relativi sentimenti:

Salmi che esprimono *fiducia, abbandono, intimità, nostalgia* e *anelito* verso Dio:

3, 4, **15**, 16, 17, **22**, 24, **26**, **30**, 35, 38, **41**, **50**,

55, 61, **62**, 68, **70**, **83**, 89, **90**, 102, **117**, 122, 125, 129, 130, **138**, 142.

Salmi che esprimono *stupore* davanti alla contemplazione della creazione con il senso di *gioia* personale e *gloria* a Dio:
8, **18**, 28, **64**, 88, 91, **103**.

Salmi che esprimono *lode, esaltazione, azione di grazie:*
3, **66**, 91, 112, **134**, **135**, **144**, **146**, **148**, **149**, **150**.

Salmi che esprimono la *fugacità* della vita di fronte all'*eternità* di Dio:
38, **89**, **92**, **101**, 102, 134, 138.

I numeri in neretto indicano che il tema segnalato è di grado più intenso. Per la numerazione si è seguita quella della corrente versione liturgica.

LETTURA MEDITATA

La meditazione è un'attività mentale nella quale si utilizzano concetti e immagini, saltando dalle premesse alle conclusioni, distinguendo, deducendo, spiegando, applicando, combinando differenti idee sopra un tema precedentemente individuato, con svariati fini: chiarire una verità, conoscere meglio Dio, approfondire la vita di Gesù e così poterlo imitare; infine, per cercare una risoluzione atta a trasformare una vita.

La meditazione arricchisce l'anima con conoscenze della vita divina. Ma sono persuaso che la meditazione è una via troppo complicata per iniziare i principianti al contatto di Dio. Risulta una navigazione pesante di braccia e di remi, e l'uomo di oggi difficilmente arriva per questa via al porto che è Dio, perché viviamo tempi intuitivi e non discorsivi, siamo inclini più agli stati emozionali che a quelli razionali.

La stessa Teresa d'Avila sentiva poca simpatia per la meditazione discorsiva:

> « Ritornando, dunque, a coloro che sanno discorrere con l'intelletto, dico che non devono impiegare in questo tutto il tempo dell'orazione. Poiché tale esercizio è molto meritorio (...) considero questa perdita (di tempo) come un guadagno assai grande. Come ho già detto invece, si immaginino di essere innanzi a Gesù Cristo e, senza affaticar tanto l'intelletto, rimangano in questo stato parlando e deliziandosi con Lui. Non si preoccupino di compor ragionamenti, ma gli espongano semplicemente i loro bisogni, umiliandosi nella considerazione di quanto siano indegni di stare alla sua presenza ».

Tuttavia, la meditazione è un'attività spirituale assolutamente necessaria per approfondire i misteri di Dio e per crescere nella vita divina.

Orbene, se la meditazione è tanto necessaria quanto difficile, dove troveremo la soluzione? In primo luogo nella lettura meditata. E, in grado minore, nella meditazione comunitaria.

Ripetiamo ancora una volta: abbiamo bisogno di appoggi per fare i primi passi al fine di acquistare o recuperare il senso di Dio.

Molti cristiani possiedono vivo desiderio di volare verso le sommità di Dio ma non hanno ancora sufficiente consistenza e forza per superare abissi tanto profondi e mal conosciuti. Si sentono incapaci di stare da soli ai piedi del Maestro per un tempo più o meno lungo. Necessitano di grucce per camminare. Vorrebbero parlare ma, come gli infanti, non ci riescono. Non incontrano correnti affettive che li trascinino, in cerchi concentrici, verso il "centro". Nessuno strumento è tanto valido, a questo scopo, come la lettura meditata.

Tutto ciò che abbiamo detto dell'orazione vocale dobbiamo applicarlo qui: la parola scritta assoggetterà la mente e la condurrà per i sentieri di una riflessione ordinata e feconda.

È commovente la dichiarazione di S. Teresa:

> « Io passai più di quattordici anni senza poter meditare se non con l'aiuto di un libro, e credo che le persone che mi assomigliano siano molte ».

Con grande spontaneità e senza alcuna inibizione la Santa prosegue dicendo che non riuscendo a comunicare da sola, mai osò entrare nell'atrio dell'orazione se non accompagnata da un libro. E se pretendeva di pregare senza avere tra le mani un libro, si sentiva in pericolo come dovesse affrontare in battaglia un esercito numeroso. Il libro era uno scudo che la difendeva dagli assalti delle distrazioni, ed ella si sentiva tranquilla e confortata. Confessa che la siccità mai l'assalì; tuttavia, senza il libro cadeva in arida impotenza. Le bastava aprirlo perché i suoi pensieri si dirigessero docilmente e con ordine verso il Signore. Alcune volte leggeva poco, altre volte molto secondo le esigenze del suo spirito.

Come praticare la lettura meditata?

In primo luogo ricorri a un libro attentamente selezionato che faciliti al tempo stesso la riflessione e l'affetto, un libro che ponga e trattenga l'anima in presenza del Signore. Tuttavia, il primo libro per la lettura meditata sarà, naturalmente, la Bibbia.

Io consiglio sempre di fare uno "studio" personale su differenti temi dei vari libri biblici. È utile che, dopo aver fatto le proprie "investigazioni", si disponga di un quadernetto dove annotare le personali considerazioni affinché se si vuole meditare, per esempio, sull'amore di Dio o sulla speranza, la vita eterna, la consolazione, la fede, la fedeltà, ecc., si sappia subito a quale libro della Bibbia riferirsi.

In secondo luogo per fare, propriamente, la lettura meditata consiglio:

Mettiti in posizione di riposo. Domanda la luce del Signore. Sappi esattamente su quale argomento vuoi meditare o, almeno, su quale aspetto o tema biblico accentrare la tua attenzione. Supponiamo che si tratti di un capitolo delle lettere di S. Paolo: comincia a leggere; leggi adagio, molto adagio; su quanto leggi, medita; su quanto mediti, leggi.

Supponiamo che un'idea ti paia interessante:

fermati, leva gli occhi dal libro, approfondisci l'idea. Continua leggendo adagio. Su quanto leggi, prosegui meditando. Supponiamo che non capisca un paragrafo; in questo caso torna indietro. Fa' un'ampia rilettura e vedi quale è il contesto di quell'idea così da afferrare bene il senso del paragrafo. Prosegui leggendo adagio.

Supponiamo che, all'improvviso, ti venga un pensiero che t'impressiona fortemente. Alza gli occhi ed esprimi tutto il succo di quel pensiero, applicandolo alla vita...

Se senti la voglia di conversare con il Signore, dirigergli un affetto, adorare, stupirti, ringraziare, chiedere perdono, forza... fallo con calma. Se non accade niente di particolare, prosegui con la lettura riposata, concentrata, tranquilla. Tieni presente, tuttavia, che l'ideale è che la lettura ti prenda e ti getti affettivamente nelle braccia del Signore per trasformarti, finalmente, in immagine viva di Gesù e testimone suo in mezzo al mondo.

Se, lungo la lettura meditata, si produce una "visita" del Signore, non occorre proseguire. Abbandona tutto e lasciati portare dal vento di Dio, pago di stare col Signore.

È conveniente che ogni lettura meditata finisca con un proposito concreto di vita secondo la direzione delle idee che si sono meditate.

Questo metodo della lettura meditata non è solamente utile ai principianti ma anche a chi è più avanti nei misteri di Dio, soprattutto durante i periodi di siccità, aridità, prove, notti oscure.

Il secondo metodo, relativamente facile e proficuo per meditare, è la meditazione comunitaria. Essa consiste in questo: un piccolo gruppo di persone si riunisce per riflettere su differenti aspetti della vita cristiana.

Si comincia con la lettura di un frammento biblico o di un capitolo di un libro, che circoscriva e focalizzi la materia che si intende meditare. In questo modo, inoltre, resta ambientato e illuminato il tema. È conveniente anche recitare un'orazione comune, come un salmo o una invocazione allo Spirito Santo.

Poi, ogni persona fa la sua riflessione spontanea davanti agli altri, comunicando ciò che le suggerisce il tema stesso o la sua applicazione alla vita, spaziando anche in altri campi paralleli, affini al tema centrale. E così, successivamente e spontaneamente, tutti partecipano.

Perché la meditazione comunitaria dia il suo frutto, è imprescindibile che, nel gruppo, regni tranquillità, sincerità e mutua confidenza. Altrimenti rimarranno "bloccate" la spontaneità e l'azione dello Spirito. È necessario anche evitare del tutto gli esibizionismi, cioè il voler emergere, dire cose originali o brillanti.

È conveniente che i partecipanti, oltre che arricchirsi mentalmente, affinino i criteri pratici, prendano in comune decisioni concrete per la vita fraterna o pastorale. Così, la lettura meditata diverrà scuola di vita e di amore.

Ho conosciuto cristiani ai quali il Vangelo cadeva dalle mani perché non diceva loro nulla. Ma una volta entrati in un gruppo di riflessione scoprirono inaspettate ricchezze e, cosa strana, trascinati dallo spirito comunitario hanno "tratto" dal loro intimo, e comunicato agli altri, grandi *novità* su Gesù e scoperte che, più che gli altri, hanno meravigliato loro stessi. Se in un dato momento si stabilisce una corrente affettuosa con il Signore a livello personale o di gruppo, allora può aversi una magnifica orazione comunitaria.

ORAZIONE COMUNITARIA

Intendo, per orazione comunitaria, il riunirsi di alcune persone per pregare spontaneamente a voce alta, una dopo l'altra.

Perché l'orazione comunitaria sia convincente è necessario che i partecipanti abbiano vivificato anteriormente la loro fede e si siano "allenati" nel contatto personale con il Signore. Altrimenti si avrà l'impressione che là "suonino" parole, a volte molto belle, ma — come dice Ionesco — incapaci di mantenersi in piedi perché prive di contenuto.

È necessario anche che non esistano cortocircuiti emozionali tra gli oranti comunitari. Sebbene questi siano individualmente pieni di fervore, accade un fenomeno curioso: gli stati conflittuali tra fratelli congelano il fervore personale e bloccano l'individuo nella sua relazione con Dio; la distanza tra le persone si converte in distanza tra l'anima e Dio.

Tuttavia, non è necessaria, come condizione,

una grande confidenza tra i partecipanti. Più di una volta ho notato buoni risultati tra persone che non si conoscevano prima. L'importante è che non esistano situazioni conflittuali tra i partecipanti.

Alcuni, per il loro temperamento riservato, provano una certa remora di fronte a questo tipo di comunicazione. È bene invitare anche questi a comunicare, ma senza violentare la loro natura riservata.

Esiste anche una legge di psicologia generale, per la quale qualsiasi intimità esige riservatezza, e tanto maggiore è l'intimità, tanto maggiore dev'essere la riservatezza. Così come gli amanti di questo mondo sfuggono, per i loro incontri, ogni presenza e sguardo indiscreto, così i grandi contemplatori — come Mosè, Elia, Gesù — cercarono sempre la solitudine completa per i loro incontri con Dio. Francesco d'Assisi non solo se ne andava sulle montagne per le sue comunicazioni col Signore, ma anche là si nascondeva in grotte oscure e solitarie.

Malgrado ciò, se in un gruppo orante avviene il contatto vivo con Dio, quel gruppo si trasforma in un nuovo cenacolo e quella preghiera racchiude l'impeto e la fecondità della Pentecoste. Questo sì: per effondersi davanti al Signore e davanti ai fratelli è necessario che gli oranti provengano dal "deserto", carichi di fede e di amore.

ORAZIONE LITURGICA

La preghiera liturgica, in quanto mezzo pedagogico per acquistare o recuperare il senso di Dio, sta sulla stessa linea dell'orazione vocale. Certamente ha una dignità e un'efficacia particolari poiché è la preghiera ufficiale della Chiesa. D'altra parte, avvolge i suoi riti con una bellezza eccezionale, offre i testi più scelti della parola di Dio e in ogni momento suscita un alto senso comunitario. Tutto ciò fa dell'orazione liturgica la grande preghiera del popolo dell'Alleanza.

Tuttavia, l'orazione liturgica, che è alimento delle moltitudini e solenne omaggio del popolo al suo Dio, necessita di interiorità e devozione personale per giungere a essere la vera adorazione « in spirito e verità » (Gv 4,24). Qui ripetiamo quanto diceva il drammaturgo Ionesco: le parole sono come i sacchi, di per sé cascano; ciò che le mantiene in piedi è il loro contenuto.

È come dire: se l'anima è "addestrata" al contatto con Dio, se è "caricata" di Dio, allora l'orazione liturgica sarà per essa un piatto squisito, un banchetto insuperabile che non solamente rinvigorirà quell'anima, ma anche, per contagio comunitario, stimolerà la moltitudine trasformandola in un popolo di adoratori.

Ma se l'anima giunge vuota o non dà pieno significato alle cerimonie, può accadere che la preghiera liturgica non arrivi a essere un *incontro* con Dio né con gli uomini, e si potrà dire: « ...questo popolo si avvicina a me solo a parole e mi onora con le labbra, mentre il suo cuore è lontano da me... » (Is 29,13).

In questi ultimi anni è sorto un nuovo movimento di orazione in tutto il mondo. Prende differenti nomi: *orazione carismatica* (dovuto al manifestarsi dei carismi dello Spirito Santo), *orazione pentecostale*... I suoi effetti possono essere quelli di una mattina di pentecoste: ebbrezza spirituale, conversioni folgoranti e un dilagare irresistibile dello Spirito. Sono apparsi molti libri sul "Rinnovamento nello Spirito" *.

Penso che sia uno dei mezzi più efficaci per vivificare la fede, per sperimentare la vicinanza affascinante di Dio e perché le anime restino marcate, il più delle volte per sempre, dal fuoco vivissimo di Dio. Inoltre, esiste il vantaggio che tutto questo si sviluppa a livello comunitario.

A questi incontri di orazione si arriva con una spontaneità ammirabile e audace, senza alcuna preparazione; nessuno si preoccupa di quello che si dirà o si farà e di chi parlerà. Non c'è ordine del giorno o elenco di materie, nessuna pianificazione. Tutte queste preoccupazioni si lasciano da parte, nella luce dello Spirito Santo.

Gli oranti arrivano con uno spirito allegro, fraterno e comunicativo. Si comincia con un canto, con una lettura o con un grido di lode, secondo ciò che "detta" lo Spirito. Tutti pregano insieme e a

* Le Edizioni Paoline dedicano un'intera collana di volumi a questo argomento. Qui ne citiamo soltanto alcuni a titolo di esempio: S. Falvo, *L'ora dello Spirito Santo,* Roma 1979, 6 ed.; L. J. Suenens, *Ecumenismo e rinnovamento carismatico,* Roma 1979; D. Grasso, *Vivere nello Spirito,* Roma 1980.

voce alta; e il clamore sale e scende in ondate successive.

Regna la spontaneità più completa. Si grida, si prega, si piange, in un'allegria indescrivibile, in una grande disponibilità verso Dio e verso gli uomini, soprattutto nell'ora delle testimonianze. Le grida sono di lode, di supplica, di giubilo e di esaltazione spirituale. Tale orazione è diretta generalmente a Gesù.

A volte, gli oranti non fanno che ripetere una sola esclamazione. Ci sono quelli che non vanno più in là di due o tre frasi. Altri, invece, sono come trascinati da un'ondata di ispirazione e si abbandonano a espressioni umanamente inspiegabili.

In certi momenti si scatena un vero tumulto, un enorme scompiglio. Ma, paradossalmente, pare un concerto nel quale il clamore degli oranti si compone in una inesprimibile e stupenda sinfonia. Le ore passano e nessuno avverte la fatica.

Ad un tratto qualcuno si alza, parla spontaneamente sotto l'impulso dello Spirito, le sue parole sono accompagnate dalle acclamazioni dei presenti e da esplosioni di lode. Accade che persone incolte in materia religiosa dicano cose sublimi al di fuori della portata di teologi professionisti.

Regna una sincerità totale, le finestre dell'anima si aprono, assolutamente tutte; si fanno confessioni pubbliche, seguite da umili pentimenti, senza che nessuno si senta umiliato. Si formulano promesse, si prendono categoriche decisioni di conversione.

Tutto ciò lascia nei partecipanti una gran voglia di pregare di più, di uscire sulla strada e fare immediatamente del bene a tutti, di trattare tutti come fratelli, perdonare, servire, amare.

So che non tutto è oro puro. In tutto questo c'è una buona dose (chi potrebbe dire quanto?) di contagio collettivo (psicosi?). In alcuni gruppi esiste un'esagerata preoccupazione per il dono delle lingue, la guarigione degli infermi, l'effusione sensibile dello Spirito Santo...

Nonostante tutto, malgrado le riserve, considero l'orazione carismatica come il metodo ideale per arrivare, bruciando molte tappe, all'esperienza di Dio. Considero il "Rinnovamento" provvidenziale per la Chiesa cattolica, tanto ritualista in altri tempi e tanto colpita dalla depressione della fede anche tra gli ecclesiastici e i consacrati ai nostri giorni. Ho l'impressione che si stia realizzando una grande èra dello Spirito per la Chiesa di Dio.

5.
DEVOZIONE E CONSOLAZIONE

DEVOZIONE

Facilmente si confonde la *devozione* con l'emozione o con qualche fattore sensitivo. Certamente la devozione contiene alcuni elementi affettivi, ma nella sua essenza è altra cosa.

È un dono speciale dello Spirito che abita l'anima e la dispone a bene operare. A volte è il risultato di una "visita" di Dio che sopravviene nell'orazione e la sostiene.

La devozione ci fa sentire forti, pronti a superare le difficoltà, vince la tiepidezza, riempie l'anima di generosità e audacia, chiarifica la mente, accresce l'entusiasmo per Dio, spegne le passioni mondane, fa superare con facilità le tentazioni, infine pone nel cuore prontezza, decisione e gioia.

L'essenza della devozione non è, dunque, sentimento bensì prontezza. Gesù sentì nausea nel Getsemani, tuttavia la devozione filiale lo sostenne per condurre a termine i progetti del Padre.

Tuttavia, la devozione contiene anche una certa dose di emotività che, a volte, si deve al temperamento; ma l'emozione non è necessariamente proporzionata al vero amore, il cui termometro esatto è la disposizione ad aderire alla volontà del Padre.

« (La devozione) è una cosa soprannaturale e da noi stessi non potremo mai procurarcela, nonostante tutte le nostre possibili diligenze. L'anima entra ormai nella pace, o, per meglio dire, ve la fa entrare il Signore mediante la sua divina presenza, come già fece col giusto Simeone. Allora tutte le potenze si riposano, e l'anima conosce, ma con una conoscenza molto più chiara di quella che ci vien dai sensi esterni, che ormai si trova vicinissima al suo Dio, tanto che innalzandosi ancora un poco, arriverebbe a farsi una stessa cosa con Lui, mediante l'unione. (...)

« Il corpo sperimenta un diletto soavissimo, e l'anima una dolcissima soddisfazione. Si sente tanto contenta nel vedersi vicina alla fonte, che si trova già sazia prima ancora di bere. Le sembra che non vi sia più nulla da desiderare. Le sue potenze sono nel riposo e non osano muoversi, perché sembra che tutto sia loro d'impedimento per meglio amare. (...) L'intelletto e la memoria sono sempre liberi; soltanto la volontà è schiava... » [5].

Per sua propria natura, l'amore è sempre una forza ardente e nella misura che cresce in profondità si fa più sensibile. Questo amore è inevitabilmen-

[5] S. Teresa di Gesù, *Cammino di perfezione,* c. XXXI, 2-3, in *Opere,* Post. Gen. OCD, Roma 1977, 6 ed.

te "sentito" sia nel godimento dell'unione come nel vuoto doloroso dell'assenza. In certe correnti di spiritualità, come in quella francescana, i gesti sensibili eccellono per la loro intensità. Ogni devozione gioiosa che spinge al superamento di se stessi attraverso la negazione è buona; d'altro canto comporta pericoli sottili di narcisismo, bramosia spirituale, egoismo alienante. Si può cercare Dio per la pace e il conforto originati dalla sua presenza, e non per se stesso. Si può cercare la dolcezza di Dio invece che cercare il Dio della dolcezza, ritardando o tralasciando definitivamente l'unione trasformatrice.

Tuttavia, la "visita" (presenza sentita di Dio) produce sempre "bontà" e "delizia" (cf. Sal 33; 85; 99; 144). Come il mangiare e il bere dànno soddisfazione e diletto, così qualsiasi facoltà strutturata per un obiettivo determinato, se lo avrà ottenuto, proverà una sensazione di pienezza e di soddisfazione. Poiché l'uomo è stato creato a immagine e somiglianza di Dio, è inevitabile che quando abbia raggiunto (freccia scagliata verso il bersaglio divino) in qualche grado il suo obiettivo, senta una gioia sensibile (devozione).

Tuttavia, per evitarci di cercare sottilmente in noi stessi la devozione sensibile, giustamente Dio a volte sospende quella legge naturale: malgrado l'anima abbia raggiunto Dio in grado abbastanza elevato, Dio la lascia ansiosa, vuota... ecco la ragione delle aridità e delle notti purificatrici.

Si comprende che per le anime che vengono dalla dura battaglia della vita, il palpito di Dio è refrigerio; esse necessitano della devozione sensibile come del respiro. Senza gioia sensibile esse sono come il navigante senza remi.

CONSOLAZIONE

Nella tristezza, nella infermità, nel lutto, nella persecuzione, l'uomo ha necessità di consolazione. Familiari e amici accorrono a confortarlo quando gli altri lo abbandonano, ma anche le loro parole sono solamente un tenue sollievo. Ognuno se ne sta solo con il suo dolore. Nei momenti decisivi siamo soli.

Nella Bibbia, il caso tipico, simbolo di tutte le desolazioni, è l'abbandono totale di Gerusalemme, distrutta, saccheggiata, bruciata, deportata e dimenticata da Dio: « Il Signore mi ha abbandonato, il Signore mi ha dimenticato » (Is 49,14). Ma tanto il profeta Geremia quanto Isaia scrivono il "libro delle consolazioni". Dio si presenta come un padre affettuoso annunciando: « Per un breve istante ti ho abbandonata, ma ti riprenderò con immenso amore » (Is 54,7).

Ci sono certi momenti in cui niente e nessuno riescono a consolarci. La desolazione raggiunge livelli troppo profondi: né amici né familiari né amanti possono raggiungere tale profondità. A volte si verificano situazioni indescrivibili, indecifrabili perfino per noi stessi: non si sa se si tratta di solitudine, frustrazione, nostalgia, vuoto o tutte le cose insieme. Solo Dio può arrivare fino al fondo di quell'abisso.

Non c'è anima che non abbia avuto una tale esperienza e che, trovandosi in simili frangenti, repentinamente e senza sapere come, non abbia sentito una profonda consolazione, quasi che un olio soavissimo fosse stato versato sulle sue ferite. Dio stesso era presso quell'anima ferita con la sua dolcezza refrigerante.

Altre volte si arriva a sentirsi come un bambino indifeso: disinganni, grave infermità, insuccesso definitivo, vicinanza della morte... La desolazione è troppo grave, sorpassa ogni misura. Chi potrà consolarci? L'amico? La sposa? « Come una madre consola un figlio, così io vi consolerò » (Is 66,13). Il conforto di Dio è come olio versato sulle ferite brucianti di desolazione.

E se la desolazione è dovuta all'assenza di Dio, allora una "visita" di Dio è capace di cambiare l'oscurità in luce: zampilleranno sorgenti, i monti si spianeranno, i deserti diverranno giardini (cf. Is 41,18-19).

Ogni assenza produce tristezza. Gesù si allontana, i suoi amici si sentono come orfani. Nell'orazione accade altrettanto: sensazione di oscurità, impressione di lontananza, assenza o silenzio di Dio lasciano nell'anima un senso di vuoto, abbandono, tristezza, desolazione. In entrambi i casi — ai suoi discepoli e a noi — Gesù dice di non preoccuparsi perché invierà Qualcuno che, per natura, è "Consolatore". In quei giorni la Chiesa « cresceva e camminava nel timore del Signore, colma del conforto dello Spirito Santo » (At 9,31).

S. Paolo scoprì che la consolazione scaturisce dalla desolazione. Era sopravvissuto a una tribolazione lacerante fino al punto di sentire nella sua carne l'artiglio della morte; ma poté verificare che il Dio di ogni consolazione conforta oltre misura. La sua seconda Lettera ai Corinzi è la "magna carta" della consolazione biblica. L'introduzione al capitolo primo è un'altalena di consolazione e desolazione; si ha l'impressione che provasse l'una e l'altra in maniera vivissima.

> « Sia benedetto Dio, Padre del Signore nostro Gesù Cristo, Padre misericordioso e Dio di ogni consolazione, il quale ci consola in ogni nostra tribolazione perché possiamo anche noi consolare quelli che si trovano in qualsiasi genere di afflizione con la consolazione con cui siamo consolati noi stessi da Dio. Infatti, come abbondano le sofferenze di Cristo in noi, così, per mezzo di Cristo, abbonda anche la nostra consolazione. Quando siamo tribolati, è per la vostra consolazione e salvezza; quando siamo confortati, è per la vostra consolazione, la quale si dimostra nel sopportare con forza le medesime sofferenze che anche noi sopportiamo. La nostra speranza nei vostri riguardi è ben salda, convinti che come siete partecipi delle sofferenze così lo siete anche della consolazione » (2 Cor 1,3-7).

Nel capitolo settimo Paolo appare tormentato dentro e fuori, combattuto tra lotte e timori. Ma, una volta di più, vediamo come dalle ferite della tribolazione si accenda la fiamma della consolazione.

« Infatti, da quando siamo giunti in Macedonia, la nostra carne non ha avuto sollievo alcuno, ma da ogni parte siamo tribolati: battaglie all'esterno, timori al di dentro.

« Ma Dio che consola gli afflitti ci ha consolati con la venuta di Tito, e non solo con la sua venuta, ma con la consolazione che ha ricevuto da voi. Egli ci ha annunziato infatti il vostro desiderio, il vostro dolore, il vostro affetto per me; cosicché la mia gioia si è ancora accresciuta » (2 Cor 7,5-7).

6.
DISPOSIZIONI

Se l'orazione è la concentrazione di tutte le facoltà in Dio, la distrazione è la dispersione della mente in mille direzioni, in momentanea fuga dal controllo della volontà e della coscienza. Parlando del *silenzio interiore* abbiamo spiegato la natura della distrazione e segnalato il cammino per superarla.

SICCITÀ

Quando la distrazione non è un atto passeggero bensì un'impossibilità completa di concentrarsi nel Signore, e se questa si prolunga per un certo tempo allora si chiama *siccità.* La siccità è accompagnata, normalmente, da una sensazione di incapacità depressiva e da un certo snervamento delle facoltà. Il pessimista tende a pensare che non è nato per pregare o che tutto è perduto.

La siccità può giungere, in alcune persone, a produrre tristezza e perfino desolazione dovute, generalmente, alla completa impotenza, seppure momentanea, di entrare in contatto con il Signore.

In certi casi la siccità può avvicinarsi pericolosamente ai vertici dell'aridità.

Sebbene il significato delle parole sia, come abbiamo detto, differenziato, tuttavia vi è una tale correlazione che è difficile distinguere dove cominciano e dove finiscono le frontiere della distrazione o quelle della siccità o dell'aridità.

I maestri dello spirito, nel descrivere le loro esperienze, abbondano in descrizioni straordinariamente vive sulla siccità che dovettero sopportare. Nel leggerle si rimane sospesi tra il timore e l'ammirazione. S. Teresa ci assicura che ella ha gettato molte volte il secchio nel pozzo e altrettante volte lo ha ritirato senza acqua.

Molte volte succederà all'anima, continua la Santa, di non avere la forza nemmeno di alzare le braccia per sollevare il secchio: in quei momenti si è incapaci perfino di esprimere un solo pensiero; la siccità esige un alto prezzo. Ella che trascorse anni in questa situazione lo sa per esperienza. C'erano volte, ricorda la Santa, in cui si sentiva felice quando riusciva a cavare una goccia d'acqua da quel benedetto pozzo, e considerava ciò un privilegio speciale del Signore.

Per superare le epoche di siccità occorre più coraggio che per altri prestigiosi lavori di questo mondo. Ci furono anni in cui S. Teresa era più preoccupata dell'orologio (nel coro) che dell'orazione stessa, calcolava quanto tempo mancava e desiderava che tutto finisse presto. E molte volte si sarebbe sottomessa a qualsiasi pesante penitenza piuttosto che cominciare a raccogliersi per l'orazione. Non riusciva a capire se fosse colpa del demonio o della sua meschina natura; ma il fatto era che solamente il pensiero di doversi recare all'orazione le dava pesantezza. E, nell'entrare nell'oratorio, le cadeva l'anima ai piedi e la invadeva una grande tristezza e doveva appellarsi a tutte le sue forze. Ma poi tutto finiva, per grazia di Dio.

Ecco perché migliaia di anime abbandonano quasi del tutto l'orazione. Fanno sforzi sovrumani e prolungati, e non riescono a cavare una goccia sola da quel benedetto pozzo. Allora si sentono snervate per la sproporzione tra gli sforzi e i risultati e finiscono per pensare che la cosa non valga la pena.

Tuttavia, sono sempre disposte a riprendere il cammino perché presentono che l'orazione è questione di vita o di morte per il progetto della loro vita.

Le *cause* della siccità sono di diversa natura:

1) un attivismo incontrollato che scompone l'unità interiore;

2) la natura stessa dell'orazione, nella quale entrano: il silenzio di Dio, l'oscurità della fede, la tendenza della mente umana alla molteplicità e alla diversificazione, l'influenza dei sensi sulle facoltà interiori;

3) le tendenze patologiche di qualsiasi ordine che sfuggono alla diagnosi, le indisposizioni corporali, le posizioni faticose e scomode. Senza soffrire di una concreta infermità, uno può sentirsi male, essere di malumore, avere momenti di depressione, una forte instabilità, malinconie o un "non so che" indefinibile. Certi difetti ereditari, che nel corso normale della vita possono passare inosservati, nel-

l'orazione fanno la loro apparizione con una virulenza particolare, soprattutto nella linea della siccità e della versatilità;

4) l'orazione ben condotta è un'attività molto complessa che comporta un lavoro intellettuale e soprattutto un controllo sensitivo che diriga le energie emozionali; è necessario un elementare equilibrio emozionale;

5) le siccità possono essere prove espressamente imposte dal Signore; nella Bibbia è una legge costante la prova di colui che si è dato: « Sono convinta che il Signore, prima di arricchire le anime coi suoi grandi tesori, mandi loro questi tormenti e tutte le altre tentazioni che si soffrono, per provare se lo amano davvero e vedere se potranno bere al suo calice e aiutarlo a portare la sua croce »[6].

Che cosa fare?

Quando arrivano i tempi della siccità i principianti cercano di spiegare poderose energie per vincere la siccità. Vano intento. La siccità non si vince con energia di volontà: « Se in queste circostanze si insiste a farle forza, è peggio e il male dura di più » dice S. Teresa.

Ho conosciuto persone che il gran dispiego di energie ha lasciato affaticate, preda dell'ansia e dell'impotenza. Tutto ciò, invece di risolvere la siccità, la rincrudisce, per cui affranti dall'insuccesso, molti decidono di abbandonare l'orazione considerandosi irrimediabilmente esclusi.

Una volta di più i tre angeli che ci accompagne-

[6] S. Teresa di Gesù, *Vita...,* c. XI, 11, in *Opere,* cit.

ranno per la terra deserta, affinché non veniamo avvolti e vinti dalla notte dello scoramento, sono: la pazienza, la perseveranza, la speranza.

La *pazienza,* per accettare con serenità una condizione che tanto ci limita e toglie la voglia di proseguire il cammino. Nulla si consegue, ripetiamo, impiegando grande quantità di energia per sconfiggere la siccità; non lo si vince lottando questo nemico, bensì, paradossalmente, assoggettandosi, abbandonandosi. Con altre parole, accettandolo.

« Non s'inquietino, perché è peggio; e in luogo di affaticarsi per rimettere sulla strada l'intelletto fuorviato, preghino come meglio potranno. Anzi, poiché in quel momento hanno l'anima ammalata, invece di recitare, cerchino di procurarle riposo, applicandosi a qualche opera buona... »[7].

« Per un'anima che ama Dio è veramente croce non piccola trovarsi in queste miserie e non poter far quello che si vuole, per esser soggetti ad un ospite così cattivo com'è il corpo in cui si vive... »[8].

La *speranza* ci dice che tutto passerà, che nulla è eterno, che le prime leggi dell'universo sono quelle della contingenza e della transitorietà. Tutto è in

[7] S. Teresa di Gesù, *Cammino di perfezione,* c. XXIV, 5, in *Opere,* cit.

[8] S. Teresa di Gesù, *Vita...,* c. XI, 15, in *Opere,* cit.

perpetuo movimento, niente è statico. Se tutto è effimero e nulla permane, domani sarà meglio, passerà la siccità, verranno tempi migliori. Il cristiano deve prendere coscienza di ciò, e sarà sufficiente per abbandonare la resistenza, accettare la siccità e, accettandola, vincerla.

Nella traversata di questa landa, la virtù che ci accompagnerà con un'assistenza specialissima è la *perseveranza,* figlia della speranza.

Bisogna prendere coscienza che le grandi conquiste dell'umanità si sono ottenute con una tenace perseveranza. Essa viene messa a prova, precisamente, nei momenti difficili. Perseverare quando i risultati splendono alla vista non è merito; mantenersi in piedi quando infuriano le tempeste e ci avviluppano le tenebre, avanzare quando la nebbia impedisce di vedere a due metri, ecco l'essenza della perseveranza.

La nostra epoca ha una speciale difficoltà a perseverare, perché abituata alla rapidità, alla produttività e all'efficacia, caratteristiche della società tecnologica. Vuole risultati palpabili, li esige quasi automaticamente. La vita di orazione, al contrario, presenta caratteristiche totalmente opposte: i risultati sono sempre imprevedibili; la crescita non è armonicamente evolutiva; l'azione di Dio è sconcertante per essere gratuita e la risposta dell'uomo è versatile come la sua natura. E così, immediatamente, appare lo scoramento.

Risultato? La perseveranza diventa molto più difficile su questo terreno. L'importante è non abbandonare l'impresa e continuare.

La fede e la speranza accendono la fiamma della perseveranza, e la perseveranza è garanzia dell'esito progressivo e finale. Per trarre forza dalla debolezza e perseveranza dalla speranza, il cristiano ha bisogno di appoggiarsi fermamente alla fede, che consiste non nel *sentire* bensì nel *sapere:* sapere che, malgrado il movimento non si veda, la grazia si muove; si muove perché la grazia è vita e la vita è movimento. Io non sento il movimento del mio fegato, dei miei reni, del mio intestino... tuttavia so, con certezza, che tutto è in perpetuo movimento. È la certezza della fede.

La fede prende il cristiano e lo induce all'abbandono: abbandono nella prova della siccità, dell'oscurità, dell'impotenza; non resistere a nulla, pieno di pace lasciarsi portare dalla corrente dell'insensibilità e dell'apatia. Verranno giorni migliori.

ATROFIA SPIRITUALE

I maestri spirituali ci parlano di tre stati di prova: distrazione, siccità, aridità. Tuttavia l'osservazione mi ha portato a "scoprire" un'altra situazione, quasi peggiore delle prime, molto frequente ai nostri giorni: l'*atrofia spirituale.*

Ai muscoli succede che se non vengono esercitati per lungo tempo perdono consistenza ed elasticità. Non muoiono, però perdono vitalità. Non servono più per spiegare energie, alzare pesi, correre. Si atrofizzano. Non è la morte, però ne è l'anticamera.

L'immobilità è segno di morte e produce morte. Se la vita cessa di essere movimento, cessa di essere vita: i tessuti si induriscono e si irrigidiscono. Se si cessa di innaffiare e concimare una pianta, essa appassisce, perde vigore e muore.

A molte anime succede la stessa cosa. Per anni non fecero uno sforzo ordinato, metodico, paziente e perseverante per entrare in comunione profonda e frequente con il Signore. Fecero per lungo tempo un'orazione sporadica e superficiale. Inventarono mille pretesti per giustificare questa situazione dicendo che colui che lavora già prega, che Dio bisogna cercarlo nell'uomo... Con ciò tranquillizzarono la loro coscienza, almeno fino a un certo livello. Sostituirono la riflessione all'orazione e le chiacchiere come contropartita della meditazione. A poco a poco andarono perdendo il senso di Dio e il gusto dell'orazione. Nella loro intimità successe questo: quelle energie, che i mistici chiamano potenze o facoltà, non venendo più attivate, lentamente perdettero elasticità. Perdendo vigore vennero utilizzate sempre meno. Non venendo utilizzate, finirono pian piano per estinguersi.

Queste energie sono il nodo d'unione tra l'anima e Dio: attraverso questo ponte va e viene la corrente affettiva, rivestita d'intimità, tra l'anima e Dio. Estinguendosi quelle energie di profondità, rimane interrotta la comunicazione con il Signore. Così si perde la familiarità con Lui. Dio se ne va ogni volta più lontano, vaporoso e inesistente. E, naturalmente, in questo stato a nessuno piace pregare.

È in queste condizioni che molti giungono ai

nostri *Incontri di Esperienza di Dio.* Mi sono imbattuto spesso in casi pietosi.

Arrivano con un vivo desiderio di recuperare il senso di Dio e l'abitudine all'orazione. Secondo la pedagogia di tali *Incontri,* i partecipanti cominciano a muovere i primi passi, sostenuti dall'orazione vocale; e, in un primo momento, queste persone si sentono male, spaesate.

Fino a quando leggono, sfogliano la Bibbia, ascoltano conferenze e pensano un poco alla loro vita, tutto va più o meno bene. Ma quando tentano di entrare in una maggiore profondità divina, succede loro qualcosa di strano, difficile da descrivere. Si sentono come persi in un mondo estraneo: come se tutto fosse menzogna, come se nulla avesse consistenza, come se non calpestassero terra ferma...

Hanno la testa confusa. Durante la loro vita han letto tanti libri e riviste, ascoltato tante teorie, assunto idee tanto contraddittorie... Ci sono stati anche periodi di fragilità: i compromessi vitali e le ideologie mentali li hanno condizionati e segnati in profondità. Tutto questo confuso sottofondo emerge davanti alla loro mente precisamente nel momento in cui pretendono di raccogliersi per l'incontro con il Signore; ed essendo la loro mente abituata a mille cose disordinate e disparate, trovano la fede e il suo contenuto vaghi e inconsistenti.

Riesce loro facile riflettere facendo acrobazie teologiche sopra certi problematici passi del Vangelo; non sentono difficoltà nel trattare le materie di fede per le applicazioni pastorali. La difficoltà (impotenza) comincia quando vogliono vivere personalmente quella stessa fede.

E, in quel momento, "scoprono" che la loro fede è vulnerabile. Pregare in tale stato d'animo è come pretendere di volare con le ali ferite. Durante gli ultimi anni ascoltarono e lessero mille spropositi senza batter ciglio. Ognuno si sentiva in diritto di "ipotizzare". Chiamavano progressismo l'avventura oltre le frontiere del dogma e dell'ortodossia. Abbatterono a colpi di dialettica i concetti di autorità e di tradizione. Tranquillamente si trastullarono con enormi quantità di errori. La loro fede ricevette colpi sopra colpi. Essi non se ne rendevano conto perché vivevano superficialmente. Ma al momento di penetrare a livelli più profondi per l'incontro vivo con il Signore, per la prima volta prendono coscienza della loro incapacità a volare.

È una situazione che sorprende loro stessi, un'amara scoperta che non si aspettavano: è impossibile per essi pregare. Sono invalidi. Sentono, d'altra parte, che la vita con Dio è questione di vita o di morte e in essa si gioca il senso della vita. E cominciano a fluttuare tra il desiderio e l'impotenza.

Da molti di costoro ho ascoltato le confidenze più tristi: sono stato leggero; ho dilapidato ricchezze preziose; tante volte ho sentito che la fede è un tesoro fragile, che bisogna maneggiarla con attenzione, e invece l'ho trascurata come un oggetto di poco valore.

Queste persone, perlomeno, sono inquiete e han desiderio di un ritorno e cercano i mezzi. Ma ci sono altri che si sono stabiliti in una mediocrità spirituale e non sentono il desiderio di uscire da un tale stato. Non soffrono di trovarsi così. Sono soddisfatti dei loro risultati. L'apostolato e le altre attività di tipo professionale dànno loro un'ampia compensazione. Si sentono realizzati e nulla rimpiangono. La vita con Dio non li preoccupa. A loro basta un temperamento ben strutturato per destreggiarsi tra gli avvenimenti della vita. Non chiedono di più. Si sono regolati per vivere "come se" Dio non esistesse.

Per costoro non si intravede alcuna soluzione. Lo scoglio insormontabile è la loro propria soddisfazione. Al contrario, esiste "salvezza" per gli altri, gli inquieti. Che cosa fare, dunque?

Tengano in considerazione gli orientamenti che abbiamo dato sulla pazienza, la costanza e la speranza; così come sulla natura della vita di grazia e la sua crescita. Hanno bisogno di fare i primi passi come chi apprende di nuovo a camminare. Dovranno appoggiarsi all'orazione vocale, ai salmi, alla lettura meditata, ecc. E, con infinita pazienza e ostinata fedeltà, proseguire salendo e salendo. A loro serviranno anche gli orientamenti pratici che daremo ora sull'aridità.

ARIDITÀ

L'*aridità* è una prova di impotenza e impedisce il contatto con Dio, quello che in altri momenti procurava tanta gioia e devozione. Generalmente si abbatte su quelle anime che hanno intrapreso sul serio l'ascensione verso Dio.

Sono persuaso che l'aridità, così come la descrivo, corrisponda quasi totalmente alle "notti dello spirito" di S. Giovanni della Croce.

Si tratta di uno stato di desolazione. Le anime in questo stato dicono: non sento niente. Tutto mi annoia, perfino mi ripugna. Come Cristo nel Getsemani provo « tristezza e angoscia » (Mt 26,37). È un tormento mettersi a pregare. Eppure ebbi tanta felicità in altri tempi passati con Dio...! Mi sento come una pietra. Dio è lontano, assente, non so neanche più se esista. Se fossi certo che dopo un anno di aridità si affaccerà il volto di Dio... ma chi sa se mai "tornerà" il Signore?

Non c'è notte che possa paragonarsi a questa oscurità. L'anima può perfino sentire la tentazione di dire: se non avessi mai "conosciuto" Dio! In certi momenti giunge a ripetere le parole di Gesù: « La mia anima è triste fino alla morte » (Mt 26,38).

> « La prima purificazione o notte è amara e terribile per il senso... La seconda non ha paragone, perché è orrenda e spaventosa per lo spirito » [9].

Queste prove le subiscono le anime progredite, e se non avessero il ricordo dei felici incontri con Dio nel passato, volterebbero per sempre le spalle alla vita con Dio. E se l'anima ha sperimentato molto intensamente in tempi passati la felicità del contatto con Dio, la prova dell'aridità può assomigliare all'inferno.

> « Perché quelli che discendono a queste sponde dell'inferno, qui espiano come di là... » [10].

[9] S. Giovanni della Croce, *Notte oscura,* l. I, 8, 2, in *Opere,* Post. Gen. OCD, Roma 1979, 4 ed.
[10] *Ivi,* l. I, c. XI, 6.

A mio parere, mentre la distrazione e la siccità sono fenomeni dei primi passi e generalmente sono spiegabili con principi psico-somatici, l'aridità al contrario è una prova inviata espressamente da Dio; è profondamente purificatrice e tocca alle anime abituate a una grande familiarità con il Signore. Sono molte le persone, un po' superficiali nell'orazione, che abbandonano definitivamente l'orazione quando giungono le siccità; perfino, se in questo momento di fragilità sono scosse da una forte crisi, abbandonano lo stato religioso o sacerdotale. Al contrario le anime investite dalla tormenta dell'aridità, sebbene soffrano spaventosamente e prolungatamente, non abbandonano l'orazione.

L'aridità è fondamentalmente una sensazione di assenza. Se una persona non riconosce o è indifferente a un'altra e questa si assenta, la prima resta insensibile. Ma se si amano intensamente e una di esse si assenta, l'altra diventa triste e desolata. E a maggior amore, corrisponde maggiore desolazione.

« Estingui le mie pene,
ché nessuno può farlo,
e vedano i miei occhi,
che sei la loro luce
e solo per Te voglio averli.

Scopri la tua presenza,
e mi uccidano la tua vista e la tua bellezza;
guarda quale sete di amore
che non si sazia
se non con la presenza e l'immagine » [11].

[11] S. Giovanni della Croce, *Cantico spirituale A,* in *Opere,* cit.

Il tragico aspetto dell'aridità è che l'anima sente un tale sconforto interiore che non capisce essere l'assenza di Dio la causa di tutto. Ha invece l'impressione che tutto sia menzogna, o che tutto succeda per una fatalità irrazionale, o che Dio sia nulla. Psicologicamente parlando, la sensazione di aridità è forse equiparabile a ciò che gli antichi chiamavano il "tedio della vita", sia pure con un significato molto più profondo.

Generalmente queste tormente purificatrici sono accompagnate da incomprensioni, calunnie, accuse ingiuste, diserzione di amici; il tutto avviluppato in un velo di mistero e di oscurità. Dio fa convergere distinte casualità per sradicare l'anima dai mille legami che la trattengono aggrappata a se stessa. Non c'è anima scelta che sia libera da queste prove purificatrici.

> « Perciò non pensate, sorelle, quando vi sentirete così, che i ricchi e quelli che sono liberi abbiano più rimedio per questi momenti. No, no! È come se ai condannati concedessero tutte le delizie del mondo; esse non servirebbero a dar loro sollievo, anzi accrescerebbero il loro tormento. Il conforto viene dal cielo e non valgono niente le cose della terra » [12].

È certo che sul terreno psicologico possono verificarsi fenomeni somiglianti all'aridità, come il tedio e la voglia di morire. Nelle anime molto pro-

[12] S. Teresa di Gesù, *Castello interiore* (o *Mansioni*), VI, c. I, 12, in *Opere,* cit.

gredite nel mistero di Dio, tale tendenza potrebbe accrescere fino all'esasperazione l'aridità spirituale. Sarà impossibile precisare fin dove influisce Dio e fin dove influisce il temperamento. Ma non dimentichiamoci che temperamenti raggianti come S. Francesco d'Assisi e S. Teresa di Gesù hanno sofferto acutamente l'urto dell'aridità e dell'oscurità.

Quindi, senza disconoscere la possibile influenza del temperamento, l'aridità è una prova di Dio per purificare, liberare, sanare, ardere, trasformare e unire. Il mistero opera molto al di sotto delle apparenze, e i meccanismi psicoanalitici non possono raggiungere nemmeno la soglia del mistero.

A conforto delle anime che hanno sofferto o possono soffrire situazioni simili, trascriverò questo bel paragrafo di S. Teresa:

> « Dunque, che cosa farà questa povera anima che soffre da molti giorni, che prega ed è come se non pregasse? Per suo conforto dirò che l'intimo non ammette tale stato, né intende ciò che si prega, anche se si tratta di orazione vocale, perché per quella mentale non è questo il tempo, in quanto mancano le potenze adatte.
>
> « È più dannosa e tormentosa la solitudine che lo stare con altri che le parlino, perché sarà costretta con molto sforzo ad agire pure nelle sue cattive condizioni esteriori. Saprà dire ciò che ha? No, perché si tratta di afflizioni e di pene spirituali che non è possibile definire » [13].

[13] *Ivi,* c. I, 13.

L'aridità è il prolungamento del dramma del Getsemani. Sopra il monte degli Ulivi, in una notte chiara del mese di Nisan, la notte oscura si impossessò di Gesù. La sua anima toccò il fondo dell'aridità. Le anime che l'hanno sperimentata ad "alto voltaggio" sogliono esprimersi con espressioni molto somiglianti a quelle di Gesù (cf. Mt 26,30-46; Lc 22,39-46; Mc 14,26-42). Tutti quelli che si dibattono nella prova dell'aridità partecipano a quella critica depressione di Gesù.

Che fare?

Proseguire in piedi, restare accorti, vegliare vicino a Gesù e con Gesù, nonostante l'anima sia straziata e annichilita. La fede e la speranza devono illuminare come tenui lampade la notte del monte degli Ulivi; quella fede e quella speranza che ci assicurano che dopo la notte sorge l'aurora. Sì, domani uscirà il sole.

Che fare? Non lasciarsi abbattere dallo scoramento. Sperare contro ogni speranza. Resistere all'oscurità, accettandola. Vincere lo sgomento con l'umile abbandono. Non cedere se la notte si prolunga. Vigilare, senza dormire, per tutta la notte accanto a Gesù, accompagnandolo con amore, con speranza, con tenerezza.

UNA "REGINA" DELLE "NOTTI"

Le descrizioni efficaci che ne fa S. Giovanni della Croce richiamano l'attenzione sulle notti purificatrici; abbiamo anche visto la concretezza femminile con cui ne parla S. Teresa d'Avila.

Ma non c'è dubbio che sul terreno delle notti aride, modello e regina sia la piccola santa di Lisieux, Teresa del Bambino Gesù. E ciò non solo per la chiarezza con la quale si esprime o per la forza semplice e drammatica delle sue parole, ma soprattutto per la forza d'animo con cui le visse in un perpetuo atteggiamento di abbandono. Poiché tante anime si trovano in questo purgatorio dell'aridità (immaginano forse di essere nell' "inferno" per l'atroce assenza dell'Amato), a loro conforto ecco alcune commoventi testimonianze della piccola Teresa.

Prima di prendere l'abito, da poco ritiratasi dal mondo, scrive a una monaca, nel gennaio 1889:

> « Di fianco a Gesù niente. Siccità...! Sonno...! ».

Denominandosi "agnellino", in un'altra lettera dello stesso anno evoca il tragico silenzio di Dio con un linguaggio infantile:

> « Il povero agnellino non può dire niente a Gesù; e soprattutto Gesù non gli dice assolutamente nulla ».

Nello stesso anno, tra fini ironie e simbolismi, coniugando la semplicità dell'espressione con la grandezza patetica, dice:

> « L'agnello si sbaglia credendo che il trastullo di Gesù non sia nelle tenebre; è avvilito in esse... Talvolta, e l'agnellino è d'accordo, que-

ste tenebre sono luminose, ma nonostante tutto sono tenebre... ».

Sono passati diciotto mesi. Si prepara per la professione dei voti con il fervore che molti hanno sperimentato nella medesima occasione, ma ella si sente come una fonte disseccata in mezzo al deserto:

« Non crediate — scrive a una sorella — che non pensi a niente. In una parola, sono in un sotterraneo molto scuro ».

Nessuno dei suoi direttori spirituali è capace di allontanare da lei l'aridità. Dio è per lei ''Colui che sempre tace'', ma prosegue nella pace, in totale abbandono; e sebbene niente veda, niente senta, al di sotto di tutte le apparenze intravede la presenza dell'Amato che ispira ed edifica:

« Il mio Amato istruisce la mia anima, le parla in mezzo al silenzio, nelle tenebre ».

Ancora è nella sua prima gioventù, ha appena diciannove anni e intravediamo in lei una maturità sproporzionata alla sua età. È una fragile donna, ma possiede una grande sapienza. C'è nella sua vita un mistero che sconcerta: ha un'intelligenza privilegiata e tuttavia non intende ciò che legge:

« Non crediate — scrive a una sorella — che io nuoti in mezzo alle consolazioni. Oh, no! La mia consolazione è non averne sulla terra. Senza mostrarsi, senza farmi udire interiormente la sua voce, Gesù mi istruisce in segreto; non per mezzo di libri, io non intendo ciò che leggo ».

È una donna di una forza unica. Non ci sono nella sua vita fatti straordinari. L'unica cosa straordinaria è la densità e persistenza del silenzio di Dio nella sua vita. Ma ella vive quieta. Si sente povera e fiduciosa come un bambino. Si lascia portare. Neppure si lamenta dell'oscurità né dell'aridità. Le accetta perfino con allegria. Con una vertiginosa rapidità divora le distanze della santità; con il semplice abbandono brucia tappa dopo tappa. Immaginando se stessa come una "Fidanzata", descrive così il suo itinerario:

> « Prima di partire, sembra averle domandato il suo Fidanzato in quale paese vuole andare e quale via seguire... La piccola Fidanzata ha risposto che non aveva che un desiderio: quello di raggiungere la cima della montagna dell'amore. Per arrivare ad essa le si offrivano molte vie...
>
> « Allora Gesù mi prese per mano e mi fece entrare in quel sotterraneo dove non fa freddo né caldo, dove non splende il sole, dove non arrivano pioggia né vento.
>
> « Un sotterraneo dove non vedo altro che una chiarezza semivelata, la chiarezza che intorno a me diffondono gli occhi abbassati dal volto del mio Fidanzato... Non mi accorgo di avanzare verso la cima della montagna, il nostro viaggio

si fa sottoterra; tuttavia, mi sembra che ci avviciniamo e non so come » [14].

Ecco il modello e la condotta da seguire nell'aridità. Non lasciarsi dominare dall'avvilimento. Credere e sperare contro tutte le apparenze. Camminiamo lungo un sotterraneo, tuttavia stiamo scalando la cima. Come? Io non lo so, ma Lui lo sa. Dio tace. Ma io so che, senza che nessuno se ne accorga, il Signore istruisce la mia anima in silenzio. Conforti? Forse non li avremo fino al giorno dell'eternità. Il conforto è la speranza. Abbandonarsi, sperare e vegliare con Gesù nella lunga notte dell'aridità: ecco l'atteggiamento giusto.

[14] S. Teresa del Bambino Gesù, *Lettere:* « Lett. alla Madre Agnese, sett. 1870 », in *Opere,* Post. Gen. OCD, Roma 1979.

CAPITOLO IV

ADORARE E CONTEMPLARE

« La notte calma,
la musica silenziosa,
la solitudine sonora,
la cena che ricrea e innamora ».

(S. GIOVANNI DELLA CROCE)

« Ecco, sto alla porta e busso.
Se qualcuno ascolta la mia voce
e mi apre la porta, io verrò da lui,
cenerò con lui ed egli con me ».

(Ap 3,20)

In un mezzogiorno ardente, Gesù, coperto di polvere, attraversava la provincia di Samaria lungo la gola che si apre tra i monti Ebal e Garizim. Sulla cima di quest'ultimo gli scismatici di Israele, i samaritani, avevano eretto un tempio piuttosto modesto, come replica e sfida al tempio di Gerusalemme e lì svolgevano la loro vita religiosa. La rivalità tra giudei e samaritani risaliva ai lontani giorni del ritorno dalla cattività di Babilonia.

Risalendo la gola, Gesù entrò nella valle che si estende da Siquem a Naplusa. Al suo ingresso sorgeva Sicar, città adorna di leggende che risalivano ai giorni di Giacobbe. Vicino alla città c'era un pozzo sorgivo profondo circa trenta metri. Gesù, stanco, sedette presso il pozzo.

E si svolse una strana scena. Con una brocca sulla testa, arrivò dalla città una donna che aveva al suo attivo molta vita e strane storie. Gesù le chiese un po' d'acqua per alleviare la propria sete. Ella trovò strana la domanda. Rapidamente, tuttavia, i due entrarono in una conversazione di un certo livello. E, a un certo punto, risuonò in quel dialogo singolare una parola con un gran peso di eternità: *adorare.*

> « Disse a Gesù la donna: "Signore, vedo che tu sei un profeta. I nostri padri hanno adorato Dio su questo monte e voi dite che è a Gerusalemme che bisogna adorare". Gesù le dice: "Credimi, donna, è giunto il momento in cui né su questo monte, né in Gerusalemme adorerete il Padre... Ma è giunto il momento, ed è questo, in cui i veri adoratori adoreranno il Padre in spirito e verità; perché il Padre cerca tali adoratori. Dio è spirito, e quelli che lo adorano devono adorarlo in spirito e verità" » (Gv 4,19-24).

VERSO L'INTERIORITÀ

Una poesia orientale racconta:

« Disse al mandorlo:
— Fratello, parlami di Dio.
E il mandorlo fiorì ».

Il volto di Dio non fiorirà tanto facilmente. Quel Volto beato è coperto di densa foschia, è lontano, là oltre il mare del tempo. Noi dobbiamo metterci al timone e navigare tra le ostili ondate della dispersione, delle distrazioni e delle siccità; avanzare nell'alto mare del silenzio con l'aiuto di mezzi psicologici per raggiungere il "Centro" che polarizzerà e acquieterà tutte le aspirazioni del cuore.

Le vestigia della creazione, le riflessioni comunitarie e le orazioni vocali possono renderci presente il Signore, ma sempre in maniera riflessa e velata. La fonte viva e profonda è lontana. È possibile appagare la sete nelle acque fresche del torrente, ma l'origine di quelle acque è lassù, presso un ghiacciaio di nevi eterne.

L'anima, quanto più sperimenta Dio, tanto più brama la fonte stessa, il ghiacciaio:

> « Non voler mandarmi
> da oggi dei messaggeri
> che non sanno dirmi ciò che voglio ».
>
> « ...quando vede che non c'è cosa che possa lenire il suo dolore se non la presenza e la vista del suo Amato, diffidando di altri rimedi, gli domanda in questa canzone che la ammetta alla sua presenza » [1].

Più in là delle vestigia, dei doni e delle grazie, l'anima cerca e pretende non l'acqua ma la sorgente stessa. Cerca quella quieta, assimilatrice e ineffabile relazione io-Tu. Cerca — come dire? — quella comunicazione profonda da presenza a Presenza, quella inter-azione e inter-relazione da coscienza a Coscienza.

E allora Dio, attraverso le ombre, comincia a manifestarsi all'anima; ma lo fa come la luce del sole che penetra attraverso gli alberi di una fitta

[1] S. Giovanni della Croce, *Cantico spirituale B,* 6, 2, in *Opere,* Post. Gen. OCD, Roma 1979, 4 ed.

boscaglia. È sole, ma non è il sole; sono particelle di sole che a fatica vincono lo spessore delle fronde.

« Oh, cristallina fonte,
se in quei tuoi riflessi argentati
formassi a un tratto
gli occhi desiderati
che ho nelle mie viscere disegnati! » [2].

Questo è, con altre parole, l'ardente anelito espresso innumerevoli volte dagli uomini di Dio nella Bibbia, e che dà il titolo a questo libro *MOSTRAMI IL TUO VOLTO!* Il *volto di Dio* è espressione biblica che significa la presenza vivente di Dio; presenza che ingrandisce, si condensa quando la fede e l'amore rendono le relazioni dell'anima con Dio più profonde e intime.

L'anima deve intendere bene che questa presenza è sempre oscura, ma si va facendo sempre più viva. Voglio dire che quando la fede e l'amore si intensificano, allora i lineamenti di Dio si percepiscono non più chiari, bensì più vivi; la chiarezza non si riferisce alle forme, che Dio non assume, ma alla densità e certezza della sua presenza. Io posso stare, in una oscura notte, "con" una persona; non ci vediamo, non ci tocchiamo, stiamo in assoluto silenzio guardando le stelle, ma io "sento" *vivamente* la sua presenza, "so" che c'è.

Quando l'anima tenta di entrare in comunicazione con il Signore, la prima cosa da fare è vivifica-

[2] *Ivi,* 12.

re la presenza del Signore; poi dominare e raccogliere le proprie facoltà.

L'anima deve rendersi conto che Dio è obiettivamente presente in tutto il suo essere al quale comunica l'esistenza e la consistenza.

Deve ricordare che Dio ci sostiene, non solo come una madre che porta in seno la sua creatura; Dio ci penetra, avviluppa e sostiene come ragione della nostra vita.

È al di qua e al di là del tempo e dello spazio. Sta intorno a me e dentro di me, e con la sua presenza attiva raggiunge le più lontane e profonde regioni della mia intimità. Dio è l'anima della mia anima, la vita della mia vita, la realtà totale e totalizzante dentro la quale io sono immerso; con la sua forza vivificante penetra tutto ciò che ho e quello che sono.

Malgrado un così stretto vincolo, non c'è simbiosi né identità, bensì una presenza attiva, creatrice e vivificante. Questa realtà ultima dell'uomo la esprime il salmista con un'incomparabile espressione poetica: « Sono in te tutte le mie sorgenti » (Sal 86). La recitazione lenta di alcuni salmi, al principio dell'orazione, può servire per far "presente" il Signore.

☆

È necessario avanzare verso l'interiorità perché solo l'uomo interiore percepisce Dio. « La sapienza di questa contemplazione è il linguaggio di Dio all'anima, da puro spirito a spirito puro. Tutto ciò che è segreto non lo sanno né lo possono dire, né hanno volontà perché non lo vedono » [3]. Le persone che si muovono nel mondo dei sensi e da questi sono dominati non saranno capaci di un'esperienza religiosa, almeno finché restano sotto quel dominio.

Il dottore Mistico parla di una periferia dell'anima che egli immagina come un insieme di sobborghi turbolenti; sarebbero i sensi e la fantasia, un mondo disordinato che impedisce di vedere le dimore più interne. E addentrandosi maggiormente, il Santo distingue la regione dello spirito che è una « profondissima e amplissima solitudine... immenso deserto che da nessuna parte ha fine » [4].

È ciò che chiamiamo *anima,* una regione di confine tra l'uomo e Dio; cioè, a un tempo realtà umana e teatro dell'azione divina, un universo realissimo come la parete che tocchiamo, ma la cui percezione sfugge del tutto alla gran maggioranza degli uomini perché vivono nella periferia; solo gli uomini interiori lo distinguono e lo percepiscono nitidamente sebbene, anche loro, abbiano difficoltà a tradurlo in parole.

> « Al centro dell'anima c'è Dio; quando l'anima vi si sarà avvicinata secondo tutta la capacità del suo essere, e secondo la forza della sua operazione e inclinazione, essa avrà raggiunto l'ultimo e più profondo suo centro in Dio; cioè quando con tutte le sue forze intende e ama e piace a Dio... » [5].

[3] S. Giovanni della Croce, *Notte oscura,* l. II, 17, 14, in *Opere,* cit.
[4] *Ivi,* 6.
[5] S. Giovanni della Croce, *Fiamma viva d'amore B,* 1, 12, in *Opere,* cit.

Che l'anima sia la regione di confine tra Dio e l'uomo, il Santo lo spiega nel modo seguente: la profondità dell'anima è proporzionale alla profondità dell'amore. L'amore è il peso che fa inclinare la bilancia verso Dio, perché mediante l'amore l'anima si unisce con Dio, e quanto più gradi d'amore avrà, tanto più profondamente si concentra in Dio. Perché l'anima sia nel suo centro (che è Dio) basta che possegga un grado di amore; e quanti più gradi di amore avrà, in quella stessa proporzione si incentrerà e concentrerà in Dio. Così, se giungerà fino all'ultimo grado di amor divino, si sarà aperto l'ultimo e più profondo centro dell'anima.

Può accadere, quindi, che si vadano scavando successive profondità nella sostanza dell'anima. E in ogni profondità, il volto di Dio brilla di più, la sua presenza è più manifesta, il marchio trasformante più profondo e il gaudio più intenso. Si intenda bene: necessariamente devo parlare in modo figurato, quando dico di scavare nuove profondità voglio dire *percepire, distinguere.* L'anima (così come anche Dio) è inalterabile. Nella misura in cui si va vivendo la fede, l'amore e l'interiorità, si distinguono sempre nuove zone di profondità.

Questa grandiosa realtà, S. Teresa la simbolizza con le diverse *mansioni (moradas)* di un castello, come dimore ogni volta più interne.

Perciò dice Gesù: « Se uno mi ama, osserverà la mia parola e il Padre mio lo amerà e noi verremo a lui e prenderemo dimora presso di lui » (Gv 14,23). A un maggior amore corrisponderà una dimora più interiore e intima. Nelle regioni profonde di se stessa, l'anima sperimenterà la presenza attiva e trasformante di Dio.

1.
L'INCONTRO

L'orazione di intercessione, come anche quella di lode, sono orazioni "affollate": infatti preghiamo per gli infermi, per i missionari, per il Santo Padre... Nell'*adorazione* sparisce tutto il mondo e rimaniamo soli: Lui e io. Se non riusciamo a rimanere soli, Lui e io, non c'è incontro vero. Potrei trovarmi in un'assemblea orante, tra cinquemila persone che pregano e acclamano; potrei essere solo nella mia stanza, ma se non rimango solo col mio Dio, come se nessuno respirasse al mondo, non avrò un incontro reale con il Signore.

Cominciamo dicendo che ogni incontro è intimità, e ogni intimità è recinto chiuso. Tutto ciò che è decisivo è solitario: le grandi decisioni si prendono da soli, si muore da soli, si soffre da soli, il peso di una responsabilità è il peso di una solitudine, l'incontro con il Signore si consuma da soli, anche nell'orazione comunitaria.

L'incontro è, dunque, la convergenza di due "solitudini".

Ecco qui la grande sfida per realizzare l'incontro di adorazione: in quale maniera arrivare, attraverso il silenzio, alla mia *solitudine* e alla "solitudine" di Dio? E al fine di conseguire tutto ciò, che cosa fare per isolarmi, per far tacere i clamori esterni, i nervosismi, le tensioni e tutta la turbolenza interiore fino a percepire, in pieno silenzio, il mio proprio mistero? E in secondo luogo: in che modo oltrepassare il bosco di immagini, concetti ed evocazioni di Dio e restarmene con Dio stesso, con il Mistero, nella purezza totale della fede?

AL DI LÀ DELL'EVOCAZIONE

Al calar della sera ascoltiamo una musica evocatrice. Questa melodia, rivestita della coloritura orchestrale, in questo momento di fede, non so per quali misteriose molle, "sveglia" in me il mio Dio. Ma se io, centrando tutta la mia attenzione, riesco a "rimanermene con" il Signore, la musica sfuma, sebbene essa continui a risuonare. Il Signore Dio è più in là dell'evocazione. Nel momento in cui incontro l'Evocato, sparisce l'evocazione. Come parteciperò alla "solitudine" pura del mio Dio?

È il tramonto, mi immergo nel cuore della natura. Questo complesso di colori, forme e tonalità, questa inebriante varietà di armonia e vita sveglia in me, non so per quale ineffabile incanto, la presenza vibrante e amante del mio Dio e Padre. Ma se concentro le energie disperse e nella fede pura stabilisco col mio Dio un legame saldo e profondo rimanendomene solo con Lui, spariscono le montagne, i fiori e i fiumi, sebbene essi continuino a brillare sotto i raggi del sole che muore. Dio è "più in là".

Ciò non vuol dire che è distante, bensì che *Lui* è tutt'altra cosa dall'immagine con cui lo rivestivo. All'apparire dell'Evocato, scompare l'evocazione.

In questa notte serena esco all'aperto. Contemplo a lungo, in silenzio, la volta profonda e dico: il firmamento stellato, più in là degli anni-luce e delle distanze siderali, evoca per me il mistero palpitante del mio Dio, eterno ed infinito. Ma se nella fede pura entro in una corrente di comunicazione personale con lo *stesso* Eterno, spariscono le stelle come per magia. Ecco qui il problema: come arrivare alla "solitudine" di Dio e restarsene con *Lui solo* nella semplice e totale Presenza? Come stabilire la perfetta sintonia tra mistero e il Mistero?

A causa della sua natura trascendente e dei nostri processi conoscitivi, noi rivestiamo Dio con immagini e forme concettuali. Ma *Lui,* lo ripetiamo, è un'altra cosa che le nostre rappresentazioni. Per adorarlo in spirito e verità, dobbiamo spogliare il Signore di tutti quegli orpelli che, sebbene non siano falsi, sono certamente imperfetti o ambigui. Dobbiamo "rivestire di silenzio" Dio.

È bene appoggiarsi alla creazione pregando; per qualcuno può essere la maniera più efficace di adorazione. Buona cosa è assistere a lezioni di teologia dove il mistero di Dio è trasmesso in concetti. Ma i profeti provengono dal deserto: dalla distesa immobile della monotonia emerge il Signore nella sua "solitudine", nella sua sostanza incorruttibile, nella sua persona inalienabile. Nel giardino o nei campi mille riflessi distraggono, i sensi vi si intrattengono, e l'anima si accorda con i bagliori di Dio che danzano tra le creature; ma nel deserto, nella fede pura e nella natura spoglia, Dio rifulge di luce assoluta.

Con questo non voglio dire che per adorare dobbiamo cercare le sabbie ardenti di un deserto. Si parla in senso figurato. Abbiamo tuttavia bisogno di taluni elementi del "deserto": la nudità della fede, il silenzio, la solitudine. E ciò, se non tutti i giorni, almeno per gli incontri dei "tempi forti".

Dio *è* "solo", l'uomo *è* "solo": avanziamo verso la convergenza di queste due "solitudini".

L'ULTIMA STANZA

Sentirsi solo, sentirsi solitario, è qualcosa di negativo. Ma *percepirsi solo* è prendere coscienza che, come me, non c'è e non ci sarà nessun altro nel mondo: *solo io* e *solo una volta:* il mio mistero! Qualcosa di inesprimibile, singolare, inedito. Nel silenzio dei clamori esteriori e soprattutto di quelli interiori, si rende possibile la percezione della propria solitudine (interiorità, identità). Ciò che impedisce, dunque, la percezione (possesso) della mia propria identità è la dispersione esteriore nella quale la persona si dissocia in ricordi, sensazioni, progetti, preoccupazioni, fino a sentirsi come un insieme di frammenti di se stessa. Se non si è (ci si sente) unità, non si può "possedere" il mistero divino. In tal caso sarà impossibile l'incontro reale con Dio, quell'incontro che sempre si consuma da unità a unità.

☆

L'uomo non è un essere finito, bensì un essere ''da farsi'' ad opera della sua libertà (Vat. II, *Gaudium et Spes,* 17).

Una pietra, un albero sono esseri pienamente realizzati entro le frontiere e i limiti della loro essenza. Non possono dare più di ciò che dànno, non possono essere più perfetti di quello che sono. Ugualmente un gatto, un cane; sono esseri chiusi, compiuti, ''perfetti'' entro le loro possibilità.

L'uomo no. L'uomo, originalmente, è ''poter-essere''. È l'unico essere della creazione che può sentirsi irrealizzato, insoddisfatto, frustrato. E per ciò è, tra gli esseri creati, l'unico a possedere la capacità di oltrepassare le barriere delle proprie limitazioni. Del resto, è anche l'unico essere capace di autotrasparenza, di trascendenza e di libertà: è un essere aperto, capace di un incontro personale con Dio, di un dialogo con il suo Creatore.

Il Concilio Vaticano II ci ha presentato l'uomo come un essere magnifico, « centro e vertice di tutto quanto esiste sulla terra » (GS 12), che reca nelle sue profondità l'immagine di Dio, detentore di possibilità illimitate di superamento e soprattutto « capace di conoscere e amare il proprio Creatore ». L'uomo si distingue in modo netto dai rimanenti esseri perché c'è in lui una zona interiore di solitudine, che è il ''luogo'' dell'incontro con Colui che è l'assoluto e il trascendente.

> « Infatti nella sua interiorità egli trascende l'universo intero: a quelle profondità (di se stesso)

egli ritorna, quando si volge al cuore, là dove lo aspetta Dio che scruta i cuori; là dove sotto lo sguardo di Dio egli decide del suo destino » (GS 14).

Si tratta dunque di una zona intima e segreta, dove l'uomo dovrà scendere se desidera l'incontro faccia a faccia con Dio; luogo, d'altra parte, a cui nessun altro può affacciarsi: « ...il nucleo più segreto e il sacrario dell'uomo, dove egli si trova solo con Dio, la cui voce risuona nell'intimità propria » (GS 16).

Con questo il Concilio sembra indicare che, se quella zona di solitudine non è popolata di Dio, l'uomo sentirà una solitudine spopolata e vuota. Ed è allora che la parola solitudine assume un significato tragico e si converte nel nemico numero uno dell'uomo.

È in questo "spazio di solitudine" che Dio attende l'uomo per il dialogo, per farlo partecipare della sua vita e per dargli pienezza e incanalare le alte energie della creatura.

Questo significa a sua volta, sempre secondo il Concilio, che il valore massimo, per la struttura psichica dell'uomo, è il Dio che nell'interiorità lo invita al dialogo. Verso quel valore massimo tendono le energie vitali dell'uomo, quando cerca il silenzio per la contemplazione (GS 18). Tutto questo conduce alla sapienza, che è il risultato finale della pienezza di quello "spazio di solitudine", « e, quando l'uomo ne è ripieno, lo conduce attraverso il visibile all'Invisibile » (GS 15), cioè al Dio assoluto.

☆

Completerò questi concetti con altre parole. Quando la persona *capta* sperimentalmente se stessa, percepisce che ella "consta" di differenti livelli di profondità o interiorità, come se tali livelli fossero differenti piani di un edificio.

Tra quei livelli e oltre essi, l'uomo percepisce in se stesso qualcosa come un'*ultima stanza* dove nessuno può entrare salvo Colui che non occupa spazio, infatti quella stanza non è un luogo bensì un *qualcosa*. Quando si elaborava la teologia scolastica e tutti cercavano la definizione della persona, il filosofo inglese e francescano Duns Scoto (1270-1308) disse che la persona è l'*ultima solitudine dell'essere*.

Nei suoi momenti decisivi l'uomo percepisce vivamente di *essere solitudine* (identità inalienabile e unica): per esempio nei momenti dell'agonia. Chi se ne va è circondato, immaginiamo, dalle persone più amate che, con la loro presenza, parole e affetto, cercano di "stare con" lui per accompagnarlo nel viaggio decisivo. Ma gli affetti e le parole non attraverseranno la sua pelle o i suoi timpani. Nella sua ultima "stanza", là dove è *se stesso* e diverso da tutti, colui che se ne va è completamente solitario, e non ci sono conforti, parole o presenze che giungano fin "là". Tutto resta nella periferia della persona. Possono stare assieme a lui; "con" lui (nella sua ultima e definitiva profondità) nessuno può stare.

C'è dunque nella costituzione della persona qualcosa che la fa essere se stessa, differente da tutti e che, come una frangia di luce, attraversa e occupa tutta la sfera della personalità, dandole proprietà, differenziazione e identificazione. Questa solitudine (essere *se stesso*) si percepisce, ripetiamo, quando si zittisce tutto l'essere: il mondo mentale, corporale ed emozionale; è allora che si sperimentano, si confondono e si identificano le due espressioni: silenzio e solitudine. La percezione di se stesso (solitudine) è il risultato del silenzio totale.

La percezione possessiva del proprio mistero è il "luogo" dell'adorazione. È quel "tempio" che si adora in spirito e verità, come chiedeva Gesù, e si arriva alla convergenza profonda dei due misteri.

ENTRA E CHIUDI LA PORTA

Dall'alto della montagna, di fronte a una moltitudine anelante, Gesù aveva proclamato il programma del Regno (cf. Mt c. 5). Ora stava dicendo che, per adorare, non è necessario un lungo discorso, né un luogo privilegiato e pubblico; basta entrare nella "stanza interiore", chiudere bene le porte, incontrarsi con il Padre che sta in ciò che è più segreto e restarsene con Lui (cf. Mt 6,6).

Queste parole voglio tradurle in un altro linguaggio, ampliando l'orizzonte del loro significato. Dopo tutto, non si tratta di un incontro tra persone in carne e ossa che si stringono la mano per salutarsi, e siedono in poltrona per conversare. Facile cosa è chiudere le porte di legno e socchiudere le finestre di vetro. Ma nel nostro caso si tratta di qualche cosa di molto più impalpabile. Quella stanza interiore è un'altra "stanza", quelle porte sono altre "porte", e quell'entrare è un altro "entrare".

Mai mi stancherò di ripetere quanto segue: perché "appaia" Dio, perché la sua presenza nella fede si faccia densa e consistente, è necessaria un'attenzione aperta, purificata da tutte le aderenze circostanti. Quanto più tacciono le creature e le immagini, quanto più spopolata è l'anima, tanto più puro e profondo sarà l'incontro.

Impressiona l'insistenza di S. Giovanni della Croce nei suoi scritti.

> « Imparate a starvene vuoti di tutte le cose, le interiori e le esteriori, e vedrete come io sono Dio » [6].

Secondo me, la maggioranza dei cristiani resta fuori dalle esperienze forti di Dio, perché non sa fare questo difficile e indispensabile lavoro prima dell'incontro. Io comprendo come a noi, poveri mortali presi dal turbine della vita, non sia facile preparare tutti i giorni un incontro di profondità con il Signore Dio; è però possibile nei "tempi forti". Tanto più frequenti saranno questi tempi forti, tanto più facile sarà vivere in permanente presenza di Dio.

☆

Il lavoro si svolge su due versanti: il *silenzio,* la *percezione del proprio mistero.* Ci occuperemo, in

[6] S. Giovanni della Croce, *Salita del Monte Carmelo,* l. II, 15, 5, in *Opere,* cit.

primo luogo del silenzio. Abbiamo esposto nel capitolo precedente una serie di esercizi per far zittire ogni cosa. Aggiungerò qui qualche altro orientamento pratico.

È necessario far tacere tre zone ben differenziate.

a) *Il mondo esteriore.* - Un insieme di fenomeni esteriori, avvenimenti e cose sono, o si convertono, in differenti stimoli che, secondo il grado di sensibilità di ognuno, turbano la quiete interiore, eccitano e dissociano il soggetto, e gli fanno perdere il senso di unità. Per salvarsi da queste ondate dissociatrici, l'uomo ha bisogno di *estraniarsi, assentarsi, staccarsi* (tre parole e un solo contenuto) da tutto in modo tale che la realtà circostante non gli tolga la pace né turbi la sua attenzione.

b) *Il mondo corporale.* - Si tratta di tensioni o accumulazioni nervose, che, a loro volta, producono contrazioni muscolari in differenti parti del corpo. Esse consumano inutilmente cariche nervose e originano la fatica depressiva e uno stato generale di inquietudine. In questo caso il silenzio si chiama *riposo.*

c) *Il mondo mentale.* - È un cumulo di attività mentale nella quale è impossibile distinguere ciò che è pensiero e ciò che è emozione. Tutto è mischiato: ricordi, immagini, progetti, presentimenti, sentimenti, risentimenti, pensieri, criteri, aneliti, ossessioni, ansietà... Tutto ciò deve essere coperto con il manto del silenzio. Il silenzio si chiama qui dis-interesse, dis-impegno.

Si tratta di una completa purificazione. Al dissolversi di tanto polverone compare la pace e si rivela in tutta la sua purezza il mio mistero: la mia assenza. E, collocandomi nell'orbita della fede, "qui e ora" emerge il Mistero e si consuma l'incontro da mistero a Mistero, l'incontro in spirito e verità.

Comincia a *far tacere il mondo esteriore*. Considera che gli uccelli seguiteranno a cantare, i motori a ronzare e gli uomini a gridare; ma tu distogli la tua attenzione da tutto ciò, in modo da udire tutto senza sentire nulla. Far tacere significa, in questo caso, sottrarre l'attenzione a tutto ciò che agita, in modo da rimanere assente o astratto da tutto come se non esistesse.

Fallo con somma tranquillità. Per sottrarre l'attenzione più facilmente sospendi l'attività mentale e fa' il vuoto interiore come è stato insegnato nel capitolo precedente.

Seduto in posizione comoda, respirando tranquillamente e profondamente, esercitati nel distacco. Non lasciarti *prendere* dalla confusione; non permettere che gli agenti esteriori, che normalmente colpiscono i sensi, ti turbino e ti segnino; sfrutta qualsiasi circostanza per esercitarti in questo processo di liberazione.

In secondo luogo *rilassa le tensioni.* La parola chiave è *lasciarsi andare.* Sciogliti da ciò che ti imbriglia. Proverai la sensazione di avere i nervi legati, i muscoli rigidi; sciogliere i muscoli e i nervi è rilassarsi; e rilassarsi è tacere.

Siedi comodamente con il busto eretto. Respira profondamente e tranquillamente. Come un padrone che passa in rivista le sue proprietà, percorri il tuo organismo imponendogli la calma.

Quieto, concentrato e tranquillo comincia a sciogliere i muscoli della fronte fino a che la fronte non resti rilassata e distesa.

Sciogli i muscoli della testa, quelli che circondano il cranio.

Sciogli i muscoli (e i nervi) del volto, della mandibola...

Sciogli i muscoli delle spalle e del collo fino a che non li senti rilassati.

Sciogli l'avambraccio, braccio e mano.

Sciogli i muscoli del petto e del ventre, delle gambe e dei piedi.

E ora, d'un colpo solo, sperimenta vivamente come l'esterno di tutto il tuo organismo sia calmo.

Poi passa a sciogliere i nervi e i muscoli interni. Per prima cosa il cervello; poi la gola. Continua con il cuore e il ventre, soprattutto quel punto che si chiama "bocca dello stomaco" o plesso solare... fino agli intestini. Per terminare, sperimenta vivamente una sensazione profonda e simultanea: in tutto l'organismo regna un completo silenzio.

Infine, bisogna far *tacere il mondo mentale*. È la cosa più difficile e decisiva. Anche qui diciamo: *sciogliere, distaccarsi*.

Percepirai che i ricordi e i desideri ti afferrano, ti legano. Lasciali andare e sparire tra le brume del tempo nella regione dell'oblio. Fa' come chi cancella in un istante una lavagna scritta. Seduto, prendi una posizione comoda. Respira bene. Comincia dal passato della tua vita.

D'un colpo spegni tutti i ricordi: quelli che ti rallegrano, quelli che ti rattristano, quelli indifferenti. Non c'è più passato nella tua vita: persone, conflitti... Fa' il vuoto completo, il buio assoluto; copri con il manto dell'oblio totale quel pozzo ribollente che è l'inconscio, cimitero vivente di tutte le impressioni di una vita. Se ti vengono alla memoria i ricordi, lasciali andare uno per uno; via i progetti, le attese, i timori...

Nulla al di fuori di questo momento: lascia andare i problemi attuali, le emozioni.

Nulla al di fuori di questo luogo: lascia andare le persone assenti, il tuo posto di lavoro, la tua famiglia assente...

Quando tutto è stato fatto tacere, rimane solamente il *presente:*
un rendersi conto di se stesso,
qui e ora.
Io sono me stesso: mi percepisco
soggetto e oggetto della mia esperienza.
Chi percepisce sono io; chi è percepito sono io.
Penso che penso. So che so.
Sono uno e unico,
differente da tutti.
Sono io solo e soltanto una volta:
unità, solitudine, essenza, mistero.

Abbiamo detto che l'adorazione è una convergenza di *due presenze* che si integrano in *una sola presenza.*

Due presenze mutuamente aperte e accoglienti,
in quiete dinamica,
in movimento quieto.
Due presenze proiettate mutuamente,
proiettate in una intersoggettività.

Questo vivere il *presente* non significa disinteresse verso gli altri. Non è egoismo camuffato. Al contrario questo *presente* racchiude una grande carica esplosiva di irradiazione: si estende dinamicamente da orizzonte a orizzonte della mia vita. Il passato si fa presente, il futuro si fa presente, qui e ora, e, come nell'atomo, in questo *presente* sono racchiuse tutte le potenzialità di trasformazione e amore.

Si dirà: pregare così è cosa complicata. Sappiamo che ogni orazione è dono di Dio, e molto più lo è il dono della contemplazione. So molto bene che il Signore Dio, senza tanta preparazione, può venire all'improvviso a occupare tutti i recessi dell'anima. Ma ordinariamente non succede.

Al contrario, sono molte le anime che, per mancanza di preparazione sistematica, rimangono ferme in una misera mediocrità. Vivono alla superficie dell'orazione coloro che non si preparano; e non si preparano perché manca loro un reale interesse. Noi non possiamo incrociare le braccia, alzare gli occhi e attendere la pioggia. Nell'impiegare i mezzi, noi manifestiamo la nostra disposizione e dimostriamo che, *in verità,* cerchiamo il volto del Signore. Noi prepariamo il terreno, il Signore darà pioggia e incremento.

La solitudine profonda del mio essere è stata illuminata dalla luce della fede, luce viva e calda, e un abitante è venuto a colmare la sua solitudine con la propria presenza: è il Padre.

Che faremo, io e il Padre, nella dimora profonda? Quali parole diremo? Gesù stesso ci esorta: « Pregando... non sprecate parole! »; « Tu, invece, quando preghi, entra nella tua camera e, chiusa la porta, prega il Padre tuo nel segreto; e il Padre tuo che vede nel segreto, ti ricompenserà » (Mt 6,6).

Rimanere col Padre significa uno scambio di affetti e di attenzioni con Dio. Una proiezione, nell'amore e nella fede, di tutte le mie energie mentali (ciò che *io sono* profondamente) verso di Lui. Così tutto il mio essere si fissa, rimane quieto, concentrato, compenetrato, paralizzato in Lui, con Lui.

Ma non si tratta solamente di un'uscita mia verso di Lui, non è solo apertura. Simultaneamente è accoglienza perché esiste anche un'altra uscita (nell'amore) di Lui verso di me. Se Lui esce verso di me e io esco verso di Lui, se Lui accoglie la mia uscita e io accolgo la sua uscita, l'incontro diventa la convergenza e la conclusione di due uscite e di due accoglienze. In questo modo si produce un'unione convergente, profonda e trasformante nella quale il più forte assume e assimila il più debole, senza che nessuno dei due perda la propria identità.

E così, dal primo momento, comincia il processo trasformante. Più profondo è l'incontro, più la Presenza comincia a farsi presente, a segnare, a illuminare e ispirare la persona nelle sue realtà più profonde: il dinamismo vitale, l'inconscio, gli impulsi, i riflessi, i pensieri, i criteri... Più vivo e profondo è l'incontro, ripeto, e più in quella stessa proporzione la Presenza investe, penetra e illumina i tessuti più intimi e decisivi della persona.

L'uomo comincia a camminare alla presenza del Signore (la Presenza è accesa nella coscienza). Gli impulsi e i riflessi, esprimendosi al di fuori, si esprimono *secondo Dio*. E così, il comportamento generale del cristiano (il suo stile) appare al mondo rivestito della "figura" di Dio. La figura di Dio si fa visibile attraverso la figura del cristiano il quale si converte in una trasparenza di Dio stesso. In questo modo il Signore prosegue avanzando alla conquista di nuovi spazi e, come in circoli concentrici ogni volta più ampi, comincia la divinizzazione dell'umanità. Tutto però ha avuto inizio nel nucleo dell'intimità. Là sono racchiuse tutte le potenzialità dell'anima.

☆

Questo *rimanere col Padre* equivale a: *parlare con Dio*.

Parlare con Dio è differente dal pensare a Dio. Quando si pensa a qualcuno, quello è assente. Pensare a qualcuno è far presente (rap-presentare) qualcuno che è assente mediante una combinazione di ricordi, di immagini, di parole che si riferiscono a lui.

Ma se colui che è assente si fa, all'improvviso, corporalmente presente davanti a me, io allora non penso più a lui bensì stabilisco con lui una corrente dialogica non necessariamente fatta di parole; può essere fatta solo di interiorità.

Tra due presenze che si conoscono e si amano si stabilisce una corrente circolare di dare e ricevere, di amare ed essere amato, in una funzione simultanea e alternata di agente e paziente.

È un circuito vitale di denso movimento che tuttavia si consuma nella massima quiete. In questo dialogo non è necessario che si incrocino parole (né mentali né vocali); sono le coscienze che si incrociano in una introiezione inter-soggettiva, in una proiezione mai identificante e sempre unificante.

Tutto ciò si riassume nell'espressione: *Tu sei con me.*

Le tenebre non ti nascondono, le distanze non ti separano. Non c'è interferenza che mi possa sviare da Te. Tu sei con me. Esco sulla via e cammini con me. Mi immergo nel lavoro, Tu rimani al mio fianco. Mentre dormo, vegli il mio sonno. Non sei un sorvegliante che vigila, sei un Padre che assiste. A volte mi viene voglia di gridare: sono un bambino smarrito nella selva, sono solo, nessuno mi vuole. Subito odo la tua risposta: Io sono con te, non avere paura.

In Te si alimentano le mie radici. Mi avviluppi nelle tue braccia. Sei con me. Col palmo della tua mano copri la mia testa, con la luce del tuo sguardo mi penetri. Sono un bambino che ha freddo e mi scaldi con il tuo alito. Sai perfettamente quando termina il mio riposo e dove comincia il mio camminare. I miei sentieri e la mia sorte sono più familiari a te che a me. Quasi non ci posso credere, ma è vero: ovunque io vada, Tu sei con me.

S. Teresa ha lasciato una famosa definizione dell'orazione:

> « Non è altra cosa... se non uno scambio di amicizia stando spesso soli con chi sappiamo che ci ama ».

« Scambio di amicizia » è un'espressione che, in questo contesto, presuppone, significa e contiene uno stato interiore, interpersonale, affettuoso, un movimento reciproco e oscillante di dare e ricevere.

È sulla parola "scambio" che bisogna porre l'accento. Dove c'è *scambio con Dio* c'è orazione; perché ci sia orazione deve esserci *scambio di amicizia,* e questo in qualsiasi tipo di orazione, dalla recitazione di una preghiera appresa a memoria fino ai vertici dell'esperienza mistica.

Seguendo la Santa di Avila diremo che l'incontro è uno scambio, una comunicazione, o meglio una intercomunicazione, qualcosa quindi come un commercio nel quale la mercanzia di scambio è l'amore: Dio ce lo offre e noi glielo restituiamo. Si tratta di uno scambio affettuoso: amiamo e ci sentiamo amati. "Stare", comunicare, guardare, sentirsi reciprocamente presenti: tutte queste parole esprimono approssimativamente ciò che è l'essenza dell'orazione. Potremo parlare anche di uno scambio di sguardi. S. Teresa, donna particolarmente sensibile, insiste tenacemente sul lato affettivo più che su quello discorsivo.

Dio è amore: ci ha creati per amore, si è rivelato

per amore, lo scopo finale di tutti i suoi interventi è solo quello di trasformarci nell'amore. L'amore è un'azione dinamica; Dio che è amore è sempre in azione, ci invita, ci sollecita, ci si offre e pone in "movimento" le facoltà interiori. Il "movimento" è una relazione *io-tu:* una proiezione e interazione dell'*io* nel *tu* e del *tu* nell'*io.*

Nell'*incontro,* soprattutto quando si è in via di approfondimento dell'orazione contemplativa, l'intimità intersoggettiva prende la totalità dell'uomo, senza escludere, entro una certa misura, le potenze corporee. In un incontro più o meno profondo, lo *scambio di amicizia* è una fusione dell'uomo totale, totalmente in Dio. Meglio sarebbe invertire il concetto: Dio invade totalmente l'uomo e quanto più l'uomo concede libertà a Dio nel suo territorio, tante più zone Dio abbraccia, tante più regioni conquista.

Con la solita chiarezza francese e la sua concretezza femminile, Teresa di Lisieux ci descrive l'incontro con queste parole:

> « Per me l'orazione è un impulso del cuore, un semplice sguardo diretto al cielo, un grido di gratitudine e di amore, tanto in mezzo alla tribolazione come in mezzo all'allegria. Infine, è qualcosa di grande, qualcosa di soprannaturale che mi dilata l'anima e mi unisce con Gesù ».

Intimità

La parola più significativa per chiarire la sensazione dell'incontro è: *intimità.*

Intimità è l'incontro e al tempo stesso il risultato dell'incontro tra due interiorità.

Ogni individuo, ogni "io" è sempre un circolo chiuso e concentrico per natura. Interiorità è il risultato dell'organizzarsi e vivere in se stessi, in una perpetua inclinazione e convergenza verso il proprio centro. L'interiorità non ha niente a che vedere con l'egoismo, sebbene in qualcosa gli assomigli.

Orbene, due interiorità che sgorgano dal loro centro e tendono l'una verso l'altra vicendevolmente, dànno per risultato una terza zona che è l'intimità: una realtà psicologica percepibile ma inesplicabile; qualche cosa come una "terza" persona sgorgata dalle due interiorità.

È, precisamente, la fecondità della trascendenza. Trascendere è superarsi, è uscire da se stessi, è amare. L'amore è sempre fecondo, sempre genera.

Orbene, due interiorità che escono da se stesse per offrirsi mutuamente, "generano" l'incontro, l'intimità. Possiamo concludere: se l'orazione è un incontro e l'incontro una intimità, l'orazione è *intimità con Dio.*

Lungi dal rinchiudersi nella sua essenza, Dio effonde la sua interiorità e si apre a noi in diversi modi.

Dio *è* "in se stesso" e "per se stesso"; tuttavia è "uscito" dalle sue frontiere per riversarsi nelle creature. L'universo è quindi una "effusione" di Dio.

Inoltre, con una manifestazione mirabile, si discopre, si "dichiara" e si offre gratuitamente per formare con noi una comunità di vita e amore. Dio vuole formare una famiglia, una società in quell'unica regione in cui è possibile la congiunzione di Dio e dell'uomo, la regione dello spirito.

Se l'uomo risponde affermativamente all'invito di Dio, ecco già formata la comunità di vita, tra compagni di vita. L'incontro presuppone un "clima di famiglia". Le Scritture spiegano questo clima con espressioni come: « venne ad abitare in mezzo a noi » (Gv 1,14); « prenderemo dimora presso di lui » (Gv 14,23), le quali evocano l'idea nelle varie sfumature di calore, gioia, fiducia, tenerezza, come a farci sentire partecipi di un focolare felice.

In questo clima nasce e cresce l'intersoggettività, cioè la proiezione di un soggetto verso l'altro in mutua inter-azione. L'incontro è vivere e approfondire di continuo la relazione interpersonale, in un clima intimo e affettivo: l'*io* si volge al *tu;* Dio all'uomo, e viceversa.

Diversità

Dato che ogni individuo è diverso da un altro nel suo essere, nel suo sentire e nel suo operare, lo "scambio di amicizia" assume in ogni persona novità e sfumature originali secondo gli stati d'animo, differenza d'età, ritmi di crescita, disposizioni psico-somatiche, umore...

L'*incontro con Dio,* come parte integrante della vita, si adatterà alle mutevoli disposizioni della persona: le preoccupazioni, l'infermità, la depressione, l'euforia, lo stato di affaticamento, possono creare difficoltà, impossibilità, oppure favorire questo o quel tipo di incontro con Dio.

Comunicare con qualcuno è vivere, e vivere è

adattarsi; dunque lo *scambio di amicizia* con Dio si adatterà con dinamismo e flessibilità a ogni persona e relative circostanze, utilizzando alternativamente mezzi o ostacoli, entusiasmo o aridità, intelligenza o immaginazione, la devozione o la fede arida, dando origine a forme nuove o modalità insperate.

Lo *scambio di amicizia* può avere differenti caratteristiche:

> « Secondo i temperamenti, perfino secondo i diversi momenti sarà triste o gioioso, tenero o insensibile, silenzioso o espansivo, attivo o impotente, orazione vocale o ritiro piacevole, meditazione o semplicemente sguardo, orazione affettiva o impotenza dolorosa, elevazione di spirito o espressione di angoscia, entusiasmo sublime in mezzo alla luce o soave abbattimento nell'umiltà profonda » [7].

☆

ESERCIZI PRATICI

PRIMO ESERCIZIO: USCITA E PROIEZIONE

Chiarimenti

1) In questo primo esercizio, nelle sue tre varianti, c'è una uscita e una proiezione. La mia at-

[7] P. Eugenio del N. J., *Quiero ver a Dios,* Madrid 1951, p. 77.

tenzione, che è unità integrata di tutte le energie spirituali, cioè la mia anima, esce da se stessa, servendosi della parola. La parola è come un veicolo che trasporta la mia attenzione e la deposita in Dio; e la mia attenzione identificandosi con la sostanza o contenuto della parola (nel fare *mia* la parola stessa) fa sì che *tutto l'io* rimanga con *tutto Dio,* posseduto, compenetrato.

2) È un esercizio di quiete e immobilità. Quindi, la mia attenzione esce da me stesso, si dirige verso l'Altro, si concentra e si fissa in Lui e rimane semplicemente "lì". È un'adorazione statica. C'è solo il *Tu.* Neppure ci sono *io;* perché in questo esercizio, l'io sparisce, rimanendo solamente il *Tu.*

3) Contemplando Dio dalla prospettiva indicata da ogni parola, non si deve avere alcuna preoccupazione analitica; non si tratta di *capire* ciò che dice la frase. Questo sarebbe meditare; ora si tratta di adorare, la mia attenzione si incentra in Dio contemplativamente, come direbbe S. Giovanni della Croce: *amorosamente.*

4) Un oggetto, a seconda di come lo si guarda, può apparire differente, ma sempre è lo stesso oggetto. In questi esercizi, Dio appare, alternativamente, come eternità, come immensità, come forza, come sollievo... Ma è sempre l'unico Signore che si offre, da infinite prospettive, alla nostra ammirazione e contemplazione.

5) Se in una qualsiasi delle seguenti espressioni tu senti che il tuo essere *riposa* al completo — come

dire? — che quella frase evoca esperienze profonde, sveglia ricchezze insospettate e ti riempie, rimani così, fissati, senza passare avanti. Se il "possesso" è totale, lascia perdere le parole e passa all'adorazione silenziosa. Invece, se senti il desiderio di altre frasi in un crescendo di esultanza, lascia il massimo margine alla spontaneità dello spirito.

6) Ogni esercizio (variante) può durare circa quaranta minuti; ma si può prolungare quanto si vuole.

Modo di praticarlo

Prima di ogni applicazione fa' questa preparazione, senza dimenticare che nel capitolo precedente sono state indicate le maniere per fare il silenzio attorno e dentro di sé.

Prendi una posizione orante.

Nulla del tuo passato: lascia andare ricordi, memorie...

Nulla del tuo futuro: staccati dalle preoccupazioni, dai progetti...

Nulla fuori di te: annulla rumori, presenze, voci...

Nulla fuori di questo momento.

Tutto rimane in silenzio. C'è solamente un *presente:* io presente a me stesso, qui, ora.

Io rimango povero, vuoto, nudo, libero, coscienza pura.

Ora, nella fede, rendi presente Colui in cui esistiamo, ci muoviamo e siamo, Colui che penetra e sostiene tutto.

Comincia a pronunciare le frasi con voce soave, cercando di *vivere* il contenuto di ognuna (che è *Lui stesso*): cerca di "sentire" ciò che la frase dice fino a che la tua attenzione rimanga impregnata della sua sostanza.

Dopo aver pronunciato le parole, rimani per 15 secondi o più in silenzio, statico, muto, come chi ascolta un'eco; tutta la tua attenzione resti immobile, compenetrata possessivamente, identificata adesivamente con *Lui*.

Una stessa frase puoi ripeterla molte volte, per tutto il tempo. Se una frase ti dice poco, passa alla seguente.

Regola d'oro: mai violenza, sempre calma e serenità.

È conveniente finire ogni esercizio con un proposito di vita.

Prima variante

Generalmente in questa variante non si produce corrente amorosa. È la contemplazione (adorazione) dell'*Essere-in-se-stesso,* l'Assoluto, il Trascendente. Data la sua natura, ci si limita solamente a guardare e ammirare. C'è soltanto stupore, come di chi si affaccia a un mondo di insperata grandezza.

Tu sei il mio Dio.
Da sempre e per sempre Tu sei Dio.
Signore mio Dio, Tu sei l'essenza pura.
Tu *sei* senza contorni, senza misura, senza frontiere.

Tu sei il fondamento primo di ogni realtà.
Mio Dio, Tu sei la realtà totale e totalizzante.
Tu *sei* profondamente e invincibilmente.

Signore, Tu sei l'eternità immutabile.
Dio mio, Tu sei l'immensità infinita.

O presenza sempre oscura e sempre chiara.
O eternità e immensità del mio Dio.
O abisso insondabile di Essere e Amore.
O mio Dio, semplicemente *sei.*

Seconda variante

Questa variante è fatta di *contrasti.* Bisogna prendere coscienza che, in queste tre varianti di uscita e proiezione, l'*io* è assente (non appare come centro, come oggetto di attenzione). Solamente il *Tu* resta costantemente presente. L'esercitante deve lasciarsi rapire dal *Tu.* Ci sono tre espressioni in cui appare l'io, è per far risaltare, per contrasto, il *Tu.*

Nel praticare questa variante c'è il pericolo di un movimento mentale, dovuto ai suoi contrasti concettuali, per cui la mente tende a esercitare un'attività analitica. Ma ciò non deve succedere. Al contrario, l'esercitante deve prendere l'atteggiamento contemplativo di chi guardando un paesaggio di luci e ombre non si fissa prima sulle luci e poi sulle ombre, bensì lo avvolge con un solo colpo d'occhio.

Fa' la preparazione come sopra indicato, finendo sempre con un proposito di vita.

Tu sei presente senza passato.
Mio Signore, Tu sei l'aurora senza tramonto.
Tu sei principio e fine di tutto,
    senza avere principio né fine.

Dio mio, sei prossimità e distanza.
Tu sei quiete e dinamismo.
Tu sei immanenza e trascendenza.
Stai nelle alte stelle,
    stai nel centro del mio essere.

Dio mio, Tu sei il mio Tutto,
    io sono il tuo nulla.
Signore, Tu sei l'essenza pura,
    senza forma né dimensione.
O mio Dio, sei la presenza nascosta.
Tu "sei" il mio io,
    più "me" che me stesso.

O profondità dell'essenza e presenza del mio
    Dio.
Chi sei Tu e chi sono io?

Terza variante

In questa variante proseguiamo con la presenza viva del *Tu,* all'interno delle stesse coordinate: uscita e proiezione. Qui, tuttavia, Dio non è tanto *in-se-stesso* ma molto più *per me.* Esiste, dunque, una maggiore prossimità e, di conseguenza, la relazione (adorazione) è molto più *amorosa.* Tuttavia, l'enfasi e l'attenzione devono fissarsi nel *Tu.*

Può succedere che l'esercitante abbia l'impressione di perdere tempo; deve prendere coscienza che sta eseguendo pratiche profondamente trasformanti. Mi spiego: tutti i timori, ansietà e rancori nascono perché la persona sta appoggiata e afferrata al suo *io;* e proprio in questo, credendo di darsi sicurezza, c'è insicurezza. L'effetto immediato e vivo che sperimenta l'uomo nell'adorazione è che l'*io* è assunto dal *Tu* e, di conseguenza, scaturisce una sensazione di sicurezza.

Esercitati come spiegato precedentemente.

Signore, Tu mi esplori e mi conosci.
Tu mi penetri, mi avviluppi, mi ami.
Tu sei il mio Dio.

Signore mio Dio, Tu sei il mio riposo totale.
Mio Dio, solamente in Te sento pace.
Signore, solamente in Te riposa la mia anima.

Mio Dio, Tu sei la mia forza.
Signore, Tu sei la mia pazienza.
Signore, Tu sei la mia sicurezza.
Signore mio Dio, Tu sei la mia allegria.

Signore, Tu sei la bellezza.
Tu sei la mansuetudine.
Padre mio, Tu sei la mia dolcezza e la mia tenerezza.
Tu sei la nostra Vita eterna, grande e ammirabile Signore.

SECONDO: ESERCIZIO TRASFORMANTE

In questo esercizio c'è molto movimento mentale. L'attenzione si biforca in due direzioni: *Tu* e *io*. Inoltre, in questa pratica c'è attività immaginativa.

Coniughiamo il verbo "sentire" tra virgolette, come sinonimo di concentrazione: "sento" che ho una mosca sulla fronte, "sento" che il suolo è freddo, "sento" che le dita sono unite, "sento" nella tempia i battiti del cuore... In ogni *sentire* si centralizza l'attenzione. *Sentire* è differente da pensare; assomiglia a immaginare; esattamente equivale a centrare l'attenzione.

Prima variante

Per mettere in pratica questo esercizio, non dimenticare prima di tutto le pratiche preparatorie sopra indicate. In ogni frase devi "sentire" immediatamente che Dio sta entrando nel tuo cervello, nel cuore, nelle viscere; "sentire" che il Signore assume i desideri più segreti, la totalità dei pensieri, smorza le fiamme delle avversioni, cancella le macchie, lava le impurità... E, alla fine, lascia andare i remi e lasciati portare dall'impulso: che cosa vuole il Signore da me? Fa' tutto molto lentamente.

Mio Dio e Signore, entra dentro di me.
Entra e occupa fino alle radici il mio essere.

Signore, prendimi completamente.
Prendimi con tutto ciò che sono,
con tutto ciò che ho,

con tutto ciò che penso,
con tutto ciò che faccio.
Assumi i miei desideri più segreti.
Prendimi nel più intimo del mio cuore.
Trasformami in Te completamente.

Liberami dai risentimenti,
dai gravami,
dai rancori.
Ritira tutto ciò, portalo via.
Lavami interamente.
Cancella tutto, spegni le fiamme.
Lasciami solamente un cuore puro.

Che cosa vuoi da me?
Fa' di me ciò che vuoi.
Io mi abbandono in Te.

Seconda variante

Immaginiamo di trovarci in un "tempo forte" da varie ore. Supponiamo di avere problemi di famiglia, di fraternità, di lavoro; conflitti con persone, situazioni che dispiacciono, avvenimenti a cui resistiamo. Abbiamo bisogno di perdonare, bisogno di accettare; ed è necessario fare tutto *in Dio*.

Collocati nello spirito di fede, una volta entrati a fondo nella comunicazione con il Signore, dobbiamo *ritornare* alla vita col nostro Dio "alla destra" e presentarci mentalmente presso il suo focolare, nella fraternità... Affrontare quella tale persona, perdonarla, comprenderla, amarla alla presenza del Signore; assumere quella situazione con un

« sono pronto! »; accettare le limitazioni con un « mi abbandono in Te! ». Pregare in questo modo, intensamente e con effetti liberatori fino a che ci si sente sani, forti, senza paura e ricolmi di pace.

Per praticare questa variante, ci si può servire delle espressioni dell'esercizio precedente. O ci lasciamo portare dall'ispirazione, inventandone altre. Finire sempre con un proposito concreto di vita.

TERZO: ESERCIZIO VISIVO

Prendi una riproduzione espressiva, possibilmente con l'immagine di Gesù, una figura evocatrice di impressioni forti: forza, intimità, pazienza...

Assumi una posizione orante. Tieni la figura tra le mani. Fa' gli esercizi per ottenere il silenzio sopra indicati.

Per un breve tempo rimani semplicemente fermo a guardare l'effigie.

Poi, per circa quattro minuti, con tranquillità, in concentrazione e senza impegno riflessivo, cerca di cogliere intuitivamente le impressioni suscitate in te dall'immagine.

Nel terzo momento, con somma tranquillità e senza violenza, trasferisciti mentalmente nell'immagine, come se fossi tu quell'immagine o stessi all'interno di essa. E, reverente e quieto, cerca di fare *tue* le stesse impressioni che l'immagine ti evoca. Cioè, identificato con quella figura, rimani come impregnato dai sentimenti di Gesù espressi dalla riproduzione. Mantieniti così per lungo tempo.

E in tale clima interiore, trasferisciti mentalmente nella tua famiglia, nel luogo di lavoro; immagina situazioni difficili e superale mentalmente con i sentimenti di Gesù.

QUARTO: ESERCIZIO UDITIVO

Scegli un luogo solitario.

Prendi una posizione comoda e un atteggiamento orante.

Costruisci il silenzio: lascia andare i ricordi del passato, lascia andare le preoccupazioni del futuro. Staccati dai rumori e dalle voci all'intorno. Rimani in un presente semplice, puro e nudo: solo tu con te stesso. Entra lentamente nel mondo della fede.

Pensa una frase molto breve, possibilmente una sola parola, per esempio: *Signore,* o anche *Gesù,* o *Padre,* o qualche altra.

Comincia a pronunciarla dolcemente ogni 10 o 15 secondi. Nel pronunciarla, fa' *tua* la frase, cioè il "contenuto" della parola, fino a che tutte le energie della tua attenzione si identifichino con la Presenza evocata dalla frase. Fallo con somma tranquillità e calma. Comincia a percepire come tutto il tuo essere si popoli di questa Presenza, a partire dal cervello per passare poi ai polmoni, al cuore, alle viscere... Se ti è possibile e ne hai voglia, distanzia la ripetizione della parola o della frase dando ogni volta più spazio al silenzio.

Fa' un proposito pratico e ritorna alla vita pieno di Dio.

Ci sono persone che trovano più efficaci altre maniere di pregare.

Prima variante

Supponiamo che tu abbia avuto, in tempi passati, un'altissima esperienza di Dio in un luogo specifico dal quale, attualmente, ti trovi lontano.

Ritorna con l'immaginazione in quel luogo con la maggior intensità possibile. Torna a "sperimentare" quel luogo, sia esso una cappella, un'altura, un colle o un fiume; ricostruisci tutti i particolari: ascolta il vento, il rumore degli alberi, senti il caldo o il fresco dell'aria, ritrova la stessa chiarezza, penombra, oscurità...

E così, nella fede, in questo momento, cerca di rivivere la forte presenza di Dio. Il ricordo di esperienze profonde alimenta per lunghi anni l'orazione di molte persone, soprattutto nei momenti di aridità. Come riconforta ritornare agli istanti di allegria che si sono vissuti con il Signore! Finisci con un proposito di vita.

Seconda variante

Dopo la dovuta preparazione, suscita nel tuo intimo un atteggiamento profondo di fede e di raccoglimento.

Immagina Gesù in adorazione sulla montagna, di notte, sotto le stelle. Con infinita riverenza pensa di stare nell'intimo di Gesù, per vivere ciò che egli *visse.* Quali sentimenti di ammirazione e adesione sperimentò Gesù per il Padre! Quale flusso di devozione, venerazione e offerta Gesù provò per il Padre! Che desiderio di piacergli, di essergli fedele, di fare della propria vita un atto di oblazione! Quale atteggiamento di sottomissione davanti alla sua volontà!

Cerca di fare *tuo* tutto ciò nella fede. Assumi il cuore di Gesù con tutti i suoi sentimenti.

Ritorna ora alla vita e sii portatore e irradiatore dei sentimenti di Gesù e trasfigura il mondo.

Terza variante

Seguendo il movimento polmonare, ogni volta che espiri l'aria dai polmoni pronuncia il nome di Gesù con i differenti atteggiamenti o sentimenti che segnalerò di seguito.

Per esempio, ogni cinque minuti ripeti la formula di fede: *Gesù, io credo in Te.* Fallo in modo tale che tutto il tuo essere, compreso il corpo, partecipi a questo atteggiamento. Poi, per altri cinque minuti ripeti (nell'espirare l'aria): *Gesù, io confido in Te.* Per altri cinque minuti: *Gesù, misericordia.* Più tardi: *Gesù, mi consegno a Te.* E così, successivamente, ripeti espressioni che indicano adorazione, abbandono... tutto per circa quaranta minuti.

Ne consegue che lentamente la tua anima, testa, cuore, polmoni... si riempiranno della presenza di Gesù, con il quale tu ritornerai alla vita. Finisci con un proposito pratico.

Quarta variante

Per eccitare sentimenti di gratitudine, torna a vivere un avvenimento concreto che nel passato ti causò grande allegria, per riprovare ora, se possibile, qualche vibrazione di quel tempo. Cerca di portarti nell' "armonia" di Gesù quando disse: « Ti ringrazio, o Padre, perché mi hai esaudito » (Gv 11,41). E con Gesù ringrazia e acclama il Padre.

Ritorna a un avvenimento sgradevole del tuo passato recente. Rivivi quell'esperienza senza timore. Poi immagina Gesù davanti a Pilato o a Erode, disprezzato, battuto. Osserva la forza d'animo che egli ebbe e ammira la sua serenità. Cerca di riprodurre (di fronte al ricordo del fatto sgradevole) nel tuo intimo quella disposizione d'animo e, con Gesù e come Gesù, assumi quel fatto con la stessa dignità e pace.

2.

INCONTRO PROFONDO

Abbiamo detto che l'incontro è uno "scambio di amicizia" con Dio. Ma proseguiamo domandandoci che cosa "capita" in quel momento. Dapprima c'è un rendersi conto, c'è una cognizione. Ma non una cognizione analitica, bensì intuitiva e possessiva.

In quell'incontro, quando realmente si tratta di un'autentica contemplazione, lo *scambio* (cognizione? coscienza riflessa? stato cosciente e emozionale?) non distrae, ma concentra.

Qui c'è qualcosa di molto difficile da spiegare: l'incontro (quando è progressivamente contemplante) tende a essere ogni volta più semplice, più profondo, più possessivo.

La riflessione rimane indietro. La mente non può "cogliere" quella realtà totale (Dio) che è più in là del divenire, del succedersi degli avvenimenti. Quando la mente si pone a meditare si incontra con quella parte di se stessa che è soggetta alla molteplicità, all'instabilità e all'inquietudine che la dividono e la turbano; perciò, man mano che l'incontro con Dio è più avanzato e contemplativo, la riflessione tende a sparire, e l'incontro diviene un momento (atto?) più semplice e totalizzante.

Lo strumento della sperimentazione di Dio non

è l'intelligenza bensì la persona totale. Si abbandona il linguaggio e la comunicazione si effettua da essere a Essere; non servono strumenti o intermediari come la parola e il dialogo per unirsi a Dio; è un immergersi nelle acque profonde di Dio. Perciò dico che l'intelligenza poco o niente deve fare giacché il mistero dell'unione si consuma da essere intero a Essere intero.

E può accadere che in questa sperimentazione contemplatrice appaiano energie misteriose di "adesione", strane potenze di "conoscenza" (sono forze di profondità che normalmente restano atrofizzate nel nostro subconscio in quanto noi viviamo generalmente alla superficie). Sono forze sopranormali, naturali nella loro natura, destate dalla grazia e dalla vitalità interiore.

Il vero contemplativo, si può dire, supera la mente raziocinante e l'intellezione; quando si entra nella zona profonda della comunicazione con Dio, cessa l'attività diversificante e molteplice della coscienza, e, in quell'atto semplice e totale, ci si sente in Dio, con Dio, dentro di Lui e Lui in noi (cf. At 17,28).

Allora, di che si tratta? Di una specie di intuizione densa e penetrante allo stesso tempo, e soprattutto molto viva, senza immagini, senza pensieri determinati; non c'è rappresentazione di Dio, non è necessario rappresentarlo perché Dio "è qui", è "con me"; è una consapevolezza della grande realtà che mi invade totalmente; realtà che è Qualcuno: affettuoso, familiare, amatissimo, concreto.

In una parola, si tratta di una super-cognizione:

meglio, di un'ultra-cognizione. È la sapienza di cui ci parla S. Giovanni della Croce: la *esperienza immediata* di Dio.

Come si potrebbe descrivere l'incontro profondo? Si può parlare solo per metafore.

È una notte stellata. La fede, quella suprema virtù teologale, sorprende il figlio e lo conduce tra le braccia del Padre. Il figlio si installa nel cuore del Figlio e da quell'osservatorio contempla il Padre. Il Padre è un panorama infinito, senza muri né porte, illuminato notte e giorno dalla tenerezza, è un bosco infinito di braccia calde invitanti all'abbraccio; è assente l'amarezza, vibra la dolcezza.

Subito tutto si paralizza. Non c'è nel mondo movimento così quieto e quiete così dinamica. *Amore.* Non c'è altra parola. Forse quest'altra: *Presenza.* Uniamole e ci avvicineremo un po': *Presenza amante.* Forse quest'altra espressione è più significativa: *Amore coinvolgente.* È il Padre. Sono diecimila braccia che circondano e abbracciano il figlio amato. È una marea inarrestabile di Amore avvolgente — come dire? — una crescita improvvisa di acque che inondano i campi. Così il figlio amato si vede inondato sorprendentemente dalla Presenza amante e assolutamente gratuita.

Le stelle? Seguitano a brillare ostinatamente, ma non ci sono stelle. La notte? La notte è stata sommersa, tutto è chiarezza, sebbene sia sempre notte. Il figlio amato non dice nulla, perché? Il Padre amante nemmeno dice nulla. Tutto è consumato. È l'Eternità.

C'è perdita di identità? L'identità personale

permane più nitida che mai. La coscienza della diversità tra Dio e l'uomo assume in alcuni contemplativi profili tanto tragici come per uno scontro tra la luce e le tenebre. Questo significano le "notti dello spirito" di S. Giovanni della Croce e la prolungata esclamazione di Francesco d'Assisi: « Chi sei Tu e chi sono io? ».

Alienazione? La coscienza, vuota dell'io empirico e concentrata nell'Uno, è irresistibilmente attratta e presa dall'oggetto, totalmente fatta *una* con Lui. Il contemplatore è tratto fuori da se stesso, sparisce ogni differenza.

Ma quando giunge questo stato, tutto è opera della grazia; non servono né esistono soccorsi psicologici, né artifici, né strategie umane. Dio, nella sua infinita potenza e misericordia, si dispiega sopra i mille mondi della nostra interiorità.

Persiste la dualità? La dualità quasi sparisce senza che si perda la coscienza della diversificazione tra Dio e l'uomo. Fino a un certo punto, potremmo dire che c'è una sola realtà perché quest'ordine di incontri genera amore, e l'amore è unificante e perfino identificante.

Poiché Dio ci creò a sua immagine e somiglianza, il destino finale dell'Alleanza è arrivare a essere *uno* con Lui, senza perdere l'identità (la tendenza dell'amore, la sua forza intrinseca è di unire quelli che si amano); oserei dire che il destino finale e la perfezione dell'*incontro* è che sparisca ogni dualità tra Dio e l'anima in favore dell'unità totale.

> « E avviene tale unione quando Dio dà all'anima questa soprannaturale grazia per cui tutte le

cose di Dio e dell'anima sono unite in partecipante trasformazione.
« E l'anima sembra più Dio che anima, e perfino è Dio, per partecipazione » [8].

Fusione? Dice Teresa di Lisieux: « Quel giorno non fu già uno sguardo, bensì una fusione. Non eravamo più due. Teresa era sparita come la goccia d'acqua si perde nel fondo dell'oceano. Soltanto rimaneva Gesù, Signore e Re ». Questo tuttavia è solamente un modo di dire, perché non avviene fusione; ma quanto più si avanza nel mare di Dio, ripetiamo, tanto più la chiarezza che distingue e divide risulta folgorante e dolorosa nel confrontare la bellezza di Dio con la miseria dell'anima.

TRASFIGURAZIONE

L'incontro profondo e contemplativo è eminentemente trasformante: Dio assume e consuma l'io; l'uomo entra nel torrente dell'Amore. Dio visita l'anima e la risveglia dalla finzione ossessiva del proprio io, introducendola nella dimora della sapienza, della verità e della pace.
Il Padre sazia interamente l'uomo con il suo Amore coinvolgente. Il figlio scopre che tutto quello che fino allora aveva stimato non è che vuoto artificio, che sono vane le illusioni di cui si è nutrito. Con la sua Presenza il Padre purifica il figlio,

[8] S. Giovanni della Croce, *Salita del Monte Carmelo,* l. II, 5, 7, in *Opere,* cit.

lo spoglia, lo libera dai suoi idoli, fa emergere la vera realtà, lo introduce nel recinto luminoso della sapienza.

Chi sei Tu, e chi sono io? Tu sei il mio Tutto, io sono il mio nulla. Tuttavia, come figlio amato, ricevo tutto dal tuo Amore gratuito. Davanti allo splendore del tuo volto, i confini del mio io si riducono al mio nulla, come le stelle si smorzano al comparire del sole.

Quando parliamo dell'*io,* non intendiamo la realtà personale, meno ancora l'identità personale. Parliamo dell'immagine della realtà personale, dell'ombra della realtà. Continuamente l'uomo trasforma questa effigie in oggetto di adesione e devozione. Per metà della sua vita lotta per erigere a se stesso (alla rappresentazione di se stesso) una statua; per l'altra metà vive nel timore che questa statua venga abbattuta.

Una forte esperienza di Dio giunge a spezzare in due il nucleo centrale dell'io. La Presenza coinvolgente afferra e assume l'io nella sua profonda realtà e ne fa svanire la falsa immagine. Quando il figlio è invaso dal Padre, il suo io cessa di essere il centro; si spoglia di tutte le "appropriazioni" e aderenze egoistiche, e rinasce alla libertà. Così ha inizio la trasfigurazione: Dio strappa via le maschere, spoglia l'io dei paludamenti menzogneri, e il figlio si scopre puro, libero, vuoto, trasparente, nutrito di pace, ricolmo di chiarezza.

La coscienza dell'io è completamente attratta dall'Altro, strappata al suo cardine dalla forza dell'ammirazione e della gratitudine. Come effetto di ciò, l'attenzione e l'intenzione, libere finalmente da ogni traccia di amarezza, sono trascinate verso un nuovo centro di gravità. Sparisce l'opposizione tra il Tu e l'io: "siamo una cosa sola"! L'amore prende forma e consistenza; non è più vaga astrazione, bensì solida concretezza.

La Presenza amante sveglia, ispira e trasforma tutte le potenzialità naturali del figlio, così come le sue relazioni con i fratelli. Purificato dalla spoliazione, comincia a sperimentare l'amore — emanazione dell'Amore — con piena profondità e trasparenza. In questo modo la vita del figlio, che è stato visitato dal Padre, entra in un processo inarrestabile di luminosità, acquistando nuovo senso e nuova forza.

La povertà prende per mano il figlio e lo conduce alla purezza. Le cose, il mondo, tutti gli esseri tornano a essere puri per lui: più non sono intorbidati da una visione perturbata da interessi e brame. Tutte le cose (il creato) riacquistano la purezza originale nella quale Dio le vide e le fece, avviluppate, anch'esse, di sapienza e amore: "si fa nuova creazione".

Soprattutto, al figlio si fa presente la sua "nuova realtà", anch'essa totalmente libera e purificata. Ed egli l'accetta in pace. Sparisce per sempre ogni ragione e forma di angoscia. Regna incrollabile la serenità.

AL DI LÀ DEL TEMPO E DELLO SPAZIO

Il contemplativo tende a elevarsi sopra la molteplicità delle cose e degli avvenimenti; quasi al di là del tempo e dello spazio, addirittura oltre la legge della contingenza delle situazioni e delle emergenze quotidiane. Egli, infatti, si scopre ancorato, come per partecipazione, alla sostanza assoluta e immutabile di Dio.

Certamente a nessuno è consentito sfuggire alle condizioni normali dell'esistenza creata; ma il contemplativo, per la sua unione profonda con Dio, percepisce una parvenza sperimentale dell'unità che coordina gli istanti successivi della catena del tempo, e in tal modo partecipa in qualche grado alla intemporalità dell'Eterno.

L'adoratore supera, soprattutto, l'angoscia prodotta il più delle volte in noi dalla non accettazione delle limitazioni spaziali e temporali. Abbandonato in Dio, il figlio non ha più timore né della vecchiaia né della morte; egli è, ormai, condivisore dell'eterna giovinezza di Dio.

Dio è la Presenza: non è qui, là; vicino o lontano. Semplicemente *è con me, è in me.* Egli riempie tutto, è una luce che penetra come il fuoco le cose e non le consuma. Se Egli è in me e in tutte le cose, io e le cose siamo in Lui, assunti e assorbiti nella sua immensità. Egli è l'Immenso. E anch'io sono "immenso": o meglio, sono *figlio dell'immensità.*

Ieri, domani, prima, dopo, secoli, millenni non significano più nulla. Aristotele non definì il tempo: *misura del movimento delle cose?* Nell'incontro profondo non esiste il movimento. Esiste la quiete, l'eternità. Il Signore mio Dio è l'Essere, quieto ed immutabile, ma nelle sue profondità custodisce il dinamismo eterno che gli ha consentito di dare vita al meraviglioso universo che i nostri occhi contemplano. Che cosa valgono i nostri concetti di differenza, relatività, distanza? Davanti all'Assoluto tutto è relativo: il tempo non esiste. Il tempo è stato consumato dall'eternità. Il Signore è l'eternità e io sono *figlio dell'eternità.*

« DI CHIAREZZA IN CHIAREZZA » (2 Cor 3,18)

Anche col pericolo di ripetere consigli già dati qua e là, riassumiamo alcune norme pratiche seguendo gli orientamenti dei maestri dello spirito.

Nel proporsi, durante la meditazione, un punto di riflessione, l'anima non deve restare fissa su quel tema se non incontra profitto o stimoli alla devozione. La prima legge è: lasciarsi condurre dallo Spirito, e non dal piano prestabilito. La finalità decisiva è l'esperienza di Dio e la trasformazione della vita partendo da tale esperienza.

Il principiante suole dispiegare grande entusiasmo nella ricerca della devozione. Ma accade, di solito, che un'applicazione agitata risulta controproducente; non si ottiene la devozione con la frenesia. Al contrario, gli sforzi violenti disseccano il cuore e lo rendono inappropriato alle visite del Signore.

Perseveranza sì, violenza no. Un entusiasmo veemente che pretende di bruciare le tappe può annullare tutti i piani; ciò che si consegue è un logorio nervoso, frustrazione e avvilimento.

La cosa difficile e necessaria è di ricreare all'inizio dell'orazione un clima interiore nel quale si integrino due elementi apparentemente in contrasto:

uno stato di entusiasmo e uno stato di serenità. È necessario suscitare nell'intimo una certa tensione emozionale per la vicinanza dell'essere amato; la relazione io-Tu è energia, "movimento" delle facoltà. Ma questa tensione può risultare fatale se non è accompagnata simultaneamente da uno stato di calma, pace e soavità.

Non scoraggiarsi se non si prova la devozione desiderata. Pazienza e perseveranza — ripetiamo — sono le condizioni assolutamente indispensabili per tentare la scalata al castello dell'esperienza di Dio.

Se non si consegue nessun frutto sensibile, ci si incontra con lo scoglio più pericoloso della navigazione, che è la delusione. Se dopo tanto tempo si continua a non sentire la voce di Dio, se rimangono impercettibili i lineamenti del suo volto, l'anima non deve castigarsi continuando ad affaticarsi inutilmente. Si consiglia di prendere in mano un libro e di cambiare in lettura l'orazione, assumendo un atteggiamento di completo riposo. Però sempre attenti allo Spirito che può soffiare in qualsiasi momento.

Quando finalmente il Signore verrà a visitarci, forse all'improvviso, allora si richiede prontezza per rispondere alla sua chiamata. Si abbandona ogni cosa e si accorre, felici di potere "restare soli", anche in mezzo al turbinare della vita, con il nostro Signore.

La meditazione deve sfociare nella contemplazione come ogni salita finisce sulla cima. Come dice S. Pietro di Alcántara: colui che medita è come chi batte la pietra focaia per ottenerne qualche scintilla. Ottenuta quiete, concentrazione o affetto, bisogna restare in riposo e in silenzio con Dio, non con ragionamenti, concetti o speculazioni, bensì con il semplice sguardo.

La meditazione è il cammino; la contemplazione è la mèta. Raggiunto il fine, si depongono i mezzi. Toccato il porto, cessa la navigazione. Terminata la peregrinazione, cessano la fede e la speranza che sono come il vento che conduce la nave al porto. Una volta che, attraverso la meditazione, l'anima è arrivata al "riposo sabatico" deve abbandonare i remi e lasciarsi portare dalle onde che hanno nome ammirazione, stupore, giubilo, lode, adorazione.

3.
SILENZIO E PREGHIERA

Ciò che abbiamo esposto finora è, in qualche modo, *contemplazione.* Ritengo che ogni vero incontro con Dio (adorazione) sia contemplazione; a maggior ragione lo è l'*incontro profondo.*

La vita è coerente e unitaria. Non possiamo ragionare col bisturi in mano e dire: fin qui arriva il campo della meditazione, qui è la linea divisoria tra l'orazione discorsiva e la contemplazione. Nelle cose della vita non ci sono solo elementi chimicamente puri: tutto è incrociato e mutuamente compromesso. In ogni meditazione può esserci una buona dose di contemplazione e viceversa. Tuttavia, qui vogliamo parlare (anche a costo di ripeterci) della contemplazione propriamente tale, della *contemplazione acquisita.*

In quanto alla *contemplazione infusa,* il Signore la dà quando, come e a chi vuole. Per averla il cristiano non può far nulla, questo dono non si merita, non si esige, non si domanda (mi pare). È gratuità assoluta e straordinaria.

Già lo abbiamo detto che, normalmente, al principio, Dio lascia che l'anima si cerchi i suoi propri mezzi e i suoi appoggi, non esistendo strumenti adeguati per discernere quando un'operazione spirituale è opera della grazia e quando è opera della natura. Più tardi il Signore stesso irrompe progressivamente sullo scenario, invalida le tecniche umane, strappa l'iniziativa sottomettendo l'anima a un atteggiamento passivo, e fa di essa la dimora dell'Altissimo.

Sappiamo che tutto è opera della Grazia, e se suggeriamo metodi e sentieri non intendiamo affatto disconoscere né snaturare l'azione della Grazia. Vogliamo semplicemente preparare un'adeguata dimora al Mistero, dare una risposta positiva alla Grazia e cercare *veramente* il volto del Signore.

SILENZIO E SOLITUDINE

Fin dalle più remote eternità Dio *era* silenzio. Ma nel seno di quel silenzio si attuava la comunicazione più intima e feconda. In quella interiorità si sviluppavano, in un'orbita circolare e chiusa, le relazioni intratrinitarie, cioè le relazioni mutue di attrazione, conoscenza e partecipazione del Padre col Figlio nello Spirito Santo.

Non c'è dialogo più comunicativo di quello che non ha parole, o in cui le parole sono state rimosse dal silenzio. S. Giovanni della Croce e S. Teresa d'Avila constatano invariabilmente questo fatto: a misura che l'anima eleva e approfondisce le sue relazioni con Dio, spariscono in primo luogo le parole esteriori e poi le parole interiori; sparisce ogni dialogo. E non c'è comunicazione tanto intensa come nel momento in cui non si dice nulla.

Anche l'universo fu silenzio per migliaia di secoli. Non c'erano né terra né cielo, non c'erano limiti né contorni: « La terra era informe e deserta » (Gen 1,2).

In questo silenzio cosmico risuonò la Parola e germogliò l'universo. La Parola fu, dunque, feconda. Ma anche il silenzio è fecondo.

Ogni artista, scienziato o pensatore, ha bisogno di creare prima nel suo intimo un grande silenzio per avere percezioni, idee e intuizioni.

La vita si forma silenziosamente nell'oscuro seno della terra e nel silenzioso seno della madre. La primavera è un'immensa esplosione, ma un'esplosione silenziosa.

« La primavera è venuta.
Nessuno sa come è stato » (A. Machado).

I grandi movimenti della storia si sono sviluppati nel cervello dei grandi silenziosi.

Gli uomini più eletti e dinamici della storia sono quelli che hanno saputo sostenere faccia a faccia, senza scomporsi, la lotta col silenzio e la solitudine. Così Elia (cf. 1 Re 17,1-6), Gesù di Nazaret (cf. Mt 4,1-11), Paolo di Tarso (cf. Gal 2,17ss).

È mia opinione che il "male del secolo" sia la noia, che è originata dall'incapacità dell'uomo di stare solo con se stesso. L'uomo dell'èra tecnologica non sopporta la solitudine e il silenzio. E per combatterli mette mano a una sigaretta, a un transistor o a un televisore.

Per evadere dal silenzio, l'uomo si getta ciecamente nella dispersione, nella distrazione e nel divertimento. Come effetto di ciò, nel suo intimo si produce la disintegrazione. E questa finisce per generare la sensazione di solitudine, inquietudine, tristezza e angoscia. Ecco la tragedia dell'uomo attuale.

Senza dubbio, la pratica "per tempi" del silenzio, della solitudine e della stessa contemplazione è ora più necessaria che mai, religiosamente e psicologicamente; ora che l'interiorità dell'uomo è assalita e disgregata dalla velocità, dal rumore, dalla frenesia; l'uomo stesso è, a un tempo, vittima e attentatore di se stesso e finisce per sentirsi insicuro e infelice.

Esiste un silenzio sterile. È quando l'uomo si ripiega su se stesso per fuggire dalla comunicazione con gli altri. Questo è il silenzio dei morti.

Abbiamo parlato di una zona di silenzio e di solitudine radicata nella costituzione stessa dell'uomo. Ma il dinamismo di quel silenzio non spinge l'uomo a nascondersi, bensì ad aprirsi al dialogo con Dio. E poiché questo dialogo è amore e l'amore è espansivo, esso apre l'uomo al dialogo con i fratelli. Se non si traccia questa traiettoria e non si hanno questi risultati, ci troveremo in un silenzio alienante. Ha scritto Paolo VI:

> « La fede e la speranza e l'amore di Dio, così come anche l'amor fraterno, implicano come esigenza propria una necessità di silenzio » (*Evang. Testif.* 45).

La Parola va sempre avvolta nel silenzio. È il suo ambiente naturale perché possa essere feconda. Solamente nel silenzio si può ascoltare Dio.

« La ricerca dell'intimità con Dio porta con sé la necessità veramente vitale di un silenzio di tutto l'essere, sia per coloro che devono incontrare Dio perfino in mezzo allo strepito, sia per i contemplativi » (ET 46).

I momenti di avanzamento del Regno, così come le grandi rivelazioni lungo la storia della salvezza, sono accaduti nel silenzio. È una legge costante della realizzazione delle opere di Dio.

« Mentre un profondo silenzio avvolgeva tutte le cose, e la notte era a metà del suo corso, la tua parola onnipotente dal cielo, dal tuo trono regale, guerriero implacabile, si lanciò in mezzo a quella terra di sterminio, portando, come spada affilata, il tuo ordine inesorabile » (Sap 18,14-15).

CONTEMPLAZIONE E COMBATTIMENTO

La Bibbia ci presenta Mosè come un contemplativo di straordinario rilievo. Le sue relazioni con Dio si svolgono in un clima di immediatezza, in un "tu per tu" con il Signore non esente da una certa suspense drammatica che sempre produce la prossimità di Dio.

Tutta la grandezza umana e profetica di Mosè

ce la sintetizza il libro dell'Esodo con le seguenti parole:

« Così il Signore parlava con Mosè faccia a faccia, come un uomo parla con un altro » (Es 33,11).

Mosè è stato modellato direttamente dal bulino di Dio, in quei lunghi giorni e notti dentro la nuvola, avvolto dal silenzio e dalla solitudine, fronte a fronte con Dio sulla cima del monte. Mosè è un'opera d'arte di Dio stesso. È ardente come il fuoco e soave come la brezza (« molto mansueto »: Num 12,3).

Fu militare, politico e contemplativo. A guardare la sua statura umana, giungiamo alla conclusione che ogni contemplativo, quando si lascia "prendere" dalla prossimità travolgente di Dio, si trasforma in un essere forgiato dalla forza, dalla purezza e dal fuoco.

Il servo di Dio armonizzò il temperamento di un liberatore politico con le esigenze di una vita nascosta in Dio. Alternò le battaglie con Dio sulla cima della montagna a quelle con gli uomini nella sottostante valle.

Nel suo caso le leggi del silenzio e della solitudine per gli incontri di Dio assumono rilievo straordinario.

Quando Dio vuole parlare con Mosè, lo chiama sulla cima della montagna (cf. Es 19,3; 19,20; 24,1).

Ci sono momenti in cui le espressioni "salire a Dio" e "salire la montagna" sono sinonime, come nel libro dell'Esodo (cf. Es 24,12).

E anche quando Mosè sta già sulla cima, Dio esige la solitudine assoluta. E così ordina di tracciare meticolosamente un cerchio sulle prime rampe della montagna, sì che nessuno lo possa varcare giacché « chiunque toccherà il monte sarà messo a morte » (Es 19,12).

È una solitudine-silenzio così esigente che, anche quando Mosè si fa accompagnare da Aronne e dagli anziani, questi tuttavia devono rimanersene lontani quando lui entra in dialogo con Dio (cf. Es 24,2).

Il monte Sinai è esso stesso un segno folgorante del silenzio e della solitudine: un'altezza di 2285 metri, un sole che calcina, sabbia, rocce, vento, solitudine e, unico vestigio vivente, le aquile.

E qui c'è un tremendo mistero: Dio prende la forma di nube, la quale è simbolo dell'isolamento e della solitudine. Pare esserci una relazione identificante tra Dio-nube-silenzio.

> « Mosè salì dunque sul monte e la nube coprì il monte. La Gloria del Signore venne a dimorare sul monte Sinai e la nube lo coprì per sei giorni. Al settimo giorno il Signore chiamò Mosè dalla nube. La Gloria del Signore appariva agli occhi degli Israeliti come fuoco divorante sulla cima della montagna. Mosè entrò dunque in mezzo alla nube e salì sul monte. Mosè rimase sul monte quaranta giorni e quaranta notti » (Es 24,15-18).

Che cosa successe in quei quaranta giorni e quaranta notti nell'interno della nuvola, sulla cima della montagna? È uno dei grandi misteri della storia umana.

Sappiamo solamente che, quando Mosè ne uscì e scese alla pianura, gli Ebrei non potevano sopportare la luce abbagliante che irradiava dal volto di Mosè. E questi dovette mettersi un velo perché gli Ebrei potessero guardarlo e ascoltarlo. Quando di nuovo entrava nella nube per parlare con Dio si toglieva il velo: « Gli Israeliti, guardando in faccia Mosè, vedevano che la pelle del suo viso era raggiante. Poi egli si rimetteva il velo sul viso, fin quando fosse di nuovo entrato a parlare con il Signore » (Es 34,35).

Indubbiamente tutta questa simbologia è pregna di profondo significato del quale intravediamo solamente qualcosa, mentre quasi tutto il suo contenuto ci sfugge. Ma in mezzo a tante immagini, simboli e teofanie spicca una lezione sensazionale: Mosè, l'uomo più "impegnato" tra tutti i profeti, gran liberatore e gran rivoluzionario, fu un uomo che coltivò, come pochi, il silenzio e la solitudine.

FIAMMA DI FUOCO

Un altro uomo che alterna il fragore delle battaglie con la solitudine in Dio è il profeta Elia. Non è un profeta-scrittore bensì un profeta di azione; per ciò colpiscono l'attenzione i suoi lunghi periodi di solitudine. Elia si erge sorprendentemente "come una fiamma" sulla scena della storia di Israele. Dio lo separa dal suo ambiente e lo conduce a un burrone per trasformarlo in "uomo di Dio".

« A lui fu rivolta questa parola del Signore: ''Vattene di qui, dirigiti verso oriente; nasconditi presso il torrente Cherit, che è a oriente del Giordano. Ivi berrai al torrente e i corvi per mio comando ti porteranno il tuo cibo''. (...) I corvi gli portavano pane al mattino e carne alla sera; egli beveva al torrente » (1 Re 17,2-6).

E lungo la sua vita Dio lo mantiene emarginato dalla società per la sua consacrazione. Non ha dimora fissa. Erra come il vento, spinto e diretto da Dio stesso. La sua dimora è la solitudine.

Il profeta si abbandona sempre più alla volontà di Dio. Questo abbandono lo introduce progressivamente nelle più segrete e profonde intimità di Dio. Peregrina per quaranta giorni e quaranta notti fino alla cima del monte Oreb. E lassù, prima dentro la grotta e poi fuori, Dio dispiega davanti ai suoi occhi spaventati tutta la sua gloria e il suo splendore (cf. 1 Re 19,8-18). Il mistero di quella teofania rimarrà sempre occulto e inaccessibile a noi. Quando in Sarepta restituisce la vita al bambino lo sentiamo pieno di tenerezza, intimità e fiducia in Dio.

« ''Signore Dio mio, forse farai del male a questa vedova, che mi ospita, tanto da farle morire il figlio?''. Si distese tre volte sul bambino e invocò il Signore: ''Signore Dio mio, l'anima del fanciullo torni nel suo corpo''. (...) La donna disse a Elia: ''Ora so che tu sei uomo di Dio e che la vera parola del Signore è sulla tua bocca'' » (1 Re 17,20-24).

Quando appare in pubblico Elia è un uomo avvolto di fiamma; sempre vive attento alla voce di Dio secondo il suo grido di guerra: « Per la vita del Signore, Dio di Israele, alla cui presenza io sto » (1 Re 17,1). Le uniche cose che lo preoccupano sono gli interessi e la gloria di Dio. Per ciò la potenza di Dio risplenderà nei suoi gesti e nelle sue parole.

Pare una sentinella che stia aspettando l'ordine e, quando Dio gli si presenta con l'abituale « alzati! », Elia va in tutta fretta a compiere la sua audace missione, per annunciare il castigo al re, per riunire il popolo sulla cima del Carmelo, per fare scendere fuoco dal cielo sopra le truppe di Ocozia, per smascherare i potenti o per passare a fil di spada gli adoratori di Baal.

La solitudine lo tempra per le imprese più audaci. È una vita alternata: si occulta in Dio e risplende davanti agli uomini.

LA TRAVERSATA DEL VERBO

Il "passaggio" di Gesù per il mondo è l'odissea, il gran "tour" del silenzio, nel suo senso più profondo ed emozionante.

La sua prima tappa, l'Incarnazione, è la grande immersione nelle acque dell'esperienza umana. Ciò è il significato di quell'intraducibile *"ekénosen"* (Fil 2,7): si annientò, *discese* fino alle profondità più remote dell'anonimato, dell'umiltà e del silenzio, fino agli ultimi limiti dell'uomo.

Discese nell'umile grembo di una vergine silenziosa.

Nel silenzio di una "notte di pace" fece la sua entrata nella storia, scortato da pastori, sul trono di un presepio. Nella notte di Betlemme il silenzio scalò la sua cima più alta.

Nei giorni della sua vita, la Parola del Padre fu ricevuta e trattenuta tra le pieghe del silenzio. Mentre visse, quanti seppero che Gesù era Figlio di Dio?

Impressiona anche il silenzio della presenza reale di Gesù nell'Eucarestia. Là non c'è nessun segno di vita, nessun segno di presenza; là niente si ode, niente si vede, contro tutte le evidenze rimane solamente il silenzio irriducibile. Soltanto la fede ci libera dalla perplessità.

Il silenzio coprì, con un velo riverente, la totalità del mistero di Gesù per lunghi anni: il nuovo nome del silenzio è Nazaret.

Gesù realizzerà una corsa vertiginosa dal battesimo fino alla croce, quasi con impazienza: « Sono venuto a portare il fuoco sulla terra; e come vorrei che fosse già acceso! » (Lc 12,49). Ma prima, in quei lunghi anni che precedettero l'evangelizzazione, quanta pazienza! Quanto silenzio!

MEDITAZIONE E CONTEMPLAZIONE

La contemplazione non è un discorso teologico nel quale si tesse una brillante composizione con immagini di Dio, ponendo premesse e traendo conclusioni. Nemmeno si tratta di una riflessione esegetica con cui si cerca di cogliere il senso esatto che lo scrittore sacro volle dare al testo scritturistico.

Alcune comparazioni ci faranno luce.

Un botanico raccoglie un fiore. Prende il bisturi, divide il fiore in varie parti, le deposita ordinatamente sul tavolo del suo laboratorio, le studia al microscopio. In breve capisce il fiore sezionandolo a mezzo di uno strumento (*lui stesso* è lontano dal fiore). *Intende analiticamente.*

Un poeta, al contrario, non prende il fiore: *è preso* dal fiore. "Intende" il fiore, astraendosi, meravigliato, grato e quasi identificato con tutto il fiore, non con le sue singole parti. Lo intende possessivamente. Questi concetti restano sintetizzati nell'esclamazione del poeta: che bel fiore!

Un meditativo (o teologo) anzitutto prende non Dio stesso ma i concetti di Dio. Poi distingue questi concetti e li divide, li ordina e li combina; trae le conclusioni e le applica alla vita. Intende attraverso lo strumento dell'intelligenza, potendo dire che è "lontano" da Dio stesso giacché non c'è contatto personale. Intende analiticamente.

Un contemplativo non prende Dio, *è preso* da Lui. È un uomo eminentemente sedotto e rapito. "Intende" Dio, meravigliato e riconoscente, identificato con Lui, da persona a persona, adesivamente, sperimentalmente, confusamente, in un'azione totalizzante. *Intende possessivamente.*

Dunque il contemplativo non è anzitutto uno spettatore bensì un ammiratore. Nel suo intendere (verbo attivo) ci sono elementi passivi: ammirazione, gratitudine, emozione. Di conseguenza la contemplazione è sullo stesso piano dell'ammirazione. Si tratta di quel sospeso stupore che sperimentava Paolo quando diceva: « O profondità della ricchezza, della sapienza e della scienza di Dio! Quanto sono imperscrutabili i suoi giudizi e inaccessibili le sue vie » (Rm 11,33).

Oserei dire che, in un certo senso, la capacità contemplativa di una persona è in proporzione alla sua capacità di stupore. Per ciò mai il contemplatore è con sé o rivolto verso di sé. È sempre *in esodo,* in movimento di uscita e proiezione verso l'Altro, completamente "estasiato" e rapito dall'Altro.

Come si sa, la capacità di stupore e il narcisismo stanno in rapporto inverso. Narcisismo e infantilismo sono la stessa cosa, così come la maturità e il narcisismo sono ai poli opposti. L'adesione disordinata a noi stessi provoca le reazioni di euforia o di depressione, squilibrando la stabilità emozionale.

Nella contemplazione non c'è alcun punto di riferimento a se stessi. Non importano al contemplativo le cose che si riferiscono a lui stesso; solamente gli importano le cose che fanno riferimento all'Altro. Non si esalta per i trionfi né si deprime per gli insuccessi. Per questo vediamo i grandi contemplativi pieni di maturità e grandezza, dotati di una inalterabile presenza d'animo, con la caratteristica serenità di chi è insediato in un'orbita di pace al di sopra del viavai, delle turbolenze e delle meschinità del vivere quotidiano.

Il meditativo è espressivo e eloquente. Nel suo intimo ferve un'attività da arnia, in un perpetuo andare e venire, saltando senza sosta dalle premesse alle conclusioni, dalle induzioni alle deduzioni. La testa del meditativo è popolata di concetti che egli instancabilmente analizza e decifra, distingue e divide, spiega e applica.

Il contemplativo, al contrario, è immerso nel silenzio. Nel suo intimo non c'è dialogo bensì una corrente calda e palpitante, sebbene latente, di comunicazione. È il silenzio popolato di stupore e di presenza che sentiva il salmista quando diceva: « O Signore, nostro Dio, quanto è grande il tuo nome su tutta la terra: sopra i cieli si innalza la tua magnificenza » (Sal 8).

Non afferma nulla. Nulla spiega. Non intende né pretende di intendere. È arrivato al porto, ha lasciato i remi ed è entrato nel *riposo sabatico.* Gode di un pieno possesso in cui i desideri e le parole tacciono per sempre. Ora l'unione si consuma da essere a essere (senza bisogno di parole), da intimo a intimo, da mistero a mistero.

Al contemplativo basta *stare* "ai piedi" dell'Altro senza sapere e senza voler sapere nulla; gli basta guardare e sapere che è guardato, come in un sereno imbrunire in cui si calmano *completamente* le aspettative, dove tutto appare un'eternità quieta e piena. Potremmo dire che il contemplativo è muto, ebbro, identificato, avvolto e compenetrato dalla Presenza, come dice S. Giovanni della Croce:

« Restai e dimenticai,
il volto reclinato sull'Amato;
cessò tutto e mi abbandonai
lasciando ogni timore
tra i gigli dimenticato ».

Il contemplativo potrebbe intendere, perfino meglio del teologo, il mistero più profondo di Dio, di Gesù, della vita eterna; tuttavia non può esprimere quelle esperienze e forse nemmeno può avere coscienza diretta di ciò che "intende". E questo perché la sua consapevolezza è troppo piena, troppo profonda e non esiste capacità di concettualizzarla.

Riassumendo: la meditazione è analitica, concettuale, impersonale, induttiva, differenziata, selettiva e schematica.

In cambio, la contemplazione è intuitiva, integratrice, soggettiva, sintetica, totalizzante, affettiva e unificante.

Ciononostante, come dicemmo prima, nella vita tutto è equamente mescolato.

ADESIONE

Ciò che abbiamo detto, il Concilio ce lo ha insegnato in forma magistrale.

Afferma infatti che l'uomo è nato per continuare a vivere oltre la morte; che il suo destino finale è nella contemplazione eterna del mistero inesauribile di Dio. Ecco una stupenda descrizione della contemplazione:

> « Dio infatti ha chiamato e chiama l'uomo ad aderire a Lui con tutta intera la sua natura, in una perpetua comunione con la incorruttibile vita divina » (GS 18).

Non si poteva dire meglio. È interessante segnalare l'uso della parola *aderire,* parola in cui sono racchiusi e compenetrati la cognizione, l'amore, l'ammirazione, l'impegno, l'affidamento e la vita.

Come abbiamo già detto, lo strumento della contemplazione non è solo l'intelligenza discorsiva. È tutto l'essere che partecipa alla contemplazione unificante, « con tutta intera la sua natura ».

La contemplazione, così come la stiamo spiegando, si avvicinerebbe al contenuto che nella Bibbia ha la parola *conoscere:* va al di là del sapere umano ed esprime una relazione esistenziale. Conoscere qualcosa è averne esperienza concreta. Così si conoscono la sofferenza (cf. Is 53,3), il bene e il male (cf. Gen 2,9); è un coinvolgimento reale con profonde conseguenze.

Conoscere qualcuno è entrare in relazioni personali con lui. Queste relazioni possono avere molte forme e comportare molti gradi. Fra tutte le forme, nella Bibbia, conoscere (così come contemplare) significa entrare in una grande corrente di vita che, scaturita dal cuore di Dio, vi ritorna.

Colpisce l'attenzione l'insistenza con cui Paolo VI parlò della contemplazione nel discorso di chiusura del Concilio. Accenna in primo luogo alla « relazione diretta con il Dio vivente »: precisa e preziosa definizione della contemplazione. Poi si domanda se « abbiamo cercato la sua cognizione e amore »: altra maniera molto propria per riferirsi all'atto e atteggiamento della contemplazione. Più tardi si domanda se si sia avanzati nel mistero di Dio con le sedute conciliari, e poi, infine, elevando il tono e l'emozione, viene a proclamare:

« ...che Dio esiste, che è reale, che è vivente, che è personale, che è provvido, che è infinitamente buono, nostro creatore, nostra verità, nostra felicità; in tal modo che lo sforzo di *fissare in Lui lo sguardo e il cuore,* ciò che chiamiamo *contemplazione,* viene a essere l'atto più alto e più pieno dello spirito, l'atto che oggi può e deve gerarchizzare l'immensa piramide dell'attività umana ».

L'oggetto della contemplazione non è un'idea, neppure la verità, bensì Qualcuno; Qualcuno che è, a sua volta, fonte originale e mèta finale dei nostri destini e delle nostre vite.

Elevare tutte le energie umane per farle aderire a Dio è l'atto più sublime dello spirito umano. E codesto atto riassume e pone l'ordine esatto di priorità nei valori e negli atteggiamenti umani.

Insistendo sugli stessi concetti, il Concilio fa un altro serio tentativo di decifrare la natura della contemplazione, nella sua forma dinamica. Parlando di come debbano integrarsi l'attività e l'orazione, dice che « è necessario che i religiosi uniscano all'azione la contemplazione per mezzo della quale si aderisce a Dio con la mente e il cuore... » (PC 5).

NOTIZIA GENERALE, CONFUSA E AMOROSA

Nella misura in cui il cristiano sale il pendio della contemplazione, Dio, che è oggetto di tale contemplazione, svanisce progressivamente. Dio perde pian piano forme, immagini e rappresentazioni fino a svanire e a ridursi all'essenza pura. Mai, tuttavia, Dio è tanto concretezza, trasformazione, forza, universalità e azione come in questo momento in cui si riduce alla *purezza essenziale* nella fede.

Sì. Per la contemplazione pura anche Dio deve tacere, spogliato finalmente dei vari paludamenti con i quali la nostra fantasia lo ha rivestito. Cioè, questo Dio deve impoverirsi. Al contemplatore non interessano gli "abiti" di Dio, interessa *Lui stesso, in se stesso;* non la figura bensì la sostanza, non Dio-parola bensì Dio-silenzio, sebbene mai il Signore sia tanto parola, tanto sostanza come in questo momento di silenzio.

Quando due silenzi si incrociano fino a confondersi, si ha una grande esplosione. Le parole recano concetti e i concetti portano "particelle" di Dio. Ma solamente il silenzio può abbracciare *Colui che è* e che sta al di sopra dei concetti e delle parole.

Per sapere se stiamo camminando sul terreno della contemplazione, S. Giovanni della Croce ci dà i seguenti segnali [9]:

1) — Gustare di starsene da soli con attenzione amorosa a Dio;
   — stare solo con avvedimento amoroso e calmo.
2) — Lasciare l'anima in riposo e quiete, sebbene si abbia l'impressione di stare perdendo tempo;
   — restare in pace interiore, quiete e sollievo.

[9] S. Giovanni della Croce, *Notte oscura,* l. I, 10, 4; *Salita del Monte Carmelo,* l. II, 13, 4, in *Opere,* cit.

3) — Lasciar libera l'anima, sgombra e riposata da ogni discorso mentale, senza preoccuparsi di pensare o meditare;
— senza particolare considerazione, senza atti e esercizi delle potenze, almeno discorsivi, che è un andare e venire da uno all'altro lato.

4) — Evitare affetti e preoccupazioni che inquietano e distraggono l'anima dalla calma quiete;
— solamente attenzione e notizia generale, sebbene amorosa, senza intendere su che cosa.

Tutte queste caratteristiche si riassumono in queste tre note: notizia generale, confusa e amorosa.

Generale perché si tratta di un'attenzione estensiva o diffusa. Cioè, l'attenzione non si concentra in modo convergente su un aspetto concreto bensì si estende o si diffonde sull'oggetto globale che è Dio.

Quando contempliamo un paesaggio, non centriamo il nostro sguardo sulle fronde di un pioppo e su una cima brulla ma lo estendiamo diffusamente sulla vastità dell'orizzonte. Si chiama "guardare l'infinito". In modo analogo lo sguardo della contemplazione è diffuso, estensivo, generale.

Notizia *confusa* in contrapposizione ad analitica. Tutto ciò che è analitico è chiaro perché nell'analisi c'è divisione e dove c'è divisione c'è chiarezza. Se si vuole "vincere" (conquistare) una verità, bisogna cominciare col dividerla: dividi e vincerai. La notizia contemplativa è, dunque, confusa perché non è analitica.

È anche confusa perché l'attività contemplativa non è intellettuale ma consapevole e la consapevolezza si identifica così sostantivamente con la mia propria persona che mancano distanza e prospettiva per misurare e ponderare il vissuto; per ciò non si può concettualizzare perché l'esperienza è, di per sé, densa e piena e sta troppo vicina.

Tuttavia, benché confusa, non esiste nella mente umana notizia che infonda tanta certezza e proietti tanta chiarezza come la notizia della contemplazione.

Il contemplativo vola al di sopra delle cime teologiche e delle chiarezze esegetiche; e quanto più si sommerge negli abissi, più sperduto e allontanato si ritrova, quanto più dense oscurità incontra tanto maggiori chiarezze percepisce, con la mente paralizzata e senza movimenti acrobatici, non intendendo bensì possedendo la *Scienza* e la divina Essenza; tanto più sapiente diventa più muto rimane, rimontando e incrociando col suo volo le cime più alte di tutte le scienze. Come lo dice bene S. Giovanni della Croce!

« Fammi entrare dove non so
e fammi restare non sapendo,
ogni scienza trascendendo.

Era tanto imbevuto
tanto assorto e alienato
che rimase il mio senso
di ogni sentir privato,
e lo spirito dotato
di un intendere non intendendo
ogni scienza trascendendo.

Quanto più alto si sale,
tanto meno si intende
cos'è la tenebrosa nuvola
che la notte rischiara.
Perciò anche chi la conosce
rimane sempre non intendendo,
ogni scienza trascendendo ».

Infine notizia *amorosa,* come dire emozionale. La prossimità della persona amata produce sempre attesa ed emozione. Quello del contemplativo è un incontro da persona a persona. Per ciò c'è una sorta di possessività, e si accende il cuore, e si stabilisce una corrente circolare e alternata di dare e ricevere, aprirsi e accogliere.

Ancora S. Giovanni della Croce:

O lampada di fuoco
nei cui splendori
le profonde caverne del senso,
che era oscuro e cieco,
con strane bellezze
calore e luce dànno insieme, al suo amato.

IN TOTALE PIENEZZA

Dunque, Dio « ha chiamato e chiama l'uomo ad aderire a Lui con tutta intera la sua natura » (GS 18). Si tratta di pienezza, che è esperienza dell'integrazione interiore. Quando l'attenzione (coscienza) penetra tutti i dipartimenti dell'edificio umano, possiamo dire che la persona è integrata. Ciò che non è integrato non è mai pieno. Quando il cristiano prega (o cerca di farlo) in stato dispersivo, sempre finisce per sentirsi frustrato, appunto perché non ha fatto (né può fare) orazione in quello stato.

Sempre è presente lo stesso nemico: la dispersione. Essa origina uno stato conflittuale: i criteri contro gli impulsi, i comportamenti contro i giudizi di valutazione. Dove c'è conflitto non c'è pace, dove non c'è pace non c'è Dio.

Come integrare lo spirito? Da un lato non c'è forza tanto integratrice come Dio stesso. Al suo confronto nulla valgono le terapie integratrici. Il profondo mistero del Signore si estende a ventaglio in tutto l'ambito della persona, attraversa e purifica le differenti parti, e, in Dio, il cristiano si sente uno, solido e indistruttibile. Ma, d'altro lato, prima di poter aderire a Dio con la totale pienezza, ha bisogno di raggiungere un elementare grado di integrazione. Come conseguirlo?

L'uomo percepisce la sua unità interiore quando la sua coscienza si *fa presente* simultaneamente in tutte le sue parti. Ma succede che la coscienza non può stare *allo stesso tempo* in varie parti. Allora, che cosa fare?

Bisogna ottenere che la coscienza si faccia pienamente presente a se stessa. E, a questo punto, nel silenzio di tutto l'essere, accade che la *profondità di se stesso* si estenda nel territorio della persona, integrando tutto con la sua presenza. Quando la coscienza è "in" se stessa, è anche "in" tutti i suoi componenti. Se la mente ritiene il dominio assoluto di sé, rimangono integrate tutte le sue parti.

È possibile che all'inizio tu abbia l'impressione di star perdendo tempo con questo esercizio. Non spazientirti. Persevera. Pensa che si tratta della pratica più efficace per conseguire lo *spirito di orazione* e per "camminare alla presenza di Dio", lungo la via di ogni grandezza spirituale.

Ambiente adeguato: scegli un luogo possibilmente solitario, una cappella, un'abitazione, un bosco, un colle.

Tempo: per questa pratica riserva un "tempo forte" in cui non sei perseguitato dalla fretta né da preoccupazioni.

Posizione: comoda e orante, in quiete completa.

Ottieni il silenzio progressivo secondo le indicazioni date precedentemente. Consegui il vuoto interiore, sospendendo l'attività dei sentimenti e delle emozioni, spegnendo i ricordi del passato, sciogliendoti dalle preoccupazioni del futuro, *isolandoti* e *staccandoti* da tutto quanto si agita in te e fuori di te.

Non pensare a nulla; meglio, non pensare nulla.

Portati più in là del sentire, più in là del movimento, più in là dell'azione, senza "guardare" nulla né dentro né fuori, senza afferrarti a nulla, senza lasciarti afferrare da nulla, senza *fissarti* in nulla...

Fuori di te nulla; fuori di questo momento nulla.
Piena presenza di te stesso a te stesso.
Un'attenzione pura e nuda.

Ora, una volta conseguito il silenzio, collocandoti sulla piattaforma della fede, devi aprirti alla Presenza.

Semplicemente rimani come un'attenzione rivolta all'Altro, come chi guarda senza pensare, come chi ama e si sente amato.

In questo momento in cui già ti sei collocato nell'orbita della fede, devi evitare di *figurarti* Dio. Ogni immagine, ogni forma rappresentativa di Dio deve sparire. Fa' tacere Dio, spoglialo di tutto quanto significa *localizzazione:* Lui "non sta" lontano o vicino, sopra o sotto, avanti o indietro. Lui è l'Essere. Lui è la Presenza pura e amante e avviluppante e penetrante e onnipresente. *Lui è.*

Dimenticati di esistere. Non guardare te stesso. Contemplazione è fondamentalmente *ex-stasis:* uscita. Non preoccuparti se "questo" è Dio. Non ti inquietare se "questo" appartiene alla natura o alla grazia.

Non pretendere di intendere o analizzare ciò che vivi. Esiste solamente un *Tu* per il quale tu sei in questo momento un'attenzione aperta, amorosa e quieta.

Pratica l'esercizio uditivo indicato precedentemente. Quasi insensibilmente, il silenzio sostituirà la parola fino a che, nel momento in cui lo spirito è *maturo,* la parola di per sé "cadrà". Con le labbra non pronunciare nulla. Con la mente non pronunciare nulla.

Guardi e sei guardato. Ami e sei amato.

La Presenza pura, nel silenzio puro e nella fede pura, consumerà un'alleanza eterna.

È il nulla. È il Tutto.

Tu sei il recipiente. Dio è il contenuto. Lasciati riempire.

Tu sei la spiaggia. Lui è il mare. Lasciati inondare.

Tu sei il campo. La Presenza è il sole. Lasciati vivificare.

Resta così per lungo tempo. Poi "torna" alla vita, pieno di Dio.

Conosco persone che fanno contemplazione *immaginativa*. Entrano in una cappella in completa quiete. Guardano, nella fede, Gesù; si sentono guardate da Lui. Non dicono nulla. Non odono nulla. In completa quiete, si limitano semplicemente a "stare".

CAPITOLO V

ORAZIONE E VITA

Riconosco che l'orazione può trasformarsi rapidamente, e senza che ce ne accorgiamo, in un'evasione egoistica e alienante. Ci sono state persone che han fatto dell'orazione un'attività sterile, non perché sottoposti alla prova dell'aridità, bensì perché, vivendo in una devozione sensitiva, avevano cercato il piacere, la pace e le consolazioni in se stessi.

Tutto quello che cerchiamo di promuovere in questo libro ci può distruggere come una statua di argilla se non si suscita un rude e perpetuo alterco tra la vita e l'orazione. La vita deve sfidare l'orazione e l'orazione dovrà provocare la vita.

Oggigiorno molti giovani giudicano e condannano gli *anziani* perché, pur non tralasciando mai di pregare, si mantengono, secondo loro, per tutta la vita egoisti e immaturi.

I giovani (alcuni) dicono di non preoccuparsi di pregare perché... a che scopo? per restare immaturi e vivere scontenti come quelli che pregano? Ma dovrebbero comprendere facilmente che se taluni anziani sono "così", non è perché pregano. Potrebbe essere perché pregano male, o non pregano bene. Ci si può anche domandare: se pregando sono così, come sarebbero se non pregassero? Quanto a coloro che criticano, non si tratterà di pretesti o di sottili razionalizzazioni per giustificare il loro comportamento?

Sia come sia, codesto fenomeno che alcuni giovani segnalano e accusano (l'incoerenza tra l'orazione e la vita) sempre mi ha sconcertato. Non si può generalizzare, è vero. Non succede a tutti. Conosciamo innumerevoli casi di persone (senza dimenticare il nostro) che fanno sforzi sovrumani e prolungati per superare, *in Dio,* i loro difetti congeniti e i lati negativi della loro personalità. Perciò non si deve mai dire, con leggerezza: « Pregano e non cambiano ». Non sappiamo nulla della loro lotta silenziosa. Il cambiamento è sempre graduale e molto lento.

Tuttavia bisogna preoccuparsi della frequente dicotomia tra orazione e vita, e cercare di ricomporle in armonia.

Purtroppo sono frequentissimi i casi di persone pie che pur dedicando a Dio numerose ore della loro giornata, si trascinano dietro, sino agli ultimi giorni, un cumulo di difetti: sempre in conflitto, sospettose, immature, aggressive. All'apparenza non sono "cresciute", anzi sono andate peggiorando.

Com'è possibile ciò? Perché Dio non le ha liberate, consolidate nella sua pace, nella maturità, nell'umiltà, nell'amore? Perché non sono "cresciute" almeno un poco?

Forse costoro, invece di adorare Dio, si sono dedicati al culto di se stessi. Sono stati vittime di un fenomeno sottile, tanto inconscio quanto tragico, di *trasferimento (transfert):* senza saperlo hanno attuato una trasposizione del loro io in ciò che essi chiamavano "Dio".

Quel Dio invocato con tanta devozione non era il vero Dio. Era una "proiezione" dei loro timori, desideri, ambizioni. In Dio hanno cercato se stessi; si sono serviti di Dio invece di servire Dio. Quel Dio non è stato mai l'*Altro,* cioè il centro vero della loro attenzione e del loro interesse. Non sono mai usciti da se stessi e si sono fatti centro ("in Dio") della propria devozione.

Invece di amare Dio, hanno amato ("in Dio") soltanto se stessi. Il loro Dio è dunque un dio falso, un idolo, un dio confezionato su misura delle loro passioni. Per questo, anche quando pregano sono sempre centrati su se stessi. In tutta la loro vita si mantengono chiusi in un cerchio egocentrico. Ecco la ragione per la quale non crescono in maturità e trascineranno fino alla sepoltura i loro infantilismi, l'aggressività e i difetti congeniti.

Se non c'è uscita da se stessi non c'è libertà. Se non c'è libertà non c'è amore. Se non c'è amore non c'è maturità.

1.
LIBERAZIONE

Il Dio della Bibbia è un Dio liberatore. È colui che sempre interpella, incomoda e sfida. Non risponde, ma domanda. Non risolve, suscita conflitti. Non facilita, crea difficoltà. Non spiega, complica. Non genera bambini, ma adulti.

Noi lo abbiamo convertito in un "Dio-spiegazione" di tutto ciò che non sappiamo, un "Dio-potere" per risolvere tutte le nostre impotenze, un "Dio-rifugio" per tutte le nostre limitazioni, sconfitte e disperazioni. È la proiezione dei nostri timori e delle nostre incertezze. Ma non è questo il vero Dio della Bibbia.

Alcuni personaggi famosi del nostro secolo hanno affermato che la religione produce individui alienati e infantili. Secondo le loro spiegazioni psicoanalitiche, quel "dio" che tutto esplica e risolve è il gran "seno materno" che libera (aliena) gli uomini dai rischi e dalle difficoltà della vita ed evita loro la lotta aperta nel campo della libertà e dell'indipendenza. In questo senso aveva ragione Nietzsche ad affermare che la presenza lassù di questo "dio" ha impedito che quaggiù gli uomini acquisissero la loro *maggiore* età e per ciò sono restati bambini. Ma questo non è il vero Dio della Bibbia.

Codesto "dio" deve morire. In questo senso possiamo parlare correttamente della "morte di Dio". È la menzogna di Dio, la falsa maschera di Dio inventata dalla nostra immaginazione, adottata dal nostro orgoglio, dalla nostra ambizione, dalla nostra ignoranza e pigrizia.

Il vero Dio è quello, perpetuamente pasquale, che ci strappa dalle nostre incertezze, ignoranze e ingiustizie, non spingendoci a fuggirle bensì ad affrontarle per sconfiggerle. Il vero Dio è quello, secondo il profeta Ezechiele, che dice agli uomini: « Vi condurrò nel deserto dei popoli e lì a faccia a faccia vi giudicherò » e uno per uno « vi farò passare sotto il mio bastone » (Ez 20,35-37). È quello che abbandona suo Figlio solo nell'agonia, in faccia alla morte. È il Dio degli adulti.

Quello stesso che, dopo aver creato l'uomo, non lo lascia bambino nelle braccia materne per salvarlo dai pericoli della vita, ma rapidamente gli taglia il cordone ombelicale e gli dice: « Siate fecondi e moltiplicatevi, riempite la terra; soggiogatela... » (Gen 1,28). Il vero Dio non è uno che aliena bensì un liberatore che rende grandi, maturi e liberi gli uomini e i popoli.

SALVARSI ALLE RADICI

Nella Bibbia non esiste solamente, né soprattutto, la *salvezza dell'anima.* La salvezza portata da Gesù, il cui programma viene annunciato sulla montagna delle Beatitudini (cf. Mt cc. 5-7) afferra e abbraccia tutto l'uomo. Codesto programma di salvezza giunge fino alle radici dell'uomo, si sprofonda nell'inconscio represso, illumina con fulgore abbagliante le oscure regioni degli impulsi e delle motivazioni, sveglia la coscienza riflessa dai sogni di onnipotenza e dai suoi deliri di grandezza, lo pone con i piedi sul suolo dell'obiettività e lo fa entrare nella zona della sapienza, della maturità, dell'umiltà e dell'amore.

In una parola, è la salvezza integrale. Il Dio dell'orazione deve essere un Dio sfidante e provocatore. Vale a dire, un Dio liberatore.

☆

Il dramma dell'uomo è questo: da quel giorno fatidico del paradiso nel quale soccombette alla tentazione di divenire come Dio (cf. Gen 3,5), l'uomo reca nelle sue viscere profonde un istinto ancestrale, oscuro e irresistibile di costituirsi "dio" e reclamare tutta l'adorazione.

Un dio che sottomette violentemente, preme e obbliga uomini e creature a essere suoi "adoratori". I valori e le realtà che scopre alla sua portata se li "appropria": denaro, bellezza, simpatia, intelligenza, sesso... tutto sottomette al suo servizio e alla sua adorazione. « La creazione... infatti è stata sottomessa alla caducità » (Rom 8,20). Usa e abusa di ciò che considera "suo" come un despota.

Se potesse dominare il mondo intero, lo farebbe. Se potesse appropriarsi di tutte le creature, lo farebbe. Se potesse opprimere tutti gli uomini, lo farebbe. Sente una pazza e insaziabile sete di onore, applauso e adorazione. La sua vita è guerra di concorrenza per accaparrarsi sempre qualcosa in più. Il peccato abita nell'intimo dell'uomo e il peccato è pretendere di *essere come Dio*.

Tutto ciò che minaccia di eclissare il suo potere o infamare il suo onore automaticamente è qualificato come nemico; nasce nel suo intimo lo spettro dell'inimicizia e scatena la guerra contro qualsiasi concorrente.

Vive pieno di deliri, allucinazioni e menzogne: se ama, ad esempio, crede di amare, in realtà quasi sempre ama se stesso; più ha più crede di essere libero, mentre in realtà è più schiavo; più gente riesce a dominare e più si sente signore, mentre in realtà dipende più che mai.

« Il nemico dell'uomo è la sua propria carne » diceva S. Francesco. Effettivamente, per il suo pazzo desiderio di essere il primo e al di sopra di tutti, l'uomo castiga se stesso con invidie, impotenze, gelosie, preoccupazioni, ansie impossibili, convertendosi in vittima per creare imperi, egemonie e domini che lo schiacceranno.

Sfrutta il debole. Passa sopra alla giustizia e alla misericordia per tesorizzare di più. È insensibile alle richieste dei poveri. Ammassa fortune con il sudore e il sangue del lavoratore. Quando un povero diventa ricco, spesso si trasforma nel peggiore sfruttatore dei poveri.

In una parola, l'uomo è schiavo di se stesso. Necessita di liberazione. Nel fondo èun idolatra. Necessita di redenzione.

Se la schiavitù consiste nella idolatria (egolatria), tutto il problema della liberazione sta nel rimuovere il "dio-io" per soppiantarlo col vero Dio. La salvezza consiste nel fatto che Dio sia il *mio Dio.* Per arrivare a questo, bisogna smantellare quel mondo di desideri, sogni e chimere costruito intorno all'idolo "io" e che, a loro volta, continuamente lo rigenerano e aureolano. È necessario smantellare, ripulire e svuotare l'intimo dell'uomo da tutte le "appropriazioni" assolutiste e divinizzanti, affinché Dio ne prenda possesso e dispieghi lì il suo santo regno.

La linea della liberazione passa, quindi, per il meridiano della « povertà e umiltà di nostro Signore Gesù Cristo » (S. Francesco).

> « Il povero che è nudo sarà vestito; e l'anima che si sarà spogliata dei suoi appetiti, che tu voglia o no, la vestirà Dio della sua purezza, diletto e volontà » [1].

Solamente il sentiero del "nulla" (liberazione assoluta, nudità totale) ci deve condurre alla cima del tutto che *è* Dio. S. Giovanni della Croce scrisse: « Da tutto ciò che non è Dio si deve liberare l'anima per andare a Dio ».

Nel deserto del Sinai, la formula dell'Alleanza suonò così: Israele « Io sono il Signore, tuo Dio... non avrai altri dèi di fronte a me » (Es 20,2-3). Con

[1] S. Giovanni della Croce, *Avisos y sentencias,* n. 19.

la forza selvaggia di una formula desertica e primitiva la Bibbia ci insegna il segreto finale della salvezza: che Dio sia Dio *in noi*.

Tale rudezza la troviamo espressa nella scena biblica, quando Mardocheo avrebbe potuto fare salvo il suo popolo prostrandosi davanti all'orgoglioso Aman:

> « Tu conosci tutto; tu sai, Signore, che non per orgoglio, non per superbia né per vanagloria ho fatto il gesto di non prostrarmi davanti al superbo Aman, perché avrei anche baciato la pianta dei suoi piedi per la salvezza d'Israele.
> « Ma ho fatto ciò per non porre la gloria di un uomo al di sopra della gloria di Dio; non mi prostrerò mai davanti a nessuno se non davanti a te, che sei il mio Signore, e non farò così per superbia » (Est 4,17d-17e).

Orbene, l'unico "dio" che può competere con Dio per regnare sopra il cuore dell'uomo è l'uomo stesso.

Nel fondo corre un mistero tragico: il nostro "io" tende a convertirsi in "dio". È come dire: il nostro "io" reclama ed esige a tutti i livelli quel culto, amore, ammirazione, dedizione e adorazione che solamente a Dio devono attribuirsi. Gli idoli di oro, di pietra e di legno che appaiono nella Bibbia per competere con Dio (vitello d'oro, statue di Marduck, Baal, Astarte) non hanno realtà; sono puri simboli.

L'unico idolo che in verità può disputare palmo a palmo il regno di Dio sul cuore dell'uomo è l'uomo stesso. In conclusione, o si ritira l'uno o si ritira l'altro perché i due non possono governare allo stesso tempo su uno stesso territorio. « Nessuno può servire a due padroni » (Mt 6,24).

Se la liberazione consiste nel fatto che Dio sia Dio *in noi,* e se l'unico "dio" che può impedire quel regno è il "dio-io", giungiamo alla conclusione che il regno, attraverso la Bibbia, è una disgiuntiva escludente: o Dio o l'uomo; intendendosi per uomo l'uomo "vecchio" attorcigliato su se stesso, con le sue pazze ansie di dominare, di appropriarsi di tutto e di esigere ogni onore e ogni adorazione.

Quando l'intimo dell'uomo è liberato da interessi, proprietà e desideri, Dio può farsi presente senza difficoltà. Al contrario, se il nostro intimo è occupato dall'egoismo, allora non ha posto per Dio. Il territorio è occupato.

Così arriviamo a comprendere che il primo comandamento è identico alla prima beatitudine: nella misura in cui siamo più poveri, distaccati e disinteressati Dio è "più" Dio in noi. Più noi siamo "dio" per noi stessi, "meno" Dio è in noi. Il programma è, dunque, molto chiaro: « Egli deve crescere e io invece diminuire » (Gv 3,30).

Il profeta Isaia esprime queste idee con acutezza insuperabile:

« L'uomo abbasserà gli occhi alteri,
la superbia umana si piegherà;
sarà esaltato il Signore, lui solo
in quel giorno.
Poiché ci sarà un giorno del Signore
    degli eserciti

contro ogni superbo e altero,
contro chiunque si innalza per abbatterlo;
contro tutti i cedri del Libano alti ed elevati,
contro tutte le querce di Basan,
contro tutti gli alti monti,
contro tutti i colli elevati,
contro ogni torre eccelsa,
contro ogni muro inaccessibile,
contro tutte le navi di Tarsis
e contro tutte le imbarcazioni di lusso.
Sarà piegato l'orgoglio degli uomini,
sarà abbassata l'alterigia umana;
sarà esaltato il Signore, lui solo
in quel giorno. (...)
In quel giorno ognuno getterà
ai topi e ai pipistrelli
gli idoli d'argento e gli idoli d'oro,
che si era fatto per adorarli,
quando entreranno nei crepacci delle rocce
e nelle spaccature delle rupi,
di fronte al terrore che desta il Signore,
e allo splendore della sua maestà,
quando si alzerà a scuotere la terra »
(Is 2,11-21).

« Beati i poveri in spirito, perché di essi è il regno dei cieli » (Mt 5,3). A misura che l'uomo si fa povero, spogliandosi in funzione di Dio di ogni appropriazione interiore ed esteriore, automaticamente e simultaneamente il regno di Dio comincia a dispiegarsi nel suo intimo. Se Gesù dice che il primo comandamento contiene ed esaurisce tutte le Scritture (cf. Mt 22,40), noi possiamo aggiungere parallelamente che la prima beatitudine contiene ed esaurisce tutto il Vangelo di Cristo.

La liberazione avanza, quindi, per il cammino regale della povertà. Il regno è come un asse straordinariamente semplice che attraversa tutta la Bibbia muovendosi su due punti di appoggio: il primo comandamento e la prima beatitudine. Che Dio sia *realmente* Dio (primo comandamento) si verifica nei poveri e negli umili (prima beatitudine). Da qui ha origine quella tradizione biblica secondo la quale il povero-umile è la *proprietà* di Dio, e Dio è l'*eredità* dei poveri. Solo essi possederanno il regno.

La salvezza è equivalente all'amore. Ma la quantità di amore è equivalente alla quantità di energia liberata nel nostro intimo; come a dire che l'amore è proporzionale alla povertà. Per questo S. Francesco disse: « La povertà è la radice di ogni santità » [2].

L'orazione deve essere un momento e un mezzo per liberare le forze raccolte al centro di noi stessi e disporle al servizio degli uomini.

LIBERI PER AMARE

Essere poveri (libertà assoluta) è anche condizione indispensabile per creare una gioiosa *fraternità*.

S. Francesco d'Assisi, che non intese fondare un ordine bensì una fraternità itinerante di peni-

[2] S. Bonaventura, *Legenda Maior,* VI, 1.

tenti e testimoni, pose la povertà-umiltà evangelica come unica condizione e possibilità per costituire in reale fraternità i suoi seguaci.

Francesco si rese chiaramente conto che la proprietà è potenzialmente violenza. Quando il vescovo Guido gli domandò: « Perché non vuoi ammettere delle proprietà per i fratelli? », rispose Francesco: « Se avessimo proprietà avremmo bisogno di armi per difenderle ». Risposta di enorme sapienza.

Se gli uomini sono pieni di se stessi, pieni di interessi, gli interessi degli uni urteranno contro gli interessi degli altri e la fraternità sarà sconvolta. Quando l'uomo è minacciato nella sua ambizione o nel suo prestigio personale, lotterà per difendere la sua preminenza, e dalla difensiva passerà all'offensiva utilizzando tutte quelle "armi" che possono servire allo scopo, cioè: rivalità, invidie, intrighi, partigianerie, accuse, in una parola, la *violenza* che strapperà la "tunica senza costura" dell'unità fraterna.

Per ciò Francesco domanda ai fratelli che si sforzino di avere benignità, pazienza, moderazione, mansuetudine e umiltà quando pellegrinano per il mondo (*II Regola,* 3). Li supplica anche che si sforzino di avere « umiltà, pazienza, pura semplicità e vera pace di spirito » (*I Regola,* 17). È evidente che se i fratelli vivono impregnati di queste tonalità tipiche del Discorso della montagna saranno uomini pieni di soavità e dolcezza, capaci e pronti a rispettare, accettare, comprendere, proteggere, stimolare e amare tutti i fratelli.

Consiglia ai fratelli di lottare decisamente

contro « superbia, vanagloria, invidia, avarizia, preoccupazione e sollecitudine delle cose di questo mondo » (*I Regola,* 10). Se i fratelli saranno dominati da queste tentazioni, sarà ironico chiamarli *fratelli;* la fraternità sarà tra loro una bandiera lacera, insanguinata e calpestata.

Per essere un buon *fratello,* bisogna cominciare ad essere un buon "minore". In primo luogo, la liberazione da tutte le proprietà e le ambizioni. E per la via della liberazione giungerà la fraternità.

POVERI PER ESSERE MATURI

La liberazione di se stesso è anche condizione per la *maturità umana,* per la *stabilità emozionale.* Basta analizzare l'origine delle reazioni sproporzionate e degli atteggiamenti infantili.

Quando qualcuno vive pieno di se stesso, strisciando per mendicare la stima degli altri, cercando sempre di "presentarsi bene" davanti all'opinione pubblica, preoccupato per la "figura"... quando a questo cristiano gli avvenimenti succedono nella proporzione dei suoi smisurati desideri, egli avrà una reazione sproporzionata di felicità. La sua emozione sarà tanto grande che egli non riuscirà più a contenersi e si squilibrerà nella sua felicità.

Ma, ahimè, verrà il giorno in cui sarà emarginato, dimenticato o criticato! Quel giorno, ancora, la sua integrità verrà sconvolta, questa volta per l'amarezza. E lo vedremo "gettarsi giù", considerarsi vittima; sarà depresso, abbattuto in una reazione completamente sproporzionata a ciò che in realtà è successo. Qual è la spiegazione profonda di tutto ciò?

È obiettiva e giusta, supponiamo, la ragione per cui viene criticato o emarginato. Tuttavia, egli la considera un'ingiustizia mostruosa. C'è, dunque, un problema di obiettività. Questa persona ha un'*immagine* gonfiata di se stessa, un "io" aureolato e idealizzato; e la sua reazione non avviene secondo le obiettive dimensioni della sua realtà bensì del suo "io" deificato e falsato (rivestito) dai sogni e dai desideri. Bisogna dunque liberarsi di quei sogni che falsano la realtà, altrimenti si resterà perpetuamente infantili e amareggiati.

Nei quattro secoli che seguirono i gloriosi regni di Davide e di Salomone, la vita di Israele con Dio discese ai suoi livelli più bassi. Perché? Perché dormivano sugli allori. Vivevano proiettati in due sogni irreali: nel ricordo del passato impero sognando (desiderando) il tempo in cui l'antico splendore sarebbe rinverdito; inoltre guardavano avanti alle imprese (inesistenti) di un Mosè che li rendesse padroni del mondo.

Queste aspirazioni li alienavano completamente dalla situazione reale presente (divisi e dominati); li alienavano soprattutto dalla loro fedeltà all'alleanza con Dio, malgrado che il Signore avesse loro inviato in quel lasso di tempo una impressionante sequenza di profeti.

Dio vide che l'unica soluzione era una catastrofe che li liberasse dalle loro chimere. E così fu. Deportati in Babilonia, si resero conto che niente possedevano al mondo, nemmeno più la speranza...; che tutti i sogni erano menzogna, quelli del passato e quelli del futuro; che essi non erano che un pugno di deboli e sconfitti. Quando si destarono dalle immagini falsate e gonfiate di loro stessi e della loro storia, riconobbero (e accettarono) la realtà obiettiva di ciò che erano; contemporaneamente avvenne la grande conversione a Dio.

Questa è la terribile ed eterna storia di ogni popolo e di ogni persona. È necessario liberarsi delle false maschere dietro le quali ci nascondiamo e accettare la realtà della nostra contingenza, precarietà, indigenza e limitazioni. Solo allora avremo la sapienza, la maturità e la salvezza.

ARISTOCRAZIA DELLO SPIRITO

Immaginiamo il caso contrario. Un uomo ha lavorato lunghi anni per liberarsi dei suoi interessi e "proprietà" ed è avanzato nella « povertà e umiltà di nostro Signore Gesù Cristo ».

La prima cosa che conquista è l'obiettività. I fiori non lo emozionano più tanto, le pietre non lo molestano. Se lo elevano al trono, non muore di gioia; se lo detronizzano, non muore di pena. Il suo animo permane stabile davanti agli applausi e davanti alle critiche; più è libero di se stesso, più si ritrova incrollabile e fermo di fronte alla volubilità della vita. Ci troveremo davanti una figura ammirabile e invidiabile, una figura cesellata dallo spirito delle beatitudini, ricolma di soavità, forza, pazienza, dolcezza ed equilibrio. Il povero del Vangelo è un *aristocratico dello spirito.*

Niente e nessuno potrà turbare la pace serena della sua anima perché niente ha da perdere, non essendosi "appropriato" di nulla. Se niente ha e niente vuole avere, che cosa lo può turbare?

La "liberazione di se stesso" darà come risultato una persona matura, equilibrata, straordinariamente stabile nelle sue reazioni ed emozioni, un esemplare umano di alta qualità.

CIRCUITO VITALE

Tutto questo processo di liberazione che introduce al regno di Dio, al regno della fraternità e alla maturità personale, si effettuerà nell'incontro con Dio, in un circuito che va dalla vita a Dio e da Dio alla vita.

Oggi è opinione comune che il luogo dell'incontro con Dio è l'uomo, il mondo. Teologicamente questo principio potrebbe risultare incontestabile; ma è altrettanto incontestabile che i più combattivi e impegnati liberatori dei popoli — Mosè ed Elia, per esempio — non incontrarono Dio nel fragore delle tempeste militari o delle lotte sociali, bensì in solitudine completa, e qui acquistarono la tempra e il vigore per le aspre lotte. Altrettanto accadde a Gesù.

Devo giungere alla presenza di Dio con tutto il carico di difficoltà e problemi. Sarà qui (nel tempo e luogo dell'orazione) che dovrò rivolgere a Dio le mie domande, le crisi e i problemi pendenti.

Quel Dio con cui ho "comunicato" nell'orazione, che ho "veduto", quel Padre amatissimo deve "scendere" con me nella vita. Quello stato di condivisione e intimità che ho vissuto con il Signore (spirito di orazione, presenza di Dio) deve perdurare e caratterizzare la mia vita e "con lui alla mia destra" devo combattere la grande battaglia della liberazione.

L'incontro con Dio è come un motore che genera forza; ma se questa forza non si trasmette per mezzo di pulegge ad altre ruote che pongono in movimento complessi meccanismi, è una forza inutile.

L'uomo è stato con Dio. Lo ha sentito tanto vivo che la sua presenza inconfondibile lo accompagna ovunque. Immaginiamolo di fronte a una grande difficoltà: deve perdonare un'offesa, oppure prova una grande ripugnanza nell'accettare qualcuno che lo capisce male. Per amore di quel Dio che sente presente decide di perdonare, affronta la situazione e supera la ripugnanza. Nel conseguire questa vittoria cresce l'amore per Dio (direi "cresce" Dio: la sua presenza è più densa in me). Questo amore lo spinge a un nuovo incontro con Lui. Questo è il circuito vitale.

Non solamente ciò. La situazione ripugnante, superata con amore, si è trasformata in dolcezza, come accadde a S. Francesco nel suo incontro con il lebbroso. E Dio gli disse: « Francesco, dovrai rinunciare a tutto ciò che hai amato fino ad ora, e tutto quanto ti pareva amaro si convertirà per te in gioia e dolcezza ».

Ogni germe dell'egoismo (irritabilità, capriccio,

invidia, vendetta, sete di onore e piacere) che si supera (da cui ci si libera) con Dio e per Dio, fa crescere l'amore; e poiché l'amore è unificante (« amor mio, *peso* mio », S. Agostino) cresce l'attrazione (peso) per Lui, e lo porterà a un nuovo incontro con Lui.

Se durante l'incontro intravede che lungo il giorno dovrà combattere grandi battaglie sul terreno della mansuetudine, della pazienza e dell'accettazione, "porta" Dio nella battaglia e "con lui alla destra" otterrà una serie di vittorie; certamente tutto ciò costerà molto, ma ogni superamento sarà compensato con la gioia e l'aumento dell'amore.

Non mancherà chi dice che questo è masochismo. Ma la pensa così solo chi non ha mai intravisto neanche da lontano l'esperienza di Dio. Quelli che *vivono* Dio, al contrario, sentono questo fenomeno come una gioiosa liberazione.

Quando l'uomo di Dio vive in profondità l'incontro con Lui, sente che il *Tu* "prende", "estrae", assorbe il suo *io:* allora sperimenta la libertà assoluta nella quale scompaiono la timidezza, l'insicurezza, il ridicolo, i complessi. Mai nessuno sentirà in altro modo una così intensa pienezza di personalizzazione. Questa sensazione equivale esattamente a quella onnipotenza inebriante e sfidante di cui parlava san Paolo: « Se Dio è per noi, chi sarà contro di noi? » (Rom 8,31). Il problema è nello sperimentare che *Dio è con me.* Chi lo ha sentito veramente, sa cosa è la liberazione assoluta.

L'uomo torna un'altra volta alla vita. Ode i commenti sfavorevoli sulla sua situazione. Il suo desiderio di *starsene tranquillo* e la sua sete naturale di stima lo spingono a giustificarsi. Si ricorda del silenzio di Gesù davanti a Caifa e a Pilato e non dà alcuna spiegazione: tace. Perde prestigio, ma guadagna in libertà; procede verso la liberazione.

Con il "Signore alla destra" torna alla vita. C'è una situazione conflittuale nella quale la "prudenza umana" consiglia di tacere onde evitare complicazioni. Ma si ricorda della sincerità e veracità di Gesù, e dice ciò che deve dire. Effettivamente si complica la vita, ma si sente libero nel suo intimo.

Se è il caso, l'uomo di Dio scende nell'arena ardente delle lotte per la giustizia. Ha voce per quelli che non hanno voce. L'amore lo porta verso i derelitti, i dimenticati dal mondo. Si fa presente tra quelli che nessuno guarda e nessuno desidera.

Prontamente distinguerà la ragione per la quale ci sono affamati e ignudi e dovrà segnalare e denunciare. Alla guerra risponderà con "la guerra". E prontamente lamenterà gli intrighi, le menzogne e le provocazioni dei potenti.

Questo è un momento molto pericoloso per l'uomo di Dio. Di notte (senza rendersene conto) può crescere nel suo cuore la zizzania dell'odio contro gli oppressori. Il suo spirito può restarne avvelenato, e il veleno dell'odio può "uccidere" lo stesso Dio che è in lui, e può inaridire i propositi migliori.

In sì delicato momento gli necessita una torcia illuminante per discernere tra i suoi sentimenti quelli che spuntano dai suoi bassifondi e quelli che provengono da Dio; dovrà soffocare i primi.

Sebbene i suoi compiti possano essere a volte comuni alle attività dei politici, l'uomo di Dio ha la permanente preoccupazione di essere un *testimonio* e non un *politico*. Per mantenersi coerente con se stesso e fedele alla sua missione, più che mai avrà bisogno della "visione" facciale di Dio per poter distinguere nella sua luce gli atteggiamenti puri dagli impuri. Scende frequentemente dalle "montagne" con il Signore "alla sua destra" (cf. Sal 15) per mettersi al fianco dei poveri, per difendere gli oppressi e liberare gli schiavi; ma al tempo stesso per non lasciarsi avviluppare da motivazioni che non siano quelle di un testimonio.

Ogni giorno, vivendo immerso in Dio e nutrito dall'amore, cerca nuove opportunità e inventa nuove forme per esprimere l'amore. In mezzo ai conflitti, in pericolo di cedere, ricorda la forza d'animo di Gesù nei suoi momenti difficili e si mantiene integro, rimane equilibrato con serenità tra tumultuose ondate.

La sua liberazione quotidiana consiste nell'accettare se stesso tal quale è, senza amareggiarsi, evitando stranezze e reazioni che molestino gli altri; si apre al perdono dimenticando molti torti, accetta le persone difficili, evita suscettibilità, supera sensibilità e acquista ogni volta più dominio su se stesso.

Fintantoché questo succede, la fede e l'amore crescono, Dio si converte in premio e regalo e la vita assume senso, allegria e splendore. In Dio e per Dio le rinunce si trasformano in liberazione, le privazioni in pienezza, le ripugnanze in dolcezza.

2.
PASSAGGIO DALL'EGOISMO ALL'AMORE

RETTIFICAZIONE

Secondo la Bibbia, quale è stato il piano originale di Dio nel creare l'uomo? Dio vuole entrare in comunione con l'uomo. Questa è la finalità ultima degli interventi di Dio nella storia della salvezza e, soprattutto, è l'obiettivo finale della duplice Alleanza.

Con altre parole: avendo Dio creato l'uomo al principio "a sua immagine, a sua somiglianza" (cf. Gen 1,26), posteriormente, con i suoi diversi interventi, vuole farlo più somigliante a Sé facendolo partecipe della sua propria natura e poi, finalmente, divinizzarlo.

Prima del peccato, questa comunione-somiglianza era una cosa facile e naturale perché l'uomo, secondo la Bibbia, era stato realizzato come una risonanza perfetta dello stesso Dio; Dio e l'uomo si corrispondevano esattamente, erano in armonia (cf. GS 12, 14).

Ma arrivò il peccato e il volto dell'uomo si deformò (cf. GS 13). Da quel momento è impossibile l'armonia, è impossibile la comunione tra due esseri tanto diversi. Dovrebbe avvenire una profonda purificazione della struttura interna dell'uomo mediante la penitenza perché si ristabilisca l'armonia, l'unità, la somiglianza.

La Bibbia presenta il peccato come una tragica realtà che affonda le sue radici nella stessa sostanza dell'uomo: « Nel peccato mi ha concepito mia madre » (Sal 50). S. Paolo va più in là: « Io non riesco a capire neppure ciò che faccio... non sono più io a farlo, ma il peccato che abita in me » (Rom 7,15-17). Peccatori, dunque, due volte: per nascita e per colpa personale.

Dio, al principio, pose un ordine nell'uomo. Questo ordine fu alterato per l'irruzione del peccato-egoismo. Ora, sarà necessario ristabilire l'ordine originale mediante la penitenza. Definiremo, dunque, la penitenza evangelica come il ristabilimento dell'ordine iniziale stabilito da Dio nell'uomo. Con altre parole, una rettificazione.

CAMMINO DELL'AMORE

Penitenza significa, anche, convertirsi. E convertirsi significa un avanzare difficoltoso dell'uomo verso Dio. È come dire un incessante "passare" dalle strutture psichiche dell' "uomo vecchio" (cf. Rom 6,6; Ef 4,22; Col 3,9) alle "strutture" di Dio. Quali sono? Sono le strutture dell'amore, perché Dio sostanzialmente *è amore* (cf. 1 Gv 4,16).

Nel Vangelo Gesù ci segnala la rotta per questo "passaggio" con la formula penitenziale: « Convertitevi » (Mc 1,15; Mt 4,17). Il Discorso della montagna è la strategia più profonda di liberazione dalle schiavitù e dalle esigenze dell'egoismo. In esso è perfettamente delineato il procedimento di liberazione e la sua mèta finale, l'amore. Effettivamente, nella prima parte ci parla della povertà di spirito, dell'umiltà di cuore, della pazienza, della mansuetudine, del perdono...

Tutto ciò sta a significare che le esigenze idolatriche dell'*io* vanno negate (cf. Mt 16,24), perfino represse (cf. Mt 11,12) e, in questo modo, le violenze interiori calmate.

E, una volta che le energie interiori sono state positivamente liberate, sciolte e disincantate da quell'*io* gonfio di illusioni e di sogni, si trasformano automaticamente in amore. Ed ecco che la seconda parte del Discorso della montagna ci insegna a utilizzare quelle energie egoiste, trasformate ora in amore, al servizio della fraternità:

fare il bene a quelli che ci fanno il male (Mt 5,38-42);
perdonare quelli che ci offendono (Mt 6,12);
fare la pace davanti all'offerta (Mt 5,23-25);
correggere il fratello (Mt 18,15);
fare il bene senza cercare la gratitudine né la ricompensa (Lc 6,35);
presentare l'altra guancia (Lc 6,29);
amare tutti, e non solo quelli che ci amano (Lc 6,32).

Concludendo, la penitenza è un incessante "passare" dall'egoismo all'amore.

Ma la strategia segreta della conversione la incontriamo nel Vangelo in forma di successive scene, antitetiche e contrapposte, che come veri colpi psicologici furono sul punto di stordire i Dodici.

Gesù accetta la "confessione" di Pietro. Effettivamente egli è il Messia (cf. Mt 16,17). Come effetto di questa scoperta, nell'animo dei Dodici si risveglia l' "uomo vecchio", quasi febbre delirante. Già cominciano a immaginare il loro Maestro come un comandante in capo contro le aquile romane; ed essi, naturalmente, avrebbero condiviso con lui e gustato l'ebbrezza del potere e della gloria.

Gesù, sapendo quanto pericoloso fosse lasciarli alla mercé di simili sogni di grandezza, li affronta e dice loro: « Ecco, noi stiamo salendo a Gerusalemme e il Figlio dell'uomo sarà consegnato ai sommi sacerdoti e agli scribi che lo condanneranno a morte e lo consegneranno ai pagani perché sia schernito e flagellato e crocefisso; ma il terzo giorno risusciterà » (Mt 20,18-19; cf. Mc 8,31; Lc 9,22).

Queste parole furono una doccia fredda sopra i loro deliri e provocarono la tipica reazione dell' "uomo vecchio": « non compresero nulla di tutto questo » (Lc 18,34). Come dire: voltarono la faccia dall'altra parte e non vollero sapere nulla. È la ripugnanza che prova l'uomo alla vista della Croce.

Allora Pietro, facendosi portavoce di quella ripugnanza, si dispose a combattere l'ultima battaglia a favore dell'uomo vecchio e dei suoi sogni. Prese da parte Gesù e cominciò a "riprenderlo": « Dio te ne scampi, Signore; questo non ti accadrà mai ». Salire a Gerusalemme? e inoltre per essere condannato? In nessuna maniera! Il Messia non può essere sconfitto, il Messia è invincibile e immortale (cf. Mt 16,22; Mc 8,32).

La risposta di Gesù fu dura e tagliente. « Ma Egli, voltandosi, disse a Pietro: "Lungi da me, satana! Tu mi sei di scandalo, perché non pensi secondo Dio, ma secondo gli uomini!" » (Mt 16,23; cf. Mc 8,33).

Abbiamo l'impressione che Gesù considerasse questo momento come decisivo. Si pone al livello dottrinale, leva in alto la torcia, mostra loro le condizioni assolute e dice: amici, avete ancora tempo per rimanere o andarvene. Ma chi vuole seguirmi dovrà negare se stesso, prendere la sua croce ogni giorno; chi ha riguardo di se stesso sarà perduto, non serve che mi segua. Il chicco di grano si convertirà in vita solamente quando accetterà di morire. Così, dunque, chi vuol vivere deve morire (cf. Mt 16,24-27; Mc 8,34-38; Lc 9,23-27; Gv 12,25).

Gesù si rese conto che questo duro programma penitenziale aveva scosso la forza dei Dodici, era come una pietra di inciampo per la loro fede e la loro speranza. Prese allora i capi del gruppo, li portò sulla cima di un monte e, per restituire loro la sicurezza, si trasfigurò al loro sguardo.

In queste scene, apparentemente contrastanti, scopriamo come in un "inconscio represso" le segrete molle della penitenza-conversione. Vediamo, in primo luogo, le resistenze e le ripugnanze dell'*io* illusorio che resiste a distaccarsi da se stesso, a morire.

C'è in queste scene una strana miscela di croce, morte e trasfigurazione; pare esserci una confusa mescolanza di sconfitta e insuccesso, luce e oscurità, Tabor e Calvario. Tuttavia, malgrado questa confusione, distinguiamo una logica mai smentita nel Vangelo. È la logica del nuovo ordine:

per vivere bisogna morire;
la resurrezione e la crocifissione sono la stessa cosa;
il Calvario e il Tabor sono la stessa cosa;
la resurrezione non è il seguito bensì la conseguenza della morte di Cristo;
solo la penitenza conduce alla trasfigurazione.

MORTIFICARSI, PERCHÉ?

È un fatto storico, fuori discussione, che uomini di Dio di grande prestigio umano come S. Francesco d'Assisi o S. Giovanni della Croce realizzarono la loro trasformazione in Gesù Cristo *nella misura e nello stesso tempo* in cui si dedicavano alla penitenza corporale.

Un biografo suo contemporaneo dice che Francesco d'Assisi « visse crocefisso », giungendo al punto di domandare perdono a « fratello asino » (il suo corpo) per averlo sottomesso a tanti maltrattamenti. E questo ci appare tanto più strano in quanto Francesco è stato uno degli uomini che più hanno vibrato per le bellezze della creazione.

Vero è che penitenza non significa solamente mortificarsi; nel contesto biblico la mortificazione resta inclusa nel concetto generale di penitenza. Nella traduzione alessandrina della Bibbia si distinguono due verbi: *metanoein* che indica il cambiamento mentale, la conversione interiore; e *epistrefein* che si potrebbe tradurre con mortificarsi, intendendo gli atti esterni di penitenza in quanto condizionano e facilitano la conversione.

La mortificazione, intesa nel suo senso ascetico, ha subìto negli ultimi tempi, e sempre in nome delle nuove correnti teologiche, forti assalti. Oggi perfino la parola *mortificazione* suona male e risulta ripugnante. La chiamano addirittura masochismo. Sono d'accordo su una buona parte delle ragioni per le quali si sono combattute con forza certe mortificazioni volontarie. Bisognava però tagliare i rami senza ferire il tronco; invece si sono dati colpi alla cieca.

Partendo dalla teologia dei valori umani, si arriva a dire che dobbiamo amare la vita; che Dio ha creato tutte le cose perché noi si sia figli felici, che dobbiamo usarne convenientemente, che nessuno è felice privandosene; il verbo *rinunciare* non ha più senso... Io so che queste idee, intese correttamente, sono giuste.

Il fatto è che vengono poi applicate indiscriminatamente all'universalità della vita, inclusa la vita consacrata, e allora è da vedere che cosa si intende per i tre voti, per fraternità...! E tutto in nome di queste teorie valutate con superficialità e applicate con irresponsabilità. Il significato di queste teorie, spiegate e applicate con leggerezza e irresponsabilità, non si allontana dal grido pagano registrato nella

Scrittura: « Mangiamo e beviamo, perché domani moriremo » (Is 22,13).

Non serve granché teorizzare. Basta pensarci un poco e chiunque può riconoscere da se stesso che privarsi di qualcosa *per amore* apporta la caratteristica soddisfazione di chi è amato. Nell'amore, la privazione dà il senso della completezza. Più compensazioni si dànno a se stessi, più ci si sente vuoti. Mai come ora gli uomini, figli della società dei consumi, hanno avuto tante soddisfazioni; tuttavia mai si sono sentiti tanto insoddisfatti.

Se S. Teresa dice che « chi ha Dio, nulla gli manca », chiunque di noi può osservare che chi "non ha" Dio manca di tutto, sebbene abbia il mondo intero nelle sue mani. In questo senso sono eloquenti le più recenti statistiche dei suicidi. Chi sono quelli che si privano della vita? Principalmente i ricchi annoiati a cui niente manca e che nonostante ciò sono oppressi dal vuoto della vita come da un peso insopportabile.

Sono verità sperimentate. Basta riflettere sulle radici eterne dell'uomo e chiunque percepirà che ogni persona è un pozzo infinito. E un pozzo infinito non si può riempire con una moltitudine di cose finite; solamente un Infinito può riempirlo. Solamente Dio può colmare il cuore umano e acquietare le sue profonde vibrazioni. L'espressione di S. Teresa racchiude una grande dimensione antropologica: *solo Dio basta.*

Come poté dire, Gesù, che sono felici i poveri, quelli che piangono, i perseguitati, i senza prestigio... quando il senso comune qualifica per felici i milionari, quelli che ridono, quelli che godono di prestigio e di libertà? La verità è che se qualcuno non ha denaro, libertà, salute, prestigio... ma *ha Dio,* allora ha tutto, è beato perché ha la pienezza del bene: « chi ha Dio nulla gli manca ».

Queste cose, a volerle intendere solo intellettualmente, risultano insostenibili e perfino assurde. Ma la testa che cosa *sa?* Solamente *si sa* quello che si sperimenta. Per *intendere* il Vangelo, bisogna viverlo. Per intendere Dio, bisogna "viverlo". Le cose di Dio si intendono solamente vivendole ed è allora che cessano di essere paradossi.

Quando il cristiano entra a fondo nel fiume vitale di Dio sente immediatamente la necessità di esteriorizzare la sua risposta d'amore con fatti concreti di vita. Si dirà che quell'amore deve canalizzarsi nell'ambito della fraternità, nell'attenzione ai poveri, nell'accettazione delle infermità... In ciò siamo pienamente d'accordo. Ma ciò che la vita insegna è questo: se il cristiano non si *allena* all'amore con privazioni volontarie, normalmente non sarà capace di amore di oblazione, ma solo amerà se stesso in forma diretta, o differita, o trasferita.

Il fatto è che oggigiorno per sostenere giudizi di valutazione si ricorre alle cosiddette *scienze umane* e si prescinde *di fatto* da Dio; almeno dal Dio vivente e vero. E allora sì, quando Dio non è fonte viva di esperienza, qualsiasi mortificazione è masochismo, il celibato è repressione, l'obbedienza è dipendenza infantile, le rinunce sono inutili mutilazioni e la vita stessa finisce per essere una trama di disunioni, compensazioni e derivati. Per chi non ha esperienza di fede, che senso ha, per esempio, la fedeltà coniugale o l'amore al prossimo?

Mai si intenderà sufficientemente che la privazione è *amore,* e che l'amore matura e spiega la personalità; e che gli incapaci di privarsi di qualcosa lo sono precisamente perché sono incapaci di amare.

ANIME VITTIME: SOSTITUZIONE O SOLIDARIETÀ

Nella storia dell'umanità, fin dai secoli remoti, sono state formulate queste domande:

— Se Dio esiste, ed è buono e potente, perché non elimina una volta per tutte i mali che opprimono i suoi figli?
— Se Dio esiste, ed è buono e giusto, perché trionfano i cattivi e i buoni sono sconfitti?
— Se i mali che soffriamo sono conseguenza del peccato, perché i giusti vivono pieni di disgrazie e al contrario i peccatori hanno salute, prosperità e allegria?

Sono gli eterni interrogativi che hanno sempre tormentato il vecchio cuore dell'uomo. Sono domande che scaturiscono dalle pagine stesse della Bibbia e, ancora oggi, in bocca a molti sono vere sfide lanciate contro il cielo.

È questo il problema del male, problema di grande complessità dal punto di vista filosofico, teologico e umano. A noi non interessa qui approfondire il problema del male, bensì, sulla scorta di tali domande, puntare direttamente sulla questione che ci proponiamo, quella delle "anime vittime". Ne parlo sulla base di una lunga e attenta osservazione della vita che mi ha lasciato nell'animo un complesso di impressioni.

Ci sono persone che sembrano nate per soffrire. Una serie implacabile di limitazioni sono confluite su di esse, malasorte, eventi biologici o psicologici, e il soffrire è stato il loro pane quotidiano. A volte i mali si alternavano, altre volte sopravvenivano a frotte. Ho udito molte persone dire negli ultimi anni della loro vita: nella mia esistenza non ho avuto un solo giorno felice.

Secondo il mio parere, la fonte principale di sofferenze ha radici nella stessa costituzione personale, a partire dai codici genetici e dalle leggi ereditarie. Ci sono persone che sono nate con un desiderio insaziabile di stima e una carenza notevole di qualità; da ciò ha origine una personalità altamente conflittuale. Altri sono venuti al mondo con tendenze, periodiche o sporadiche, a depressioni maniacali e altre ossessioni incontrollabili. Altri sono nati timidi e misantropi. Ci sono quelli che sono sempre dominati dalle melanconie; sono tristi e non sanno perché; nulla li rallegra e non sanno perché; vivono astiosi e soffrono; sono invidiosi e soffrono; sono pavidi e hanno timore di tutto. Si potrebbe seguitare all'infinito.

Molti si sentono infelici per infermità limitanti che impediscono loro di gustare un po' di benessere e l'allegria di vivere. Ognuno ha la sua propria storia clinica: deficienze organiche che li accompagnano fino alla fine, dolori transitori, complicazioni gravi...

Per altri, è la malasorte (come essi dicono) quella che gioca loro una cattiva partita. Tutto va male per loro. Non si sa per quali misteriose ragioni, taluni vivono in permanenza tra incomprensioni, persecuzioni, invidie...

Di fronte a questa realtà generale, ogni persona reagisce in differenti maniere secondo i diversi criteri orientativi o le diverse categorie mentali. C'è chi, semplicemente e passivamente, si limita a lamentarsi: si vive una volta sola, perché tanta cattiva sorte?

C'è tuttavia un modo comune di reagire, che non si sa come definire e che affiora quasi unanimemente, sebbene con differenti modalità. È una misteriosa *costante* del cuore umano.

Che cos'è? Come chiamarla? Il fatto è che troviamo nel cuore umano (soprattutto di chi soffre) una specie di innata vocazione all'espiazione. Alienazione? Masochismo? I superficiali sono sempre pronti a usare allegramente delle definizioni senza preoccuparsi di analizzare i fenomeni.

Che cos'è? Io direi che si tratta di una necessità di trascendenza, di apertura. Nelle radici ancestrali dell'uomo c'è una vocazione (necessità) di *solidarietà* profonda e trascendente con l'umanità, soprattutto con l'umanità dolente e peccatrice. Sarà che l'uomo incontra, sul suo cammino, la maniera di esorcizzare e liberarsi (alienarsi?) del peso terribile della sofferenza; o sarà che c'è già un'ansia di redenzione e solidarietà anche prima che l'uomo sperimenti la sofferenza? Non ci sarà in ogni persona, come una vena nascosta, un piccolo "redentore"?

Solov'ëv, Dostoevskij, in parte Tolstoj e Berdjaev hanno riflettuto profondamente sul messianismo del popolo russo. Dissero in molti modi che l'umanità si sarebbe salvata per le sofferenze del popolo russo, sofferenze accettate in silenzio e in pace. Consolazione alienante o solidarietà messianica?

Ricordo di aver conosciuto alcune persone che, aderendo con fervore alla dottrina della *reincarnazione,* soffrivano in pace tutti gli infortuni della loro vita, che erano molti, convinte di espiare i peccati della loro vita precedente. Ciò dava loro grande sollievo; era l'unica cosa che le consolasse in mezzo a tante afflizioni.

Ho conosciuto innumerevoli persone perseguitate da infermità e disgrazie, le quali sentivano pace e serenità solamente al pensiero che stavano collaborando con Gesù alla redenzione del mondo. Dava loro infinito sollievo offrire i loro dolori con sentimento di solidarietà salvatrice. Ho visto negli occhi di tanti infermi incurabili, murati negli ospedali, una pace profonda e una strana allegria: bastava loro guardare il Crocefisso e pensare che i loro dolori erano utili alla salvezza del mondo. Un modo di liberarsi della sofferenza o di corrispondere alla loro vocazione di solidarietà?

La cosa tragica non è soffrire, bensì soffrire inutilmente. Quando c'è un *perché,* la sofferenza non solamente perde la sua virulenza, ma il soffrire inevitabile può trasformarsi in una bella causa e in una "missione" trascendente.

L'uomo giammai è isolato, né davanti a Dio né davanti all'umanità. Tanto il peccato come la salvezza hanno, nella Bibbia, una dimensione sociale. L'uomo ha un destino comune: l'azione cattiva pregiudica tutto il popolo, così come l'azione buona benefica anche tutti gli altri.

Il profeta Isaia fu, nella Bibbia, il primo a penetrare negli angoli più misteriosi del cuore umano e a segnalare la funzione sostitutiva o solidale del "giusto" attraverso le sue sofferenze.

« Eppure egli si è caricato delle nostre sofferenze,
si è addossato i nostri dolori. (...)
Egli è stato trafitto per i nostri delitti,
schiacciato per le nostre iniquità. (...)
Per le sue piaghe noi siamo stati guariti ».
(Is 53,4-5).

Nell'epoca dei Maccabei si consolidò l'idea dell'importanza della sofferenza e morte del giusto come espiazione sostitutiva. La sofferenza immeritata e il martirio del giusto simbolizzavano non solo la giustificazione dai propri peccati, ma soprattutto per quelli degli altri.

IN VECE DI...

Il grande romanziere francese Georges Bernanos tratta il problema, sotto la prospettiva del *timore,* nella sua famosa opera *Dialoghi delle Carmelitane.*

All'inizio del dramma, l'autore parla degli ultimi giorni della Priora, una donna di Dio, ammirabile in ogni senso, che è stata in carica per molti anni. Arriva per lei l'ora della morte e la paura l'avvinghia come un serpente; lei si sforza di dissimulare quella paura davanti alle sorelle, ma non ci riesce. Si trova in una situazione molto somigliante a quella di Gesù nel Getsemani: panico, timore, tristezza, angoscia. L'unica cosa che riesce a dire nel suo ultimo momento, sono delle parole sconnesse: « Domando perdono... morte... paura della morte ». E così, spaventata, muore.

Un mese più tardi, tra due novizie che raccolgono fiori nel giardino per la tomba della Priora si svolge questo dialogo:

Costanza:

« Oh! ho un bell'esser giovane, so già bene che fortuna e sfortuna sembrano tirate a sorte piuttosto che ripartite logicamente! Ma quello che noi chiamiamo caso, non sarà poi la logica di Dio? Pensate alla morte della nostra cara Madre, suor Bianca. Chi avrebbe potuto credere che avrebbe penato tanto a morire, che sarebbe morta così male! Si direbbe che al momento di dargliela, il buon Dio si è sbagliato di morte, come in guardaroba vi si dà un vestito per un altro. Sì, quella doveva essere la morte di un'altra, una morte non sulla misura della nostra Priora, una morte troppo piccola per lei, e lei non riusciva ad infilarne neanche le maniche... ».

Bianca:
« La morte di un'altra? Cosa può voler dire questo, suor Costanza? ».

Costanza:
« Vuol dire che quell'altra, quando verrà l'ora della morte, si stupirà di entrarvi così facilmente e di trovarcisi comoda... Forse anche se ne vanterà: "Vedete come ci sto comoda qua dentro, che belle pieghe fa questo vestito..." ».

[Silenzio]

Bianca:
[con voce un po' tremante] « Ecco finito il nostro mazzo... » [3].

E così, molto semplicemente, mediante le battute di un'ingenua novizia, l'autore apre un tremendo interrogativo, ma allo stesso tempo ci pone sulla traccia e insinua la soluzione di certi enigmi che sempre hanno tormentato il cuore umano. Si tratta di avvenimenti assurdi, senza senso né logica, che tutti i giorni si svolgono davanti ai nostri occhi.

Vediamo persone sicuramente buone afflitte da infortuni e disastri. E, un poco più in là, tiranni e oppressori sotto una pioggia di trionfi, salute e onori.

Che cosa vuol dire questo? Che cosa succede? Dio ha sconvolto le carte: ciò che avrebbe

[3] Georges Bernanos, *Dialoghi delle Carmelitane* (vers. it.), Morcelliana, Brescia 1952, pp. 72-73, III quadro, scena I.

dovuto dare all'uno lo ha dato all'altro. Come dice Bernanos, gli uni stanno soffrendo e morendo *in vece di altri.* Ma non è questa una evidente ingiustizia?

Non c'è qui un'assoluta mancanza di logica e di senso comune?

Timidamente avventuriamoci in un tentativo di spiegazione. Dio vuole stabilire equilibrio tra profitti e perdite, tra la quantità di bene e la quantità di male. Viviamo in una società singolare in cui *guadagniamo in comune e perdiamo in comune.* Sì, la Chiesa è come una "società di interessi comuni", nella quale c'è un flusso e riflusso di beni e nella quale tutti partecipiamo in misura eguale ai profitti e alle perdite.

E poiché in questa "società" c'è tanto spreco o perdita di vitalità da parte di troppi battezzati incoerenti, le perdite degli uni dovranno venire equilibrate con i guadagni degli altri. Orbene, poiché quei battezzati che fanno perdere vitalità non sarebbero capaci di *vivificare* le "croci", Dio si vede "costretto" a porre i buoni in situazioni dolorose perché possano rendere merito e vita. Così, Dio ottiene l'equilibrio tra i profitti e le perdite.

Perché si possa comprendere meglio questo mistero e perché la "spiegazione" risulti convincente, abbiamo bisogno di addentrarci in altri due misteri.

Non siamo dei semplici soci, bensì membri di una società particolarissima la quale è come un corpo che ha molte membra che formano una sola unità. Ciascun membro ha la sua funzione specifica, e tutte le membra concorrono, complementariamente, al funzionamento generale di tutto l'organismo (cf. 1 Cor 12,12).

Quando ci feriamo a un piede, forse che lo lasciamo sanguinare dicendo che non ha a che fare con la testa? Quando l'orecchio è infermo, forse che l'occhio dice: io non ho bisogno di te per vedere? No, ciascun membro aiuta gli altri perché tutti uniti costituiscono l'organismo. Che ne sarebbe del braccio se non aderisse al corpo? A che varrebbero gli occhi senza l'udito, o le orecchie senza i piedi? (cf. 1 Cor 12,14-25).

Ma c'è di più: « Quindi se un membro soffre, tutte le membra soffrono insieme; e se un membro è onorato, tutte le membra gioiscono con lui » (1 Cor 12,26).

Qui sta precisamente il nocciolo della questione. Se ci duole anche solo un mignolo, è possibile che la febbre si impossessi di tutto il nostro organismo e tutte le membra ne soffrano le conseguenze. Perché le ginocchia dovrebbero soffrire per colpa del mignolo? Perché guadagniamo in comune e perdiamo in comune. Il mignolo ha perduto? Hanno perduto tutte le membra. Il dito è guarito? Tutte le membra sono guarite.

Esiste, dunque, all'interno di quell'organismo che chiamiamo Chiesa, una intercomunicazione di salute e infermità, di benessere e malessere, di grazia e peccato.

Allora, non è indifferente che io sia un santo o un tiepido. Se io guadagno, guadagna tutta la Chiesa; se io perdo, perde tutta la Chiesa. Se io amo molto, cresce l'amore nel torrente vitale della Chiesa. Se io sono un "morto" è la Chiesa intera che deve trascinarsi questo cadavere. C'è, dunque, interdipendenza.

Questa spiegazione vorrebbe chiarire il mistero e la spiritualità delle "anime vittime".

3.

A IMMAGINE DI GESÙ CRISTO

IL COMBATTIMENTO NOTTURNO DI GIACOBBE

C'è nella Bibbia un fatto misterioso, carico di forza primitiva e selvaggia. È il combattimento che Giacobbe sostenne con Dio.

Giacobbe prese i suoi undici figli, le due mogli e le due schiave e assieme a tutti i suoi averi fece attraversare loro il fiume Iabbok. Giacobbe rimase indietro ed ecco, mentr'era avvolto nell'ombra della notte, "un uomo" sostenne con lui un duro combattimento fino allo spuntare dell'alba.

In una fase del combattimento, "quell'uomo" gli toccò il nervo sciatico e gli slogò la giuntura dell'anca. Poi gli disse: « Lasciami andare, perché è spuntata l'aurora ». Giacobbe rispose: « Non ti lascerò, se non mi avrai benedetto! ». Quello gli domandò: « Come ti chiami? ». Rispose: « Giacobbe ». « Non ti chiamerai più Giacobbe, ma Israele, perché hai combattuto con Dio e con gli uomini e hai vinto! ». E Dio benedisse Giacobbe. Questi, al levar del sole, disse a se stesso: « ...ho visto Dio faccia a faccia, eppure la mia vita è rimasta salva » (Gen 32,23-33).

"Israele" è, dunque, un nome proprio: fu dato a Giacobbe perché aveva sostenuto un decisivo combattimento con Dio.

Questa narrazione è piena di un denso simbolismo: l'uomo che si abbarbica a Dio si impossessa in qualche modo della sua forza divina e gli strappa la sua protezione, l'uomo che scende in battaglia con Dio e accetta di essere "attaccato" da Lui, è assunto e trasformato da Dio e partecipa in alto grado del suo essere e della sua potenza.

Il nervo sciatico dove Giacobbe fu colpito è l'egoismo, asse di sostentamento e trave maestra di ogni tendenza peccaminosa. Dio attacca in quel punto nevralgico e demolisce tutta la forza dell'avversario. Vulnerato in questo punto, l'uomo comincia a trasformarsi in Dio e a partecipare della maturità e grandezza del Signore, "a immagine di Gesù Cristo".

La ragione profonda dell'episodio è la seguente: quando sperimenta Dio come un Padre amantissimo e "conosce" la sua bellezza e potenza, nasce nell'uomo un amore vibrante per Lui. Orbene, l'amore è forza unificante e suscita il desiderio irresistibile di essere una cosa sola con Lui.

Ma è impossibile che due esseri tanto diversi siano *uniti* in tutto, senza che uno di essi perda la sua resistenza: infatti, la linfa si trasforma in pianta, una goccia di liquore si dissolve nell'acqua, il ferro si converte in fuoco.

Nel combattimento, nell'incontro tra Dio e l'uomo, il forte — che è Dio — afferra e trasforma il debole — che è l'uomo — a condizione che questi cessi di opporre resistenza. Per ciò noi insistiamo sull'atteggiamento di *abbandono* come condizione indispensabile per ogni trasformazione.

Minore è la resistenza e maggiore è l'abbandono, l'uomo e Dio possono arrivare prima, nell'unione delle volontà, a essere realmente *uno.* E così, l'immagine e somiglianza possono essere tanto notevoli, la partecipazione al mistero di Dio da parte dell'uomo *tanto forte* che questi può attraversare il mondo come una trasparenza viva di Dio. È un testimone vivente.

ESSERE E VIVERE COME GESÙ

Lo abbiamo ripetuto tante volte: la mèta finale di ogni orazione è la trasformazione dell'uomo in Gesù Cristo. Qualsiasi contatto con Dio che non conduca a questa mèta è una pura evasione alienante. Alla mèta perfetta non si arriverà mai, questo è certo; ma la vita deve essere un *processo* di trasfigurazione, un cambiamento da una "immagine" a un'altra.

Siamo pietre rozze che il Padre ha estratto dalla cava di pietre della vita; sopra questa pietra lo Spirito Santo scolpisce l'immagine abbagliante del Signore Gesù. Tutta la vita con Dio è volta a questo scopo, e questo la giustifica: riprodurre il più fedelmente possibile in noi sentimenti, atteggiamenti, reazioni, riflessi mentali e vitali, insomma la condotta di Gesù.

Misericordioso e sensibile. - In diversi momenti il Vangelo riferisce espressamente che Gesù « sentì compassione » (Mt 9,36; 14,14; cf. Mc 1,41; Lc 7,13). Il suo volto si trasformava, quasi si identificava con il disgraziato che aveva davanti, la sua commozione interiore si rifletteva nelle parole e negli occhi.

Gesù non poteva contemplare una sofferenza senza commuoversi; mai visse "da" sé, ma sempre "con" e "per" gli altri. Questo suo vivere "per" l'altro, soffrire "con" chi soffre fu così palese e impressionò tanto vivamente che i testimoni non lo poterono dimenticare e ne riferirono con fedeltà. Gesù mosso a compassione del lebbroso stese la mano e lo toccò dicendogli: « Lo voglio, guarisci! » (Mc 1,41); « Vide una gran folla e sentì compassione per loro e guarì i malati » (Mt 14,14); « Gesù percorreva tutte le città e i villaggi... curando ogni malattia e infermità » (Mt 9,35); non prese cibo finché non ebbe curato l'idropico (cf. Lc 14,2-4); nella sinagoga interrompe la sua predicazione per sanare l'uomo dalla mano inaridita (cf. Mc 3,5) e la donna ricurva (cf. Lc 13,11-12).

Gesù invitò a sé la grande massa degli affaticati e oppressi per ricevere un messaggio che avrebbe dato loro la pace (cf. Mt 11,28-30). Egli è venuto « per annunziare ai poveri un lieto messaggio, per proclamare ai prigionieri la liberazione e ai ciechi la vista; per rimettere in libertà gli oppressi, e predicare un anno di grazia del Signore » (Lc 4,18-19).

Gesù si dedicò agli abbandonati e dimenticati con tutto se stesso: col suo pensiero, la sua orazione, il suo lavoro, la sua parola, le sue mani (cf. Mt 8,3), la sua saliva (cf. Gv 9,6), il lembo del suo mantello (cf. Mt 9,20). Pose le "opere di misericordia" come programma ed esame finale per l'ingresso dei giusti nel regno (cf. Mt 25,34ss).

Gesù con infinita sensibilità si identificò con i bisognosi: come se egli stesso, Cristo, avesse fame, sete, fosse pellegrino, nudo, infermo, prigioniero.

Mansueto e paziente. - Gesù spirò dalla sua persona un'infinita pace, calma, dolcezza e dominio anche quando lo "affliggevano", lo "attaccavano", lo "assediavano" (cf. Mc 3,10; Lc 5,1). Offrì ogni benedizione e premio ai mansueti, ai pacifici, a quelli che soffrono con pazienza la persecuzione (cf. Mt 5,3ss).

Gesù stette davanti agli accusatori e ai giudici con umiltà, silenzio, pazienza e dignità. Non si difese, non si giustificò. Nonostante le false calunnie non si giustificò davanti a Caifa (cf. Mc 14,60-61), a Pilato (cf. Mt 27,13-14), a Erode (cf. Lc 23,8-9), incutendo ammirazione nel primo e suscitando disprezzo negli altri.

Gesù davanti alla negazione di Pietro, « voltatosi, lo guardò » (Lc 22,61), non con uno sguardo di accusa ma di amore e perdono.

Nella notte della passione la pazienza di Gesù venne sottomessa a dure prove: lo flagellarono, gli fecero indossare un vestito scarlatto come fosse un pazzo, gli misero una corona di spine sulla testa, uno scettro di canna nelle mani, lo batterono sul capo, lo schernirono e umiliarono in mille modi. Per tutta risposta egli soffrì tacendo. Non si deve dimenticare che Gesù aveva un temperamento molto sensibile.

Gesù venne perseguitato fino all'ultimo momento, sulla croce, con il sarcasmo. Per tutta risposta domandò perdono per quegli insipienti (cf. Lc 23,34). Tanta dolcezza e pazienza di Gesù dovettero impressionare così fortemente i testimoni che Paolo scongiurerà i Corinzi: « Vi esorto per la dolcezza e la mansuetudine di Cristo » (2 Cor 10,1); e a Pietro, dopo tanti anni, si rivoltano le viscere di emozione quando lo ricorda: « Oltraggiato non rispondeva con oltraggi, e soffrendo non minacciava vendetta » (1 Pt 2,23).

Predilezione per i poveri. - Con il cuore e le mani aperte verso le masse stanche e sfinite (cf. Mt 9,36; Mc 6,34), Gesù non solo sentì pena per le turbe affamate, ma si preoccupò di dar loro da mangiare (cf. Mt 15,32; Mc 8,2).

Per Gesù i favoriti furono sempre i poveri (cf. Lc 6,21): di tali è il regno (cf. Lc 6,20). Segno che il Messia è giunto è il fatto che i poveri sono tenuti in considerazione: venne espressamente e quasi esclusivamente per essi (cf. Mt 11,5; Lc 4,18).

Gesù guardò con viva simpatia la povera vedova che offriva al Tempio le due monetine (cf. Lc 21,2-4). Quella stessa simpatia apparve manifesta quando collocò il povero Lazzaro nel seno di Abramo mentre affondò il ricco Epulone nell'abisso dell'inferno.

Gesù non solamente si dedicò con preferenza ai poveri ma soffrì la loro condizione sociale fino alle ultime conseguenze.

Comprensivo e attento. - Il primo a entrare nel paradiso è un ladrone. Il Padre aveva raccomandato al Figlio di preferire la cura dei deboli e dei peccatori (cf. Mc 2,17).

Gesù esteriorizzò con tanta evidenza la sua bontà verso i peccatori che lo qualificarono « amico dei pubblicani e dei peccatori » (Mt 11,19).

Il suo contatto affettuoso e preferenziale con i pubblicani come Levi, Zaccheo e gli altri alla cui mensa non disdegnò sedersi, tanto indignò i farisei (cf. Mt 9,10ss; Lc 19,1ss; Lc 15,1ss).

Fu questo il suo principio programmatico: « Non sono i sani che hanno bisogno del medico, ma i malati. Andate dunque e imparate che cosa significhi: *Misericordia io voglio e non sacrificio.* Infatti non sono venuto a chiamare i giusti, ma i peccatori » (Mt 9,12-13). « Vi sarà più gioia in cielo per un peccatore convertito, che per novantanove giusti che non hanno bisogno di conversione » (Lc 15,7).

Gesù non si spaventò di fronte alle attenzioni di una meretrice ma la difese pubblicamente (cf. Lc 7,36ss). All'adultera, condannata a morire lapidata, con che tenerezza disse: « Va' in pace! » (cf Gv 8,1ss).

Gesù espresse sua squisita sensibilità umana ritraendo mirabilmente se stesso (Padre amoroso) nella bellissima parabola del figlio prodigo (cf. Lc 15,11ss).

Gesù manifestò una delicata attenzione a Nicodemo, mantenne amicizia con Giuseppe di Arimatea, onorò con la sua presenza vari farisei e pubblicani ricchi, soccorse Giairo e la sirofenicia. Perfino fu in rapporti con il centurione di Cafarnao, uno dei "dominatori" romani (cf. Mt 15,21-28; Mc 7, 24-30).

Gesù ebbe le sue preferenze (poveri ed emarginati) ma non esclusività.

Sincero e verace. - Gesù parlò sempre con una trasparenza diretta: « Sì, sì; no, no » (Mt 5,37), senza secondi fini e diversioni: non parlava rivolgendosi a qualcuno in un modo e ad altri in modo diverso.

Gesù fu coraggioso quando cercavano di indurlo in qualche equivoco: « Ipocriti, perché mi tentate?... Rendete dunque a Cesare quello che è di Cesare e a Dio quel che è di Dio » (Mt 22,18.21).

Gesù fu magnifico quando gli amici gli si avvicinarono per avvertirlo che la sua vita correva pericolo perché Erode lo cercava per ucciderlo: « Andate a dire a quella volpe » (Lc 13,32) che procederò dove e quando crederò di doverlo fare.

Gesù difese la verità anche a costo della vita: « Ora invece cercate di uccidere me, che vi ho detto la verità udita da Dio » (Gv 8,40); anche a costo di perdere i discepoli (cf. Gv 6,66); anche a costo di provocare lo scandalo e la persecuzione (cf. Mt 7,3; Lc 7,39). Non c'era cosa che tanto gli ripugnasse come l'ipocrisia, la menzogna e la tergiversazione. Una delle espressioni più belle del Vangelo: « Conoscerete la verità, e la verità vi farà liberi » (Gv 8,32).

Ecco come Gesù, ormai prossimo all'eternità, riassunse l'obiettivo della sua vita: « Per questo io sono nato e per questo sono venuto nel mondo: per rendere testimonianza alla verità » (Gv 18,37).

Dopo molti anni Pietro nell'evocare la vita di

Gesù testimonierà emozionato: « Non si trovò inganno sulla sua bocca » (1 Pt 2,22).

Amare sempre. - I suoi amici ebbero vivissima l'impressione che il Maestro aveva soprattutto *amato.* Per questo lo intesero perfettamente quando disse loro: « Come io vi ho amato, così amatevi anche voi gli uni gli altri » (Gv 13,34). Amò con tenerezza e semplicità i bambini (cf. Mt 19,14); prese uno di essi tra le sue braccia (cf. Mc 9,36).

Gesù fu affettuoso con Marta, Maria e Lazzaro (cf. Gv 11,1ss); prima di morire trattò i suoi da "amici" (cf. Gv 15,15), ma dopo la risurrezione li chiamò "fratelli" (cf. Gv 20,17). Accolse il traditore con un bacio e una parola di amicizia (cf. Mt 26,50).

Gesù chiamò affettuosamente "figliolo" un paralitico peccatore (cf. Mc 2,5) e "figliola" l'emorroissa (cf. Mt 9,22). Amò il suo popolo così profondamente che vedendolo perso non seppe trattenersi dal lamentarsi e piangere (cf. Lc 13,34).

Inventò mille forme e modi per esprimere il suo amore, perché l'amore è ingegnoso (cf. Mc 10,45; Mt 20,28). Nella brutale ironia del derisore c'è un enorme fondo di verità: « Ha salvato altri, non può salvare se stesso » (Mc 15,31). Ebbe da svolgere, da parte del Padre, un solo incarico: « Come il Padre ha amato me, così anch'io ho amato voi. Rimanete nel mio amore » (Gv 15,9).

Questo amore di Gesù dovette emozionare tanto profondamente che i suoi testimoni ci trasmisero quel ricordo impresso in frasi lapidarie: « Dio infatti ha tanto amato il mondo da dare il suo Figlio unigenito » (Gv 3,16); « ...mi ha amato e ha dato se stesso per me » (Gal 2,20); c'è stata negli ultimi tempi un'esplosione di bontà e amore del nostro Salvatore per gli uomini (cf. Tit 3,4).

Umile e soave. - Gesù rifuggiva la pubblicità quando guariva gli infermi, scacciava i demoni, operava prodigi. Quando venne calunniato davanti a Caifa e a Pilato: « "Non senti quante cose attestano contro di te?". Ma Gesù non gli rispose neanche una parola, con grande meraviglia del governatore » (Mt 27,13-14). Gesù si lasciò "manipolare" dal tentatore senza lamentarsi (cf. Mt 4,1-11). Già il profeta aveva preannunciato la sua dolcezza: « Non contenderà, né griderà, né si udrà sulle piazze la sua voce » (Mt 12,19; cf. Is 42,1-4).

Senza preoccuparsi di se stesso e preoccupandosi degli altri. - Con le turbe affamate (cf. Gv 6,1-13); con gli apostoli nell'orto, con Pietro (cf. Lc 22,61); con le pie donne, con il buon ladrone (cf. Lc 23,39-43); con sua madre ai piedi della croce (cf. Gv 19,25-27). Mai si preoccupò di se stesso; non aveva tempo per mangiare, né per dormire, né per riposare (cf. Mc 1,35; 3,7).

CONCLUSIONE

DUELLO TRA LO SCORAGGIAMENTO E LA SPERANZA

PARLA LO SCORAGGIAMENTO

Sono incurvato dal peso della disillusione e dall'esperienza della vita. Già vissi cinquant'anni, sessant'anni. Sono un vecchio lupo di mare. Nulla mi illude più, nulla mi rattrista, tutto mi è indifferente, sono indurito dalla vita e immunizzato.

Fui giovane. Sognai, perché solamente coloro che non hanno ancora vissuto sognano. Il mio albero, in quel tempo, fioriva di illusioni. Ogni sera, tuttavia, c'era un colpo di vento e volavano le illusioni. Mi alzai e caddi. Tornai ad alzarmi e tornai a cadere. Sull'orizzonte issai le mie bandiere di combattimento: obbedienza, umiltà, pazienza, purezza, contemplazione, amore...

Ma presto vidi che i sogni erano tanto distanti dalla realtà quanto l'oriente dall'occidente. Mi dissero: « Prova ancora ». E di nuovo mi imbarcai sulla nave dorata dell'illusione. I naufragi si succedettero. Di nuovo mi gridarono: « Ancora... c'è tempo ». E, sebbene incurvato dal peso di tante sconfitte, mi alzai di nuovo sopra le ali dell'illusione. La caduta fu peggiore.

Oggi sono un disingannato.

Io non nacqui per essere *uomo di Dio.* Sbagliai strada. Ma non è possibile ritornare all'infanzia felice o al seno materno per ricominciare.

Guardo indietro e tutto è in rovina. Guardo ai miei piedi, tutto è un disastro. Non so se sono colpevole di ciò, nemmeno ho interesse a saperlo. Non so se lottai con tutte le armi, o se ho voluto troppo. Importa qualcosa? Nessuno torna indietro.

So con certezza una cosa: non c'è speranza per me. Ciò che fui fino ad oggi e ciò che sono ora, lo sarò fino alla fine. La mia lapide sarà eretta sulle macerie del mio castello.

PARLA LA SPERANZA

Sopra la spuma dell'illusione avevi costruito la tua casa. Per ciò cadde in rovina una e mille volte, al succedersi delle ondate. La sabbia dorata delle spiagge fu il fondamento delle tue edificazioni ed era inevitabile la rovina.

Le tue regole di gioco furono il calcolo delle probabilità e le costanti psicologiche, e i risultati si vedono. Ma ho una parola finale da dirti in questo albeggiare: ancora puoi, ancora è possibile la speranza, domani tutto andrà meglio.

Cominciamo un'altra volta.

Se finora hai visto solo rovine, d'ora in poi avrai castelli di luce puntando con la prua verso i vertici eterni. Se finora hai raccolto insuccessi, ricorda: si avvicinano scintillanti primavere.

Dentro la notte tenebrosa ci sono alte montagne e da dietro le montagne notturne arriverà galoppando l'aurora. È bello credere nella luce quando è notte.

Dietro il silenzio respira il Padre. La solitudine è abitata dalla Presenza, e là ci attendono il riposo e la liberazione.

Cominciamo un'altra volta.

Io, la speranza, sono nata in un meriggio oscuro, su un brullo colle bagnato dal sangue, quando tutti in coro ripetevano: tutto è perduto, non c'è nulla da fare, il Sognatore è morto, i sogni sono finiti.

Nacqui dal ventre della morte. Per ciò la morte non può distruggermi. Sono immortale perché sono figlia primogenita del Dio immortale. Se migliaia di volte mi diranno che tutto è perduto, migliaia di volte risponderò che c'è ancora tempo.

Se finora successi e insuccessi si sono alternati nella tua vita come i giorni e le notti, da oggi ogni mattina Gesù risusciterà in te e fiorirà come primavera sulle foglie morte del tuo autunno. Egli vincerà in te l'egoismo e la morte... Sì, il Fratello ti prenderà per mano e ti condurrà sui colli luminosi della contemplazione. Torneranno a garrire le tue antiche bandiere: forza, amore, pazienza...

La purezza solleverà il capo incontaminato nei

tuoi aranceti e tra i fiori del tuo giardino fiorirà invisibile l'umiltà.

Risplenderai con il fulgore degli antichi profeti in mezzo al popolo innumerevole. E, alla fine, tutti diranno: è un prodigio del nostro Dio.

Cominciamo un'altra volta.

Guarda: quelle stelle, gialle o rosse, palpitano dall'eternità e fino all'eternità. Sii come loro: non ti stancare di brillare. Semina nei campi aridi e sulle aspre cime la misericordia, la speranza e la pace. Non ti stancare di seminare, sebbene i tuoi occhi non debbano vedere mai le spighe dorate. I poveri un giorno le vedranno.

Cammina. Il Signore Dio sarà luce per i tuoi occhi, alito per i polmoni, olio per le ferite, mèta per il tuo cammino, premio per le tue fatiche.

Cominciamo un'altra volta.

INDICE

CAPITOLO III

ITINERARIO VERSO L'INCONTRO

CAPITOLO IV

ADORARE E CONTEMPLARE

Stampa: 2000
Società San Paolo, Alba (Cuneo)
Printed in Italy